中国大学MOOC配套教材

普通高校国防教育通识课程系列教材（丛书总主编：问鸿滨）

西安交通大学
XI'AN JIAOTONG UNIVERSITY

本科"十四五"规划教材

孙子兵法的

智慧

徐宇春 问鸿滨 主编

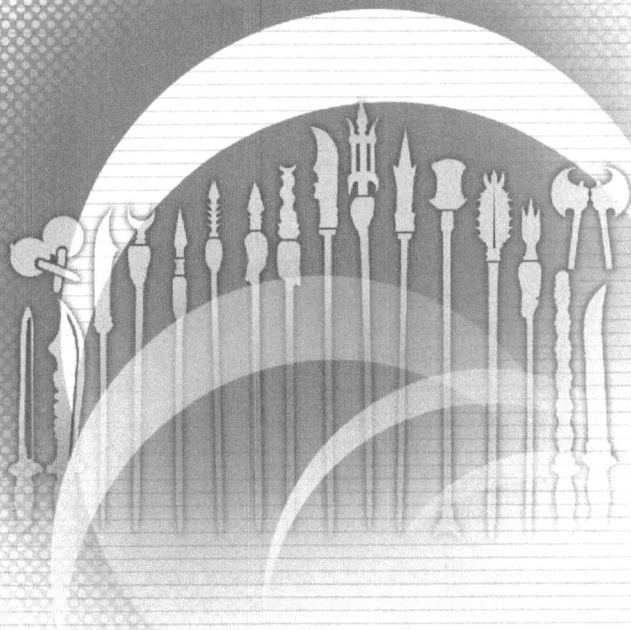

西安交通大学出版社
XI'AN JIAOTONG UNIVERSITY PRESS

国家一级出版社
全国百佳图书出版单位

图书在版编目(CIP)数据

孙子兵法的智慧 / 徐宇春，问鸿滨主编；问鸿滨丛书总主编. — 西安：
西安交通大学出版社，2021.12
ISBN 978-7-5693-1943-9

Ⅰ.①孙… Ⅱ.①徐… ②问… Ⅲ.①兵法-中国-春秋时代-高等学校-
教材 Ⅳ.①E892.25-49

中国版本图书馆 CIP 数据核字(2020)第 242488 号

书　　名	孙子兵法的智慧 SUNZI BINGFA DE ZHIHUI	
主　　编	徐宇春　　问鸿滨	
责任编辑	袁　娟	
责任校对	史菲菲	
出版发行	西安交通大学出版社	
	(西安市兴庆南路 1 号　邮政编码 710048)	
网　　址	http://www.xjtupress.com	
电　　话	(029)82668357　82667874(发行中心)	
	(029)82668315(总编办)	
传　　真	(029)82668280	
印　　刷	西安日报社印务中心	
开　　本	787mm×1092mm　1/16　　印张　14.5　　字数　327 千字	
版次印次	2021 年 12 月第 1 版　　2021 年 12 月第 1 次印刷	
书　　号	ISBN 978-7-5693-1943-9	
定　　价	45.00 元	

发现印装质量问题，请与本社发行中心联系、调换。
订购热线：(029)82665248　(029)82665249
投稿热线：(029)82665379　QQ：296728019
读者信箱：xj_rwjg@126.com

前　言

　　"孙子兵法"选修课在西安交通大学开课有二十余年,是西安交通大学军事教研室开设的系列通识课程之一。2019 年该课程被确立为西安交大通识类核心课,定名为"孙子兵法的智慧"。而早在 2018 年,"孙子兵法"MOOC 录制完成,并开始在爱课程网、智慧树等平台上运行。本教材就是"孙子兵法"MOOC 的配套教材。

　　《孙子兵法》是中华兵学的杰出代表、战略学的经典之作,以《孙子兵法》为代表的兵家谋略有很大的受众市场。但目前在高等院校,此方面知识传授几近于空白,社会大众对该书的了解也多流于表面,以商业案例的比附、解读最为流行。课程组经过多年精心打磨,凝练课程之魂,"淘洗"授课内容,钻研授课艺术,使其成为了西安交通大学较热门的、在学生中颇具影响力的一门课程,形成了很好的口碑。本教材与"孙子兵法"MOOC 同步,是教师课堂讲解内容的精华与浓缩,主讲教师集二十余年教学之积淀,首次将讲稿结集出版,使之公之于众,满足了广大在线学习者的需求,有助于学生对《孙子兵法》这部兵学宝典进行系统全面的了解,起到了传播兵家文化的积极作用。

　　在长期的研读中,我们体会到,《孙子兵法》不仅是兵学经典,更是一部哲学经典,因此,这门课给教师提出了一个更高层次的要求:在传播文化知识的同时,教师还应尽量引导学生学会运用《孙子兵法》的思想智慧来更好地生活和学习,使他们通过这门课的系统学习,可以获得一点有益的人生指导。本教材在体例上不落俗套,推陈出新,既有老师的深入解读,也有学生的感悟收获,师生切磋精进,教学相长,体现了青年新秀探讨兵法、运用兵法的成果,对广大的青年读者必将起到很好的激励引领作用,有助于培养大学生建立起合理的思维方式,对大学生解决现实中的各种问题具有非常好的方法论上的意义。

2020 庚子年新春,新冠肺炎疫情的突如其来,打乱了教学的正常节奏,西安交大及时做出了停课不停学的全面部署,"孙子兵法"网课如期在云端直播。从学生的网课学习成绩及论文质量来看,该课程的教学不但没有受到影响,反而较之往年学习效果有显著提高。此处选取几名学生的评论为例:

"这是一门让我感觉到出乎意料的课程!这门课完美地打破了我的思维定式,让我感受到了前所未有的乐趣……每周二的晚上,我总是会准时打开'知到'平台,静静地等着老师的到来,期待着老师准备的新鲜知识……"

"听着老师在线上联系历史、联系实际解读孙子的相关语句,忽然感觉生活中很多疑惑的事都是可以豁然开朗的,以前很多纠结的事、郁闷的事也在心里消散解决了。但天下没有不散的筵席,课程结束,从此周二晚上没有老师再为我解读《孙子兵法》,虽然舍不得,但我还是会更多地阅读该书,利用孙子的智慧去更好地解决生活中的问题……"

课程结束时,同学们对这段特殊教学的眷恋和肯定溢于言表,更有学生表示希望有一本教材可以随身携带、作为纪念,种种机缘催生了我们整理文稿及教学成果结集出版的动力和决心。

本教材中多数的学生论文来自 2020 年春季学期,是疫情期间特殊教学的珍贵留存和教学成果的展示。另有一部分学生论文是从以往多年的数千篇论文中遴选而来,俱为上乘之作。本教材开创了一种崭新的编撰体例,重在营造师生共论兵法、教与研并重的氛围,是西安交大国防教育优秀教学成果的结晶。

本教材的特色主要有以下几方面。

第一,定位准确。本书针对性强,是专门针对MOOC的配套教材,弥补了广大远程学习者没有教材的缺憾和不足,有利于提高在线学习的质量。

第二,体例新颖,特色鲜明。市场上关于《孙子兵法》解读的书籍多如牛毛,多以商战、营销案例的简单比附为主,流于表面。本书在体例上不落俗套,推陈出新,教师先对《孙子兵法》每一篇的内容要意进行通讲,再附以学生的感悟与体会两例,从不同角度对该篇中的某个观点、某段警句进行阐发,加以教师的点评,点面结合,以实现教学促进,深化了对《孙子兵法》含义和精神的理解,达到了很好的学习效果。

第三,理论联系实际,可读性强,增益智慧,名副其实。诵读经典、传承经典是现代社会的风气,而如何让年轻人发自内心地热爱经典却不那么容易,其中最重要的就是要找到经典与现代人的连接点。《孙子兵法》的理论性很强,学习兵学理论只是一方面,更重要的是要借鉴兵家的思维智慧,为我所用。"孙子兵法"课程确立了"提升哲学思维水平,寻找人生智慧之门"的目标。本教材所遴选的学生作品,不是传统的老一套解释路径,而是充分发挥了年轻人思维敏捷、富有青春气息、创造力强的特点,从多角度阐释兵法要义,无论是谈个人生活,还是论家国天下,皆慧心妙思、活泼有趣,是孙子兵学的新秀和清流,虽为后学之作,然成就亦不可小觑。

第四,全面反映了西安交大"孙子兵法"课程教学的成果和水平。本教材讲解全面,对《孙子兵法》的成书背景、流传影响、学习方法,《孙子兵法》中的战争观、战略战术思想、治军理论,以及《孙子兵法》在现代战争、商战、生活等各方面的应用进行系统讲读,对十三篇的内容进行全面阐发。讲稿既富有学术性,又晓畅易懂,最大限度地贴近课堂教学的实际。精选的学生论文则是优中选优,全面反映了长期以来西安交大"孙子兵法"课程教学的成果和水平。

第五,文白对照,方便读者学习。本教材最后附有《孙子兵法》的原文、注释、译文,文白对照,方便读者对照学习。

本书的编写大纲、目录、第一章、第二章、第三章、第十章至第十二章由问鸿滨教授编写,前言、第四章至第九章及附录部分由徐宇春副教授编写,第十三章至第十六章由石凯中编写,最后由徐宇春副教授统一定稿完成。另外,本书所有注释参考中国人民解放军军事科学院战争理论研究部《孙子》注释小组注的《孙子兵法新注》(中华书局,2005),对孙子学说的阐释主要参考了吴如嵩的《孙子兵法新说》(解放军出版社,2008),以及其他名家的相关著作及论文等,在此向他们一并表示感谢。还要特别感谢西安交通大学出版社的袁娟女士,她对书稿的审订提出了很多有益的建议,其认真负责的专业精神令人敬佩。

由于编者水平有限,书中难免有疏漏和偏差,敬请各位同行和专家批评指正。

徐宇春

2021 年 5 月 1 日

目 录

第一章

《孙子兵法》及孙子其人其书

第一节　学习《孙子兵法》的意义

在生活中，你一定听说过"兵者，国之大事""知彼知己，百战不殆""上兵伐谋""有备无患""不战而屈人之兵"等，这些耳熟能详的话语就出自《孙子兵法》。它对人们的影响无所不在。

《孙子兵法》一书产生于2500多年前，从它产生到现在，人们一直在研究和学习它，并且经常能够推陈出新，应用于各个领域。这本书到底有什么魅力，值得我们去不断地研究学习它呢？

第一，《孙子兵法》是中国现存历史最悠久的专门兵书，是中国古代兵学的最杰出代表。它不是就军事问题论述军事问题，其内容博大精深，涉及军事及军事以外的政治、外交、历史、哲学、天文、地理等各个领域，我们从中能领略到无穷的知识与经验，感受到历史的厚重与深沉。

第二，《孙子兵法》是中华民族优秀传统文化的重要组成部分。当今时代，我们弘扬国学，也就是弘扬我们优秀的传统文化。中华民族的伟大复兴，首先是文化的复兴，兵学文化是中华民族历史长河中不可或缺的重要成分。

习近平总书记在党的十九大报告中指出："中国特色社会主义文化，源自于中华民族五千多年文明历史所孕育的中华优秀传统文化，熔铸于党领导人民在革命、建设、改革中创造的革命文化和社会主义先进文化，植根于中国特色社会主义伟大实践。""深入挖掘中华优秀传统文化蕴含的思想观念、人文精神、道德规范，结合时代要求继承创新，让中华文化展现出永久魅力和时代风采。"作为当代中国人，尤其是当代大学生，更要担当历史重任，不断从中华民族的优秀传统文化中汲取营养，为新时代作出贡献。

第三，《孙子兵法》充满了辩证法思想，能启发我们的思维智慧。当今我们生活在一个复杂多变的时代，对待任何问题都需要进行辩证的思考。而《孙子兵法》的重要特点是"舍事而言理"，就是没有具体事例，只是讲了很多道理，并且这些理论经过了无数次的验证；其内容精邃、理论精美、语言干练、文辞准确，为中国兵学在诞生之初，就建构了一个相对完整的思想理论体系，它不仅是一部久负盛名的兵法大典，而且是一部深寓哲理的哲学名著，也是一部脍炙人口的文学佳作。

第四，《孙子兵法》是世界人民的共同财富。《孙子兵法》不仅在中国流传久远，在世界军事史上，也占有极为重要的地位，被尊为"东方兵学鼻祖""世界古代第一兵书""兵学圣典""百代谈兵之祖"等，至今被翻译成 30 余种语言，在世界各地广泛传播。

第二节　《孙子兵法》的作者

有人曾说过：要读懂这部 5000 多字的兵书，必须用中华民族 5000 年的历史去读。孟子也曾讲过："颂其诗，读其书，不知其人，可乎？"因此，了解《孙子兵法》的作者，是学习这本书的基本前提。根据《史记》《汉书》记载，《孙子兵法》是春秋末期孙武的著作。

孙武，字长卿，春秋末期齐国乐安（今山东省北部）人。当然关于孙武的故里，在学术界至今仍然存在着争论。后人为了表示尊敬，称孙武为孙子或孙武子。孙武生卒年月，史书无明确的记载，历史学家和考古学家有不同的说法，但却可以根据他的历史活动进行一个大概判断。孙武出生在公元前 545 年左右，其结局不得而知，有说法称其很可能是飘然归隐于某处，但他撰写的《孙子兵法》却代代流传，一直闪耀着夺目的光辉。

关于孙子的家世和生平，宋欧阳修《新唐书·宰相世系表》及邓名世《古今姓氏书辨证》均有详细的记载。孙武的祖先叫陈完，是孙武的七世祖，他是春秋时期陈国人，基本在今天河南淮阳一带。因陈国发生内乱，陈完逃奔到了齐国，受到齐桓公的器重，并做了一个管理手工业生产的官，古代叫作工正。为了表示他彻底离开陈国，陈完改姓为田完。这个家族非常了不得，以后官职越做越大，在齐国逐渐发展起来。例如，他们为了收买人心，采取"大斗借出，小斗收回"的办法，吸引民众，逐渐成为一个大的家族。甚至到了战国时期，这个田姓家族取代了齐国国君（姜姓齐国，即姜子牙的封国）。不过他们政权的交替是采取相对和平的方式达成的。

而孙武与这个田姓家族有什么关系呢？史书记载，孙武的祖父叫田书，曾是齐国的高级官员。在齐景公时代，齐国受到了莒国的威胁，这个春秋时期的诸侯国在今天的山东日照、沂水等地区。田书自告奋勇，主动请缨，并且在作战的时候身先士卒，声东击西，巧用谋略，打败了莒国。因为讨伐莒国有功，当时的齐景公为了表彰他，专门赐姓为孙。古代一个君王给大臣赐一个姓，对这个家族是一个莫大的荣耀。孙武这个家族于是成了田姓家族的一个分支。孙武的父亲叫孙凭，也是齐国的高级官员。

古代传递文化知识，家族的代代相传是一种重要的方式。由于孙武生长在这种世袭的贵族家庭，祖辈都精通军事，使他从小就受到军事的熏陶，对兵学文化有着独特的感悟，这也为他在春秋末期这一风云际会、英雄迭出、波澜壮阔的时代，成就他的传奇一生、走到历史的前端奠定了基础。

第三节　孙武的人生经历

孙武的一生一共经历了三个阶段：

一、第一阶段：奔吴隐居、研究兵法

孙武出生在齐国，但是因为齐国曾爆发了"田、鲍、栾、高"的"四姓之乱"，斗争非常激烈和血腥。孙武不愿纠缠于其中，于是远走他乡，来到了新兴的吴国。孙武刚到吴国的时候，他在姑苏城外隐居了下来，潜心研究兵法，观察天下的形势。在这一点上，孙武的履历与后来三国时期的诸葛亮相似，同样是隐居下来，最终被发现并重用。但是他们并非"两耳不闻窗外事"，而是积极思考，广交朋友，这样才会对天下大势有准确的判断。

二、第二阶段：吴国为将、显名诸侯

在吴国隐居期间，孙武结识了一个大名鼎鼎的人物，这个人就是伍子胥。伍子胥是从楚国流亡到吴国的，他的经历相当丰富，历史上流传下来许多关于他的典故，例如"一夜白头""千金小姐"等。

刚到吴国的时候，伍子胥投奔到了公子光的门下，并且帮助公子光登上了吴王的位置，这就是吴王阖闾。吴王阖闾雄心勃勃，想干出一番事业，但是向伍子胥感叹：只有伍子胥一个人才不够用，还需要更多的人才。于是伍子胥向吴王推荐了孙武，据说曾经一天推荐了9次，说孙武是一个可以"折冲销敌"的人才。孙武带着他的《孙子兵法》晋见吴王，吴王看了兵书之后，非常高兴，但是担心这只是一些理论，并不清楚在实践中到底怎么样。吴王给他出了一个难题，让他训练180名宫女，使她们短时间内成为征战沙场的战士。孙武面对这个难题，没有退缩，上演了历史上非常有名的"吴宫教战"，以斩掉吴王最喜欢的两个妃子而建立了威信，完成了吴王交给他的演练任务。吴王虽然非常心疼，但还是重用了孙武，从此孙武在吴国成就了一番功名，闻名于诸侯各国。

三、第三阶段：功成名就、飘然归隐

中国历史上著名的史书——《史记》中有这样一段话："西破强楚，入郢，北威齐晋，显名诸侯，孙子与有力焉"。意思就是吴国的军队向西进军，打败了强大的楚国，一直打到了楚国的都城"郢都"（也就是今天湖北的荆州北部）。吴国向北发展，使齐国、晋国两个超级大国感受到巨大的压力，扬名于诸侯。所有这些，孙武都起了巨大的作用。

当孙武功成名就的时候，他的结局是什么？飘然归隐。学界认为，在吴国的后期，由于吴王夫差一意孤行，并且被越王勾践所迷惑，孙武不受重视，于是他选择归隐山林，离开了那片是非之地。而孙武的朋友伍子胥却选择留了下来，最终被吴王夫差赐死，伍子胥临死的时候准确预言了吴国的灭亡。这些从另一方面也反映了孙武的远见卓识。

第四节 《孙子兵法》的成书背景

毛泽东同志在《人的正确思想是从哪里来的？》一文中提道："人的正确思想是从哪里来的？

是从天上掉下来的吗？不是。是自己头脑里固有的吗？不是。人的正确思想，只能从社会实践中来，只能从社会的生产斗争、阶级斗争和科学实验这三项实践中来。"本节我们就从实践的角度来看一看《孙子兵法》的成书背景。

一、《孙子兵法》影响于春秋末期动荡的社会环境

孙武生活于春秋末期，正是中国古代社会更替——奴隶社会向封建社会过渡的时候，这个时期是一个大发展、大繁荣、大动荡的时代，在中国历史上具有极其重要的作用。这一时期阶级斗争异常激烈，主要以五伯争霸为线索贯穿了春秋军事史。在孙武以前的约 200 年时间中，大小战争共发生了三四百次。其中贯穿着政治斗争、经济斗争、外交斗争，各国联合、反联合，不断争取自己的势力范围。战场上的兵戎相见，也产生了多种多样的作战艺术。《孙子兵法》正是总结这些斗争实践的产物。因而，《孙子兵法》在两千多年后的今天来看，其中许多道理、原则仍是不朽的。

这样说，似乎还很抽象。下面不妨根据孙武以前历史上所出现的有关战争的各种现象，来联系他的《孙子兵法》，问题就可明确。

二、《孙子兵法》来源于无数战争实践的总结

我们举两个孙武的重要谋略及有关战例来证明这一点。

第一个谋略："庙算"的谋略。《孙子兵法》的首篇——《计篇》提出"庙算"在战争中的重要作用。所谓"庙算"就是战前的最高军事会议的决策，"在庙堂之上进行计算和筹划"。对敌我有关战争诸因素作细致的分析判断，有胜利的把握，才进行战争。"庙算"是属于战略决策性的，只是确定战争关键性的重要问题。可以说，这完全是根据战前的政治、军事经验、外交、地理等因素进行综合分析，根据结果所下的定论。春秋时期的城濮之战，则足以说明这点。城濮之战是春秋时期规模颇大的一次战争，也是晋文公取得霸权地位、为晋国以后长期称霸奠定基础的一次战争。根据《左传》的记载，战前，晋国君臣十分细致地对双方的有利和不利因素进行了分析和判断，并制定了相应的策略，最终取得了城濮之战的空前胜利（关于其中谋略的过程我们在后面的章节中详细介绍）。如果晋国在战前没有对战争进程作细致的分析、判断，然后才下决心、定部署，而是贸然地应战，那胜负之分，则实难预料。十分明显，孙武把这些战前决策归结为"庙算"，并强调战前一定要做到这一原则。只要人类还有战争，这个原则都应无条件地遵循。

第二个谋略："不战而屈人之兵"的谋略。《孙子兵法》另一个重要的军事思想是"不战而屈人之兵"。这就是说，进行战争，要打谋略仗，打外交仗，达到"不战而屈人之兵"的目的。对"不战而屈人之兵"，应从广义上理解：一种是对方确实有实力，我方能使之在国际上陷于孤立、世界人民反对的地步，它虽有实力，也不敢动武；另一种是，我方有实力，对方在军事上、政治上均处于被动，对方不得不屈从于和平的目的。孙武以前的历史中有两个有名的战例，一是齐楚争

霸,二是弭兵运动,可以证明"不战而屈人之兵"的原则是有源有本的经验总结。总的来看,孙武极为重视运用政治、外交、谋略,达到"不战而屈人之兵"的目的,即用自己国家强大的政治能力、强大的外交能力、强大的经济能力、强大的军事能力,不使用战争手段,就使敌国屈从自己的意志,而又不消耗自己的国力。用现在国际上通用的语言来表达,叫作实力政策、威慑战略。在两千多年前孙武就提出这种"不战而屈人之兵"的战略思想,可算是历史上的第一人了。

因此,我们从上述的实际案例中可以得出这样的结论,《孙子兵法》是总结春秋时期战争经验的产物,不是凭自己想象力主观杜撰出来的,也不是抄袭前人的原理原则,是创造性地引申、发挥、归纳、总结出来的,对后世产生了深远的影响。

第五节　中国古代著名兵书介绍

我国兵书萌芽于殷商,形成于西周,成熟于春秋时代。从先秦到清朝,虽然经历了许许多多战乱,年代更迭,但仍然保留了兵书 2308 部,18567 卷[①]。这个数字未必非常准确,但足以说明我国历史上兵学文化之发达。在所有兵书之中,现存最早的完整兵书就是《孙子兵法》,也是享誉世界的一部兵书。

在北宋宋神宗年间,王安石进行变法,朝廷曾经设立"武学",编纂了《武经七书》,作为武学的必读之书,类似于今天大学中的必修课。除《孙子兵法》以外,还收录了《吴子兵法》《尉缭子》《司马法》《三略》《六韬》《李卫公问对》,其对后世的影响非常之大,这里向大家分别做一介绍。

《吴子兵法》作者为吴起。吴起是继孙武之后,既善于用兵同时又具有高深军事理论的军事家,也是一位政治家。郭沫若先生认为,吴起在军事上和孙武齐名,在政治上和商鞅齐名。第一,吴起主张把政治和军事结合起来,对内修明文德,对外做好战备,两者必须并重,不可偏废。第二,重视政治教化,用道、义、礼、仁治理军队和民众。第三,主张兵不在多,建立一支平时守礼法、战时有威势、前进时锐不可当、后退时速不可追的军队。第四,要选募良才,选拔文武兼备、刚柔并用、安抚士众的武将作为军队的主将,同时对部众严格管理,严格训练。

《尉缭子》一般认为成书于战国时代,其作者尉缭的生卒年月有很大的争议。《尉缭子》的主要观点有:第一,反对迷信鬼神,主张依靠人的智慧,具有朴素的唯物主义的思想。第二,反对军事上相信"天官时日、阴阳向背"的迷信观念,强调政治、经济对军事的决定性作用,理论水平高。第三,《尉缭子》的思想大体上接近法家,主张用严刑峻法治国和治军,但是某些思想显得非常残暴,全文处处可见"诛杀"这样的词汇。

《司马法》是我国先秦时期重要的军事著作。对于《司马法》的真伪和作者有一定的争议。目前,国内学者普遍认为其是战国时期成书,齐威王时整理而成。战国时期,齐威王让大臣们追论古代的兵法,其中收录了春秋时期司马穰苴的兵法。司马穰苴和孙武是同一个宗族的人,

---

① 许保林.中国兵书知见录[M].北京:解放军出版社,1988.书中对兵书数量作出回答:从先秦到清朝,历代著录兵书 3380 部,23503 卷。其中存世兵书 2308 部,18567 卷。这一数据,正是军事科学院研究人员历经 10 年查明所得。

其因为军功被封为掌管军事的大司马,因此他的用兵之法被称为《司马法》。首先,《司马法》提出了"以战止战"的战争观。《司马法》认为,进行战争的目的是为了"讨不义""诛有罪"。因此,对于那些能"安人""爱其民"和制止不义的战争,《司马法》持肯定和支持的态度。其次,《司马法》对于战争持客观的态度,并不简单、绝对地反对和否定战争,其研究了战争与政治的关系问题,认为战争的实质是用非常的手段来解决政治问题。

《三略》是中国古代著名的军事著作,相传作者为汉初道家隐士黄石公。《三略》继承了《孙子兵法》以来先秦兵学的优秀传统,又突出了时代特色。其兵学内涵十分丰富,军事思想十分深刻。概括起来讲,主要包括深刻的战争观念、系统的战争指导理论、全面的选将用将原则、精辟的治军思想这几大部分。《三略》强调"不得已而用之"和"以义诛不义"的战争观念,在有关战争的问题上,包括对于战争的基本态度、对战争目的和性质的分析、战争与政治经济的关系、战争与民众的关系、战争与天时地利的关系、战争与主观指导的关系等,都提出了简明扼要而又深刻的判断,形成了系统的战争观念。

《六韬》相传为周朝姜太公所著,宋代以后许多学者进行考证认为《六韬》乃后人托姜太公之名所作。《六韬》分为文韬、武韬、龙韬、虎韬、豹韬、犬韬,该书向来以"规模阔大,本末兼该"著称,其体系之完整,内容之丰富,均为古代兵书所少见,有的外国学者称之为"像一本军事百科全书"。《六韬》的基本理论和范畴,多来自道家:强调争取人心;主张政治攻心,瓦解敌人;注重文武并重,谋略为先。《六韬》通过周文王、周武王与姜太公对话的形式,论述治国、治军和指导战争的理论、原则,对后代的军事思想有很大的影响,被誉为是兵家权谋类的始祖。

《李卫公问对》又称《唐太宗李卫公问对》《李靖问对》,简称《唐李问对》,据传由唐朝初年著名军事家李靖编写,是唐太宗李世民与李靖讨论军事问题的言论辑录。《李卫公问对》内容丰富,多联系唐以前战例及唐太宗、李靖本人的亲身经历,参照历代兵家言论,围绕着夺取主动权、奇正、虚实、主客、攻守、形势等问题进行讨论,阐述其军事思想。该书多处对《孙子兵法》的命题进行了阐发,并丰富和发展了《孙子兵法》的思想,在中国历史上产生了比较大的影响。

兵林名家荟萃,将帅群星灿烂。以上兵书对后世一直产生着深远的影响,直到今天仍然散发着智慧的光芒。

课后思考题

1.我们为什么要学习《孙子兵法》?
2.孙武的一生经历了哪些阶段?
3.《孙子兵法》的成书背景是什么?

第二章

《孙子兵法》的流传和影响

第一节 《孙子兵法》在中国的流传

历代军事著作中引用《孙子兵法》文句的不可胜数,如战国时期的《吴子》《尉缭子》,汉代的《淮南子》,唐代的《李卫公问对》等。不仅如此,《孙子兵法》早已跨越时空,超出国界,在全世界广为流传,荣膺"世界古代第一兵书"的美誉。了解《孙子兵法》在中国的发展脉络和传承也是尤为重要的。

一、先秦时期的流传

《孙子兵法》在先秦时期就广泛流传。自《孙子兵法》诞生以后,兵学立刻成了一门"显学",与儒、道、法、墨诸家并驾齐驱。这里要提到一个神秘的人物——鬼谷子,他是纵横学派的创始人,也被认为是中国历史上最成功的教师。据传他曾以《孙子兵法》教授了一些学生,例如孙膑和庞涓。

战国时期,群雄割据,战争频繁,谈兵论战的人很多,大都是从《孙子兵法》中寻找依据。韩非子曾言:"境内皆言兵,藏孙、吴之书者家有之。"齐国著名军事家孙膑就是继承和发展《孙子兵法》的典范。孙膑所著的《孙膑兵法》和《孙子兵法》在体系和风格上一脉相承,互相辉映。而且值得注意的是,对《孙子兵法》原理的运用,在当时已经超出军事范围,应用于政治、经济和医学等方面。

二、中国古代各朝代的流传

在秦以后的各朝代,魏武帝曹操不但在实践中运用《孙子兵法》克敌制胜,而且十分重视对这部"旷世兵典"的整理研究,成为我国历史上第一个为《孙子兵法》作注释的军事家。以至于唐朝的杜牧,认为《孙子兵法》之所以有十三篇,是因为曹操进行整理的原因。

唐太宗对"凡战者,以正合,以奇胜"这一战略思想尤其欣赏,并且把孙子"不战而屈人之兵"的思想推崇为"至精至微,聪明睿智,神武不杀"的最高军事原则。《李卫公问对》有言:(古代兵法）"千章万句，不出乎'致人而不致于人'而已"。

宋神宗年间，朝廷设立了"武学"即军校以培养将才，编订了以《孙子兵法》为首的七部兵书作为必读教材，即《武经七书》。从此，《孙子兵法》正式成为封建王朝官方军事理论的经典，沿至明清而经久不衰。

三、近代以来的流传

到了近代，《孙子兵法》的声誉更隆、影响更大。孙中山曾讲："就中国历史来考究，两千多年的兵书，有十三篇（即《孙子兵法》），那十三篇兵书，便是解释当时的战理，由于那十三篇兵书，便成立中国的军事哲学。"可见，孙中山将这部兵书看作中国军事理论的奠基之作。

在现代历史上，毛泽东对《孙子兵法》的推崇和精通是人所共知的。他不但在自己的军事著作中，多次提到孙子和《孙子兵法》，而且将这部古代优秀兵书中的许多合理内核，创造性地运用于指导中国革命战争的实践。可以说，《孙子兵法》中所包含的符合战争一般规律的许多思想，构成了毛泽东军事思想的重要来源。

习近平总书记多次在讲话中引用了《孙子兵法》中的原典。习近平在浙江调研时提道："兵无常势，水无常形。"改革发展的形势在变化，我们的思想观念、工作思路和工作重点也应跟着变，否则就会出现能力不足、思路不对、方法不当等问题。《孙子兵法》提道："兵者，国之大事，死生之地，存亡之道，不可不察也。"相同的，习近平谈到强国必须强军，军强才能国安，构成了习近平强军思想的主要内容。

《孙子兵法》中的人生智慧对于解决当代大学生的难题烦恼也具有一定的指导意义，同学们也可以在《孙子兵法》的字里行间领悟其精髓，用于指导自己日常的实践。

第二节　《孙子兵法》在国外的流传

《孙子兵法》作为"兵学圣典"，不仅在中国广为流传，在世界范围内也有很大的影响力，《孙子兵法》被翻译成30余种语言，在世界各地广泛传播。尤其是20世纪80年代以来，海外的"孙子热"日趋高涨。《孙子兵法》不但受到军界和战略家们的重视，而且也为其他各界人士所推崇。对《孙子兵法》的研究和运用，已经扩展到军事以外的其他领域，如政治、外交、经济、体育等，其中以在商战和企业管理中的应用最引人注目。

一、在日本的传播

据考证，早在公元8世纪，《孙子兵法》就传到了日本，立即引起了日本人的热捧，它不但构成了日本日后军事思想的主体结构，而且对日本的历史和日本人的精神产生了深远影响。公元717年，日本派遣的遣唐使中有两个重要人物：一个叫阿倍仲麻吕，中文名字叫晁衡，在唐朝为官几十年；另一人叫吉备真备，在唐王朝学习了17年后回到日本，将《孙子兵法》等中国的典籍传到了日本，在日本引起了轰动，《孙子兵法》一度被作为秘籍在日本皇室珍藏，只有皇室成员和重要的军事将领才能看到,直到日本的战国时代才广为流传。此外日本一向推崇《孙子兵法》,极其重视对这部不朽之作的研究,探讨领域之广、流派之多、著述之精,远非其他国家所可比拟。

在日本,孙子被尊为"兵家之祖""兵圣""东方兵学的鼻祖""伟大的战略哲学家"等,甚至将孙子跟孔子相提并论。在 16 世纪,日本涌现出了一批著名的军事将领,如织田信长、丰臣秀吉、德川家康和武田信玄等,他们的共同特点是精通军事经典,对《孙子兵法》的运用得心应手。到了近代,1941 年 12 月 7 日,日军偷袭珍珠港更是《孙子兵法》"出其不意,攻其不备"的巧妙运用,是现代战争史上战略突袭的典型。

日本的企业家们率先把《孙子兵法》运用于企业之间的竞争和改进企业的经营管理方面,取得了很大的成效。如军人出身的兵法学者兼企业家大桥武夫写了一本书《用兵法经营》,内容新颖,独树一帜,畅销一时。在此基础上,日本出现并形成了"兵法经营管理学派",影响很大。

二、在美国的传播

在美苏冷战期间,美国有一个著名的"脑库"——斯坦福研究所,其战略专家福斯特,根据《孙子兵法·谋攻篇》中的思想,提出了改善美苏均势的新战略,并称之为"孙子的核战略",其核心是"不战而屈人之兵",这一举措对世界整体安全状态产生了很大的影响。此外,美国前总统尼克松、前国家安全事务助理布热津斯基等西方政治家也都在各自的著作中运用孙子的理论,阐述了对当今时代国际战略的见解。

美国最有影响的《纽约时报》《华尔街日报》《洛杉矶时报》《华盛顿邮报》《纽约邮报》等报纸,多年来连篇报道《孙子兵法》。《洛杉矶时报》曾报道,有 2500 年历史的中国《孙子兵法》在美国洛阳纸贵,曾一个月内就卖出 1.6 万册。可见《孙子兵法》在国外流传广泛,并且极受推崇。

三、在其他国家的传播

除日本、美国以外,《孙子兵法》在其他国家的流传也很广泛。如《印度军史》用《孙子兵法》的观点总结南亚次大陆的战争经验,这是绝无仅有的。

重视孙子的战略思想,是二战后政治家、军事家和战略家们研究和应用《孙子兵法》的新特点。因为在这一时期,军事战略本身同政治、经济、外交以及社会等因素的结合日益紧密。尤其是在大规模杀伤性核武器出现后,任何国家,即便是超级大国都不敢贸然发动大规模战争,所以必须建立全新的战略体系。而《孙子兵法》的精华就在于其所包含的丰富的战略思想,它给我们提供了许多有益的启示。

第三节 《孙子兵法》的重要影响

《孙子兵法》是中华民族五千年传统文化的瑰宝,是我国现存的最古老的军事理论专著,也是世界上流传时间最长、传播范围最广、历史影响最大的兵学圣典。

《孙子兵法》的问世,标志着独立的军事理论著作从此诞生,在世界军事史上是一件具有划时代意义的大事。它比号称古希腊第一部军事理论专著《长征记》要早一百多年。

《孙子兵法》不但成书时间早,而且在军事理论和军事学术上已十分成熟、非常完备,几乎涉及了军事科学的各个门类和分支学科。它以从战略理论的高度论述战争问题而著称,是一部"舍事而言理"、揭示战争发展规律的杰作,具有高屋建瓴的气势和详备富瞻的内容。

《孙子兵法》给予人们的启示是多方面的,历史上许多军事家、著名统帅、政治家和思想家都曾得益于这部旷世奇书。兵学家们学习它,得以登堂入室,从而步入军事学的宝库;军事家们学习它,得以领悟制胜之术,成就一代功业;政治家们学习它,得以高瞻远瞩,点燃起智慧的圣光。直到今天,《孙子兵法》的许多观点依然闪耀着真理的光芒,对现代军事理论的建设和发展、对现代战略学的发展奠定都具有重大的借鉴意义。

《孙子兵法》揭示了竞争中获胜的道理,而我们所处的时代,竞争无处不在,大学生未来漫长的学习、工作中,一定会遇到各种各样的挑战和机遇。随着人们对这部不朽名著了解和运用的不断深入,它的智慧之光必将更加耀眼夺目,也必将给读者带来无穷之益。

课后思考题

1.简单论述《孙子兵法》在中国各个时期的流传情况。

2.《孙子兵法》的重要影响都有哪些?

3.请列举一个习近平总书记在讲话中引用《孙子兵法》中的原典的例子,并结合现在国情进行分析。

第三章

学习《孙子兵法》的方法

第一节　两个基本问题

本章将要给大家讲到两个基本问题,以便帮助大家加强对于《孙子兵法》的学习和应用。

第一个问题是:《孙子兵法》有多少篇?有人可能会说,这个问题很简单,因为在之前的课程已经提到,《孙子兵法》共十三篇。但是关于《孙子兵法》共十三篇的说法实际在历史上是有巨大争论的,甚至到现代争论仍然存在。比如在东汉,著名史学家班固在《汉书·艺文志》中记载:"吴孙子兵法八十二篇,图九卷。"也就是说《孙子兵法》有82篇,还有9卷是图本。大家应该比较熟悉唐朝的著名诗人杜牧,这位诗人除了作诗外还是一个军事发烧友,写了许多关于军事问题的诗篇,对军事问题颇有研究,他也曾经对《孙子兵法》进行了注解。杜牧就认为《孙子兵法》应该是82篇,但是有一个人把《孙子兵法》82篇缩写了一下,变成了十三篇。他所认为的这个人就是三国时期著名的军事家、政治家曹操,据说曹操看了《孙子兵法》,觉得82篇有点太长了,就把82篇进行删减,仅仅留下了精华十三篇。曹操还说过:"吾观兵书战策多矣,孙子所著深矣。"意思是"我看的兵书战策很多,孙武写得最为深刻"。杜牧的这个82篇的说法在历史上也得到了一些人的支持。甚至20世纪末的时候,在古都西安有一个民间人士突然爆料,他有祖传的《孙子兵法》82篇,引起了世界范围内的震动。当时许多学者纷纷慕名而来,如果此事为真的话,那将是一个打破史论的重大发现。但是令人遗憾的是,经过各方面专家鉴定,基本认为此人的兵法版本是赝品。

虽然有各种说法,但是大部分学者、历史学家并不认同杜牧的观点。现在的学术界基本有个比较一致的认识,就是认为《孙子兵法》只有十三篇,在没有更多的史料被考证之前,在学习《孙子兵法》的时候,我们应当坚持十三篇的观点。

第二个问题是:《孙子兵法》与《孙膑兵法》有什么关系?《孙子兵法》与《孙膑兵法》是两本书,这个我们一定要弄清楚。实际上《孙子兵法》和《孙膑兵法》在相当长的时间里面,被人们误认为是一本书,都叫作《孙子兵法》,人们认为孙武就是孙膑,孙膑就是孙武,也就是说这两个人被认为是同一个人,但这个问题在公元1972年得到了解释。1972年的时候,在山东临沂银雀山地区出土了一座古汉墓，考古学家如获至宝，在这座古汉墓里面有一些已经腐朽的竹片，在这些竹片上，考古学家、历史学家发现了一些珍贵的历史文献，在这些竹片里面记载了《孙子兵法》和《孙膑兵法》这样两本书，还有其他的一些历史资料。学术界据此进行研究，认为《孙子兵法》和《孙膑兵法》是两本书，孙武和孙膑是两个人，二人之间大约相差一百年左右，孙膑大概应该是孙武的后世子孙。但是直到现在，还有个别的学者仍然认为孙武和孙膑是一个人。

以上就是要给大家强调的两个问题，把这两个基本问题弄清楚，对于后面《孙子兵法》的学习是非常有帮助的。

第二节 《孙子兵法》与《三十六计》的关系

在市场上有许多书籍，为了博人眼球、引起关注和增加销量，它们的名字被冠之为：《孙子兵法与三十六计》。在我们的生活中，也经常听有些人讲道：《孙子兵法》中的《三十六计》如何如何，他们认为《孙子兵法》和《三十六计》是一回事。我们曾在大学进行过问卷调查，认为二者是同一本书的竟然占多数，这从另外一个侧面也反映了大学生们对这两本书的认识不足，应该大力普及《孙子兵法》的学习。

这样的认识在事实上贬低了《孙子兵法》的价值。《孙子兵法》与《三十六计》是两本书，它们之间的区别是非常明显的。

首先简单介绍一下《三十六计》。说起《三十六计》，想来每个人都能说出几条来：瞒天过海、笑里藏刀、借刀杀人、浑水摸鱼、声东击西，等等，尤其是最后一计"三十六计走为上"，几乎家喻户晓。以前曾经有一个著名教授讲《三十六计》的时候，有一个男同学站起来说，《三十六计》有一计最好对付，问是什么计，学生说美人计，他说因为美人计我们可以将计就计，自己又不吃亏。当然这是笑谈。由此可以看到，《三十六计》比较具体，是把许多栩栩如生的战例用凝练的语言表示出来，大部分形成了成语。它包括了六套计策：《胜战计》《敌战计》《攻战计》《混战计》《并战计》《败战计》，六套计策之间有一定的逻辑关系，从中可以看到，《三十六计》并非系统的兵书。

那么《三十六计》和《孙子兵法》的区别在哪里呢？二者主要有以下两方面的不同：

第一个区别：成书的时代不同。《三十六计》成书的时代要晚得多。历史上曾经有三十六策和三十六计的说法，这个词语出现比较早，比如说《南齐书·王敬则传》里面讲道："檀公三十六策，走上上计。汝父子唯应急走耳。"檀公就是檀道济，著名的军事家、政治家，其中提到的三十六策讲的是非常多的计策。

宋代学者惠洪（1070—1128）在《冷斋夜话》里面讲道：三十六计，走为上计。也提到了三十六计这个词语，当然当时所说的三十六计也不具体。到了明末清初的时候，引用此语的人就更多了，于是就有一些有心人，把古往今来的一些典型的事例进行了采编，编纂成了《三十六计》。也就是说《三十六计》，它出现于明末清初，距今大约 400 年。而《孙子兵法》出现于春秋末期，距今大约 2500 年，两者之间的时间差距大约是 2100 年，成书时代截然不同。

第二个区别:兵书的性质不同。《孙子兵法》讲的是实力制胜论,它讲究的是道胜,讲究的是哲学、战略、思维方法。也就是说,只有在战略上采取哲学思维的方式,才能取得最终的胜利,这是一种阳谋,即光明正大地取得胜利,实力到达一定程度就会取得胜利。

而《三十六计》则是阴谋居多,之前所列举的《三十六计》都是一些阴谋诡计,它被认为是一种方法制胜论,讲究的是速胜、方法技巧,利用手段和技巧取得胜利。

所以说,两部兵书性质是阳谋和阴谋的区别,是实力和方法的区别。我们应该通过自己的不懈努力,使自己具有强大的实力,才能在事业上取得成功,而不能心存侥幸,寄希望于一些奇谋技巧,靠侥幸取得成功。

总体来看,《孙子兵法》和《三十六计》的区别是比较明显的,两者的价值不在一个层面。但是我们要注意另外一个方面:《孙子兵法》和《三十六计》都是中国优秀传统文化的重要组成部分,《三十六计》的历史源头在《孙子兵法》中也都能找到,我们绝不能抹杀《三十六计》的价值所在,它的某些思想和方法论也值得学习。只不过《孙子兵法》的价值更高,流传也必将更久远。

第三节 《孙子兵法》的版本和总体结构

本节将对《孙子兵法》的版本和主要结构进行简单介绍。《孙子兵法》的版本很多,主要有三个:

第一个版本是《十一家注孙子》版本,这是《孙子兵法》的重要传本之一。一般认为它来源于《宋史·艺文志》著录的《十家孙子会注》,由吉天保编辑。这十一个著名人物分别为:曹操、梁孟氏、李筌、贾林、杜佑、杜牧、陈皞、梅尧臣、王晢、何氏、张预。这些都是三国到南宋时期的人物,其中每一个人物都是非常值得我们研究的,当然,在历史长河中有些人物我们未必熟悉,但他们在历史上都对《孙子兵法》的流传起了重要作用。

第二个版本是《武经七书》版本,这是北宋宋神宗时期编纂的军事百科全书,包括了《孙子兵法》等七部兵书。

第三个版本是汉简本版本,就是本章第一节讲到的,1972年山东临沂银雀山汉墓出土的一批《孙子兵法》珍贵竹简,经过专家、学者整理,1985年由文物出版社首次出版,俗称"汉简本"。

这是目前最重要的三种版本。这三种版本之间,都存有一些差异,主要的差异有三个方面:第一是字数的差异,有的是5913字,有的是6075字;第二是篇题的差异,有些工整,有些简略;第三是里面字句的差异,这个差异就比较多了,也有相当多的争论。从中我们可以看到,《孙子兵法》在历史上的流传情况非常复杂。因此,在进行《孙子兵法》研究时,我们需要本着一种客观和理性的态度,不应该轻易判定哪个好或是哪个不好。

《孙子兵法》十三篇分别为计篇、作战篇、谋攻篇、形篇、势篇、虚实篇、军争篇、九变篇、行军篇、地形篇、九地篇、火攻篇、用间篇,各篇之间既彼此独立,又前后照应,全书结构严谨,浑然一体,构建了中国乃至世界历史上第一个精美庞大的兵学体系。尽管人们对这一体系的认识和理解千差万别,但都认为本书具有严密的逻辑体系。

第一篇《计篇》总论战争的全盘计划。第二篇《作战篇》、第三篇《谋攻篇》提出攻战的谋略。《形篇》《势篇》《虚实篇》讨论的是知己的问题,我们经常讲知彼知己,那么怎么样知己,知道自己?这三篇主要讲的就是这方面的内容。《军争篇》《九变篇》《行军篇》讨论的是知彼方面的问题,相对较复杂。《地形篇》和《九地篇》研究的是地形、地理方面的问题,对地形地理我们要了解,要理解在什么样的地形下作战,应该怎么样排兵布阵,它是有规则的,从这一角度,也可以说《孙子兵法》是世界军事地形学的开山之作。《火攻篇》讲的是"知天"的问题,它是战争中的特殊问题。火攻不仅仅是火攻,还包含了水攻这样的基本问题。水火无情,在冷兵器时代,要出奇制胜,经常有利用水攻、火攻的战例发生。最后一篇《用间篇》讲的是使用间谍的问题,为什么要使用间谍,在战争中尤其在冷兵器时代的战争中,使用间谍获取对方的情报,这是非常重要的一种作战手段,非常关键和重要;《用间篇》还对《孙子兵法》全书进行了整体的总结。

十三篇的次序在排列时有一定的层次,我们可以理解为五大部分:第一部分战略运筹,包括第一篇至第三篇;第二部分作战指挥,包括第四篇至第六篇;第三部分战场机变,包括第七篇至第九篇;第四部分军事地理,包括第十篇至第十一篇;第五部分特殊战法,包括第十二篇至第十三篇。

第四节　学习方法

《孙子兵法》是中国文化智慧的结晶,为了高效快速地学习这本文化瑰宝,更好地把握书中的内涵,我们将《孙子兵法》的学习分为三个步骤:解读原文、解悟含义、融会贯通。学习进度上从低到高,从浅到深,由易到难。

一、第一个步骤是解读原文

解读原文就是要大家逐字、逐句、逐篇地弄懂文义,通解原著,了解其基本含义。在学习《孙子兵法》时,很多人不求甚解,只学习其中的只言片语,这是无法理解其内涵的,这一步进行得越深、越细、越扎实,对以后的学习和应用就越有用。解读过程中要注意以下三点:第一,要按原著的篇章顺序纵向解读。从全书的结构上来看,从第一篇《计篇》到第十三篇《用间篇》依次论述了战略运筹、战争准备、战略计划、作战指挥、特殊战法、战略侦察等方面的问题,层层递进,纵向揭示了战争各个主要阶段的基本原则和原理。这样我们就能有效地把握《孙子兵法》本身的逻辑顺序和思想体系。第二,要力求详细细致地解读。比如"兵者,国之大事也",对这个"兵"字如何理解?"兵"的本义是"兵器、武器",由拿兵器的人引申为"士兵、战士",再由士兵引申为"军队",这样深入理解的结果,使"兵"有了"兵事"即"战争"的意思。延伸到目前我们处于相对和平的年代,"兵事"又有"国防建设"的意思。第三,要采取比较阅读的方法解读,可以博采众家之长,在了解多家观点的基础上,进行比较分析、理性思考后,形成自己的看法。

二、第二个步骤是解悟含义

解悟含义是指通过长期体会和思索而达到深刻的理解,并且能初步加以应用。如果说"解读"是指读懂,那么"解悟"就是指读通了,这是学习《孙子兵法》最关键的一步,要解悟什么呢?解悟《孙子兵法》的重要概念,解悟《孙子兵法》的名言警句,解悟《孙子兵法》的重要原理,解悟《孙子兵法》的军事思想体系。这也是一个由浅入深的过程。

三、第三个步骤是融会贯通

融会贯通是对客观规律的全面认识、把握和应用,是学习和研究《孙子兵法》的最高境界,也是最终境界,一般人是很难达到的。融会贯通包括对《孙子兵法》的研究,更包括对《孙子兵法》的应用。从研究而言,它是以对《孙子兵法》的"解悟"为基础,探究军事学术能够触类旁通,发表军事见解能够出人意表。从军事实践而言,达到融会贯通境界的人有很多名帅良将,诸如孙膑、韩信、李靖、岳飞等人。他们筹划战争高瞻远瞩,指挥作战出神入化,统御军队坚如磐石。

除过以上三个步骤以外,我们在学习《孙子兵法》的时候,一定要辩证看待。《孙子兵法》毕竟产生于 2500 年之前,并不是每个字句都金光闪闪,里面难免有一些不合时宜的内容,例如其中包含对于人民群众的轻视思想,过分夸大了将帅的作——个别字句有唯心主义的倾向,我们在学习的时候需要注意甄别。

总的来说,怎样读好、用好《孙子兵法》,是一个很宏大的问题。真正读好它,要靠实践,只有有实践经验的人,才会更深刻地理解它。

🔵➡ 课后思考题

1.你预备如何学习《孙子兵法》?

2.简单论述《三十六计》和《孙子兵法》的区别。

3.《孙子兵法》十三篇分别都从什么角度进行了论述?

第四章

《计篇》《作战篇》释义

第一节　《计篇》释义

从本章开始学习《孙子兵法》十三篇原文。先来学习第一篇——《计篇》。首先看本篇的要义：本篇主要论述研究和谋划战争的重要性，探讨决定战争胜负的基本条件，并提出了"攻其无备，出其不意"的军事名言。

再来看题解：《孙子兵法》不像先秦时期的《论语》《孟子》等著作，后者的篇名是随机性的，取每一篇的前几字，如大家所熟悉的《论语·学而》《孟子·梁惠王》等。《孙子兵法》的篇名都是对文意的高度概括，所以首先要对其进行准确的解释。

本篇篇名，《武经七书》作"始计第一"，"始"为后人所附增。计：预计、计算的意思，指战前的战略谋划。《十一家注孙子》曹操注："计者，选将、量敌、度地、料卒、远近、险易，计于庙堂也。"这是对本篇主旨最早而又十分准确的概括。

为什么作者将《计篇》作为全书的首篇呢？对于包括军事在内的一切活动而言，事前的谋划、预计是所有活动的依据和出发点。远在春秋初期，齐国的名相管仲在初见桓公时就提出了："计必先定于内，然后兵出乎境；计未定于内而兵出乎境，是则战之自胜[①]，攻之自毁也。"

一、释义

下面将依照原文的顺序，对《计篇》全文进行解读。《计篇》着重涉及以下四个问题。

（一）重视战争是孙子战争观的最大特点

孙子开宗明义地指出："兵者，国之大事，死生之地，存亡之道，不可不察也。"这句话的意思是：战争是国家的大事，它关系到生死存亡，是不可不认真考察研究的问题。孙子将战争的重要性一语道破，成为一句流传千古的至理名言。

---

① 胜：或作"败"。

孙子为什么会有这样一种真知灼见呢？他生活在春秋末期，当时周天子权力中衰、诸侯之间的争霸战争不断。据鲁史《春秋》记载，在春秋的二百四十二年的时间里，就有四百八十三次大的军事行动。司马迁在《史记·太史公自序》中说："春秋之中，弑君三十六，亡国五十二，诸侯奔走不得保其社稷者，不可胜数。"《左传》中还有这样一句话："国之大事，在祀与戎。"（《左传·成公十三年》）战争是那个时代最重要的事情。

（二）从哪些方面对战争进行研究和谋划呢？

原文这样说道：

> 故经之以五事，校之以计而索其情：一曰道，二曰天，三曰地，四曰将，五曰法。

经，是量度的意思，这句话的意思是说从道、天、地、将、法五个方面分析研究，比较敌对双方的各种条件，从中探求战争胜负的情形。应该说，在孙子的时代，战争涉及的因素非常有限，这五个因素几乎囊括了战争的主要方面。

五事之一是"道"，"令民与上同意也，故可以与之死，可以与之生，而不畏危"。孙子在论述制胜条件时，把"道"列为"五事"的首位，认为首要的是清明政治，做到"令民与上同意"，这样才能在战争中使民众和士卒与之死，与之生，不畏危，为国君效力。这里明确地把道作为制胜的第一个条件，这在孙武以前的军事著作中没有出现过。《曹刿论战》中提出的"何以战"已经接近了这一本质，但还没有阐发得如此透彻清晰，这是孙武对我国古代军事思想的一个重要贡献。

五事之二是天，"天者，阴阳、寒暑、时制也"。所谓天，是指昼夜、晴雨、寒冷、炎热、四季更替。这里说的天，是指自然的天象变化交替，而非神秘的、不可知的天。

五事之三是地，"地者，远近、险易、广狭、死生也"。这是指路程的远近，地势的险阻或平坦，作战地域的宽广或狭窄，死生是说地形是否利于攻守进退。冷兵器时代，地形是作战中一个非常重要的因素，《孙子兵法》后面有两篇对地形问题进行了专门的论述。

五事之四是将，"将者，智、信、仁、勇、严也"。即著名的将有五德。

五事之五是法，"法者，曲制、官道、主用也"。曲制是指军队组织编制等方面的制度。官道，指各级将吏的职责区分、统辖管理等制度。主用，指军需物资、军用器械、军事费用的供应管理制度。三者的关系类似于今天部队的司令部、政治部、后勤部的编制。

原文接下来又说：

> 凡此五者，将莫不闻，知之者胜，不知者不胜。

以上五个方面，将帅们没有不知道的，然而，只有深刻了解、确实掌握了才能打胜仗，否则，就不能取胜。

在讲完五事之后，孙子又提出七计说，七计比五事更具体些，是五事说的延伸和补充。只有切实地对敌我双方的主要条件进行综合分析对比，才可以对胜负作出预测。

孙子之前的时代，流行什么样的战争预测论呢？那时人们还不能完全从实际出发进行战争的谋划,流行的是一套卜筮的学说,从殷商以来的甲骨卜辞到周朝的筮法,人们在决定战争之类的大事时,都很看重冥冥之中神秘力量的主宰。所以我们说,在军事学术史上,"五事"说虽然朴素,但却相当的系统全面,代表了战争预测论雏形的出现。

(三)积极造势,贯彻以利为宗旨的诡道十二法原则

如何充分发挥将帅在战争过程中的指导作用,是孙武在本篇中论述到的另一个重要内容。他强调战争决策一经定下,将帅就要根据情况,因利而制权,造成有利的作战态势。他提出了"兵者,诡道也"的兵不厌诈的主张,要求将帅善于以各种手段隐蔽自己的企图,迷惑引诱敌人,给对方造成错觉和不意,以便攻其无备,出其不意地打击敌人。原文这样说道:

> 计利以听,乃为之势,以佐其外。势者,因利而制权也。
> 兵者,诡道也。故能而示之不能,用而示之不用,近而示之远,远而示之近;利而诱之,乱而取之,实而备之,强而避之,怒而挠之,卑而骄之,佚而劳之,亲而离之。攻其无备,出其不意。此兵家之胜,不可先传也。

听,是采纳的意思。计利以听,指有利的计策已被采纳,还要设法造势,以辅助作战的进行。权,是权变、灵活处置的意思,势者,因利而制权也,是说所谓势,就是根据情况是否有利而采取相应的行动。

用兵打仗是一种诡诈奇谲的行为,接下来从"能而示之不能"到"亲而离之"提出了诡道十二法。示,示形,这里是伪装的意思。能攻而装作不能攻;要打而装作不要打;本来要从近处攻击,却伪装成从远处进攻;本来要从远处袭击,却伪装成从近处进攻;敌人贪利,就用小利引诱他;设法迫使敌人混乱,然后乘机攻取他;敌人力量充实,就注意防备他;敌人处于强势,就要暂时避开他;敌人暴躁易怒,就设法挑逗扰乱他;敌人卑怯谨慎,就要设法使其骄横;敌人休整良好,就要使之疲劳;敌人内部团结,就设法离间他。要在敌人没有防备时发动攻击,在敌人意料不到时采取行动。这是军事家指挥取胜的奥妙,是不可预先讲明的。

下面,我们着重对孙武"兵者,诡道也"的思想加以评述。

在军事学术史上,孙子第一个提出了"兵者,诡道也"的著名论断。战国末期韩非子将其发展,"战阵之间,不厌诈伪",后世据此提炼为"兵不厌诈",成为战争中的一条重要原则。怎样看待孙武这一学说的价值呢?只有对孙武之前的战争指导思想加以了解,才能充分把握和评估"兵者,诡道也"这一论断的价值所在。

春秋时期的战争主要表现为争霸战争,属于有限战争,用历史学家黄仁宇的话来说,春秋时期的战争是贵族间的战争,类似于体育竞赛,只要达到使对方屈服的目的即可,不以攻城略地、杀人盈城为目标。春秋时期虽然周天子权力中衰,但其影响还在,仍被拥戴为名义上的共主,各诸侯国之间还没有撕掉表面上的那层温情的面纱,周礼的传统仍旧在社会生活的各个方面发挥着影响力,在军事领域表现为一套军礼的原则的制约,仁义的思想对战争影响很大。此处我们以宋襄公为例。

公元前 638 年,宋、楚两国为争夺霸主地位而交战于泓水流域。楚国是先秦时期的强国,宋国是中等国家,都城在今天河南商丘。从双方兵力对比的情况看,宋军处于敌众我寡的不利态势,但从双方所处地理条件来看,宋军占有先机之利,泓水在宋国境内,可以凭险而恃,楚军则是远道而来。在此形势下,宋军只有凭借泓水之险,采用灵活巧妙的战法,给来犯的楚军以出其不意的攻击,才有取得胜利的可能性。而宋襄公却一而再,再而三地把战机让给了对手。《左传·僖公二十二年》中这样记载:

> 冬十一月己巳朔,宋公及楚人战于泓。宋人既成列,楚人未既济。司马曰:彼众我寡,及其未既济也,请击之。公曰:不可。既济而未成列,又以告。公曰:未可。既陈而后击之,宋师败绩。公伤股,门官歼焉。

宋襄公因伤重而亡,可直到临终前都没有意识到自己的过失,他还振振有词:"寡人虽亡国之余,不鼓不成列。"在中国古代历史上,宋襄公成为讲仁义的最著名的代表。

怎样看待和评价宋襄公的举动呢?《春秋公羊传》中谓:"故君子大其不鼓不成列,临大事而不忘大礼,有君而无臣,以为虽文王之战,亦不过此也。"《史记》中太史公谓:"襄公既败于泓,而君子或以为多,伤中国阙礼义,褒之也,宋襄之有礼让也。"《淮南子》说:"古之伐国,不杀黄口,不获二毛,于古为义,于今为笑。古之所以为荣者,今之所以为辱也。"前两家都持褒扬的立场,后者以动态变化的视角,从历史的变迁中审视和比较古今观念的不同。到底该怎样评价宋襄公,又该如何看待春秋的军礼现象呢?关于此一部分,后面我们再作详细论述。

实际上,从春秋中期开始,已屡屡有人开始突破军礼的樊篱,运用诡诈之术。由此可知,当时战争指导观念正处在一个碰撞期、过渡期,孙子的厉害之处在于对这样一种新型的战争指导观念进行了高度的提炼和概括,遂成为千古用兵之至理。

(四)庙算取胜的原则

在本文的结尾,孙武强调指出了庙算取胜的重要性,呼应并承接了《计篇》的主旨。原文这样说道:

> 夫未战而庙算胜者,得算多也;未战而庙算不胜者,得算少也。多算胜,少算不胜,而况于无算乎! 吾以此观之,胜负见矣。

什么是庙算呢?庙算是指战前国君和大臣在庙堂之上的战略运筹活动。在开战之前,庙算能够胜过敌人的,是因为计算周密,胜利条件多;开战之前,庙算不能胜过敌人的,是因为计算不周,胜利条件少。计算周密,胜利条件多,可能胜敌;计算不周,胜利条件少,不能胜敌;而何况根本不计算、没有胜利条件呢?! 我们从这些方面来考察,谁胜谁负就可看出来了。

二、举例

以下从两个方面进行重点阐释,一是对《计篇》的庙算取胜论进行示例分析,二是对春秋战争中的军礼现象即仁义与诡道的关系进行辨析。

（一）从《计篇》中可以得出哪些认识呢？

战争是一个大系统，决定敌对双方胜负的因素极其复杂。政治、经济、军事、天时、地利，以及将帅的素质等，无不直接或间接地影响着战争的进程和结局。这就要求指挥员必须高瞻远瞩，从全局着眼，对敌对双方的客观条件进行充分的调查研究、分析对比，以求作出正确的判断，制订切实的行动计划。

古往今来，有哪些庙算取胜的成功例证呢？最为人们熟知的莫过于诸葛亮作《隆中对》，帮刘备策划三分天下的大计，然最终却没有实现匡复汉室的目标，留下千古遗憾。在历史上还有一个战略运筹的上乘之作，就是保留在《史记·淮阴侯列传》中的《汉中对》，堪与《隆中对》相媲美。

公元前206年秦朝灭亡，项羽在西屠咸阳后回军临潼的戏下，分封诸侯，封刘邦为汉王，都南郑，就是汉中，在西安的西南方向，与巴蜀接壤。将关中一分为三，以咸阳为界，咸阳以西，章邯为雍王，咸阳以东，司马欣为塞王，咸阳以北，董翳为翟王。项羽本人自封为西楚霸王，霸王就是盟主、诸侯之长的意思，拥有九郡之地。项羽没有定都关中，而是引兵东归，回老家彭城（也就是今天的徐州）。按照与诸侯的约定，"先入关中者王之"，刘邦理应为关中王，而论灭秦战争功劳之大，非项羽莫属。刘邦此时只能忍声吞气，前往汉中。

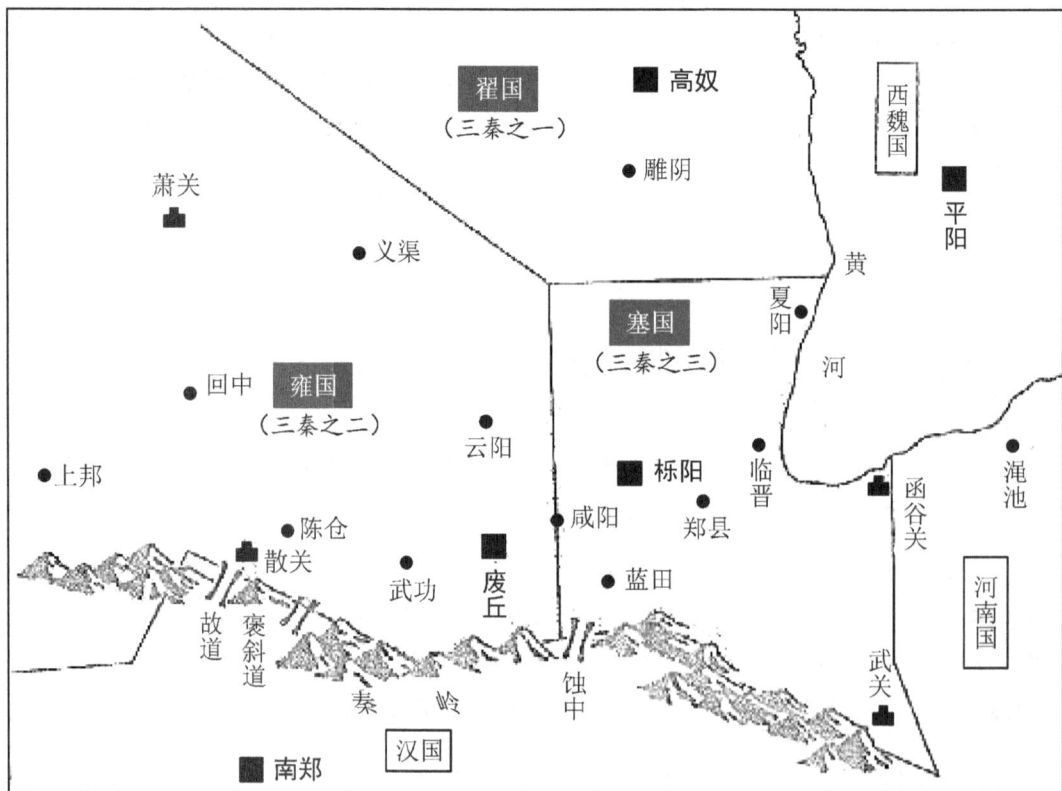

图 4-1　公元前 206 年关中三秦形势示意图

汉中，今天有小江南之美称，被誉为西安的后花园，而在古代，汉中与关中平原之间有莽莽苍苍的秦岭山脉阻隔,交通异常艰难,汉中、巴蜀是秦朝流放犯人的地方。刘邦率部属沿子午谷进入秦岭,到达汉中以后,刘邦听从张良的建议烧毁了褒斜道。栈道是古代人们发明的一种山间的交通方式。褒斜道南起汉中的褒河,北至宝鸡的斜口,因此取名为褒斜道。为什么要烧掉栈道呢?此举有两重用意。表面上是做给项羽看的,表示刘邦无意再回三秦,好让项羽放心地引兵东归。真实的用意是担心项羽万一后悔放走了刘邦,派兵来追杀。

刘邦的部属多数是关东人士,在去汉中途中,就有不少人开小差逃散回家。其中有一个叫韩信的人,他曾在项羽手下做事,不被重用,后来就投靠刘邦,也没有被起用,于是在去汉中途中韩信也打算逃回老家。刘邦的丞相萧何了解到韩信这个人很有本事,于是就去追韩信,追上之后将其举荐给刘邦。

刘邦拜韩信为大将。韩信为刘邦擘画天下大计,这就是著名的《汉中对》。

韩信首先坦率地指出敌强我弱这一基本现实,但是韩信的高明,在于能辩证地看待问题,善于从项羽强盛的表象中找出其致命的弱点:第一,"项王喑噁叱咤,千人皆废,然不能任属贤将,此特匹夫之勇耳"。首先来看第一点,"喑"读 yìn,"噁"读 wù,"喑噁"指厉声怒喝,意思是说项羽怒吼一声,吓得众人胆战腿软,然而项羽不能选贤任能,所以只不过是匹夫之勇。第二,"项王见人恭敬慈爱,言语呕呕,人有疾病,涕泣分食饮,至使人有功当封爵者,印刓敝,忍不能予,此所谓妇人之仁也"。项羽待人表面恭敬慈爱,说起话来柔和温顺,当部下生了病,他甚至为之伤心流泪,把自己的食物分给他人,可一旦有部属因功受赏封爵,项羽又小气得很,把刻好的印信在手里反复摩弄,印信的角都由方形磨成圆形了,还握在手里舍不得授赏。因此项羽之仁是妇人之仁。第三,"项王虽霸天下而臣诸侯,不居关中而都彭城"。项王虽霸天下使诸侯臣服,但却不居关中而都彭城,丧失了战略地理上的优势。关中之名最早见于战国时期,秦国有著名的四个关隘,四关之中谓之关中,这是关中之名的来由。早在战国时期,人们就已经认识到了关中披山阻河的地理战略优势,《战国策》中洛阳人苏秦在西向秦王游说时就分析了关中的地利,而项羽受到衣锦还乡的虚荣心的驱使,放弃了这一优势条件。第四,"有背义帝之约,而以亲爱王,诸侯不平。诸侯之见项王迁逐义帝置江南,亦皆归逐其主而自王善地"。项王对名义上的共主义帝楚怀王处置不当,引起其他诸侯效仿,纷纷把自己的国君逐走,挑一处好地方自立为王,给天下平添一番混乱。第五,"项王所过无不残灭者,天下多怨,百姓不亲附,特劫於威强耳"。项王残暴酷虐,诛杀无度,天下对其怨声载道,百姓内心上并不归附于他,只不过是被其淫威所胁迫罢了。根据以上五点,韩信得出结论:"名虽为霸,实失天下心。故曰其强易弱。"项羽名虽为霸,实际上却早已失掉民心。随着时间的推移,强大会变为弱小。

正是由于洞察到了项羽一方看似强大的表面背后的虚弱,韩信提出刘邦应当反其道而行之:

> 任天下武勇,何所不诛!以天下城邑封功臣,何所不服!以义兵从思东归之士,何所不散!

诛,诛灭,消灭。服,臣服,屈服。散,驱散。东归之士,是指刘邦的部属多为关东人士,思归心切,急于打回老家。这段话意思如下:首先,项羽虽然骁勇善战,却不能任属贤将,而刘邦则反其道而行之,任用天下有才干而又勇敢的人,打击并最终消灭项羽势力。其次,项羽吝惜封赏,而刘邦则有功必赏,利用封赏这个有力的杠杆,调动将士杀敌制胜的积极性。再次,项羽丢失了三秦的地利,丧失民心,而刘邦则利用高昂士气,掌握和运用部队歌思东归的心理,充分发挥战斗潜能。韩信的这一番擘画看似简略,却从战略的高度上为刘邦夺取天下指明了方向。

韩信特别指出,项羽坑秦降卒二十余万,唯独不杀三降将,并强以此三人为三秦王,关中父老对此恨之入骨;秦朝的法律非常严苛,刘邦入关中后与民约法三章,“杀人者死,伤人及盗抵罪”,杀人者处以死刑,伤人及盗窃的要抵罪,其余法令全部废除,深得秦地的民心。因此,最后韩信得出结论,“今大王举而东,三秦可传檄而定也”。现在大王举兵向东,只要发布一张檄文,三秦就可以平定。

刘邦听了之后大喜过望,采纳了韩信的建议。正当项羽忙于平定北方齐赵燕三国的叛乱、无暇分身之际,韩信出奇兵潜出秦岭、还定三秦,具体来说,采取了明修栈道、暗度陈仓的战法。

明义上修复栈道,其实是麻痹对手,因为修好需要三年之久,这样一来,雍王章邯就放松了对汉军的防守。汉军主力从汉中出发,先是西行至甘肃境内白水一带,再折向东北,出大散关,尔后在陈仓秘密渡渭河进入雍城,章邯原以为汉军会从褒斜道出来,守在斜口一方,没想到兵从天降,汉军出其不意地出现在雍城。汉军用了一个月的时间平定了三秦大部分地区,在次年用引水灌城的方法攻占废丘,迫使雍王章邯自杀,三秦全部平定。

在楚汉战争中,韩信是风云人物,连百万之众,战必胜,攻必取,韩信的英名往往与出奇制胜、指挥若定的作战艺术联系在一起,其实,韩信不仅长于作战指挥,他还是杰出的战略方针的制定者。历史进程表明,韩信的战略决策思想是正确的,汉军一出汉中,即迅速平定三秦,实现了第一步战略目标,为刘邦最终战胜项羽、夺取天下奠定了坚实的基础。因此,我们说《汉中对》不愧为中国古代战略决策的典范之作,它的出现,标志着古代战略预测运筹思想发展到一个新的阶段,是对孙子《计篇》最生动的演绎。

(二)仁义与诡道的关系

春秋时期盛行军礼,后人笼统地称军礼为“三代之风”在春秋之世的沿袭,这实际上忽略了在激烈的战争活动中,“礼让”与“杀敌”“仁义”与“诡道”之间存在的龃龉和冲突。倘若进一步刨根问底,便会产生以下疑问:军礼究竟以什么样的形态而存在? 温文尔雅的君子之风与杀敌取货的战争本质之间到底是什么样的关系? 是非此即彼,还是并行不悖,抑或是其他? 怎样看待孙武的“兵者,诡道也”的论述?

广义上的军礼包括平时治军、战时作战和战后班师、献俘等各方面的礼仪;而狭义的军礼,则指在一个具体的战争过程中,从战前到交战再到战后等多个环节所表现出来的礼仪形式。此处所述军礼即从狭义上而言,即单纯从践行的视角上对此问题进行探讨。

春秋之世重视战前礼节,名目繁多,十分讲究,在崇尚师出有名的前提下,分为“约战”“请战”“致师”等多个步骤;在战后礼节上也有不少规定,譬如“服而舍人”“不绝其祀”等;唯独对交战时的礼节缺少明确的规则和要求,往往因人、地域等因素呈现出个体的差异性,而后世对这方面的研究也是最为薄弱的,很多东西语焉不详。造成这些现象的根本原因在于,作战远不同于战前和战后,双方一旦进入实质性的交战阶段,不可避免地会出现杀戮这种极端现象,这时,若还要一味地固守和抱持礼让的传统,在"追求战争胜利"与"崇尚义礼"之间进行平衡,就勉为其难了。

长期以来,学界囿于儒家仁义用兵的传统观念,在"交战礼"这个问题上经常是人云亦云,流于泛泛而论,很少能验之于历史本身,发现其中的矛盾冲突。钱钟书在《管锥编》提出有所谓的戎礼、戎仪之分,则表现出他对这个问题中矛盾冲突的关注。他明确提出,"杀敌者战之本旨","三舍之退、一麇之献,以及下车免胄、执橛犒师,皆方式而已,戎仪也,非戎礼也"。这里他强调二者之间的区别,实际上也正是看到了战争本身与军礼之间存在的矛盾。此处我们试图将长期以来似是而非的几个问题搞清楚,即:在交战的这一特殊环节,军礼究竟呈现为何种形式?人们对军礼的执行情况经历了什么样的变化过程?而以上这些问题的回答,又可以历史性地归结到这样的一个社会意识形态转变问题:在春秋时代,世人在"追求战争胜利"与"崇尚义礼"之间经历了怎样的态度变化?

《左传》中既有宋襄公这样执着的殉礼者,也不乏违反上代之礼的人和事。《左传·文公十二年》记载了秦晋河曲之战,秦使以约战为名,真实的意图是打算连夜撤退,晋将臾骈看穿了秦人的把戏,认为:"使者目动而言肆,惧我也,将遁矣。薄诸河,必败之。"他主张连夜渡河袭击,但却拗不过当时晋君之婿赵穿对交战礼的坚持,结果"秦师夜遁"。像这样的例子还有一些,大家都以"约战"为信义和旗帜,有趣的是,无一例外,主动提出约战的一方都失信了。这说明在当时,商周以来"约战""期而战"的传统正趋于坍塌瓦解,逐渐地弃之不用,人们不仅不再严格遵守这些原则,反倒是将这些原则变成了诱敌、惑敌的一种手段。与先前所信奉的"不以阻隘"相反,一直以来为众所嗤的"迫敌于险"倒是越来越成为流行和趋势。

那么,如何看待春秋时期盛行的军礼现象呢?按照《左传》《国语》等史书的记载,商周以来,人们在战场交锋时,崇尚正大不诈的原则,具体来说,在长期的战争实践中,人们形成和总结了以下的一些规则:不鼓不成列,"不以阻隘",不乘敌人半渡而击之,等等。这些原则总的特点就是讲究期而后战,反对不期而战,反对乘人之危,这些原则见于《司马法》,言之凿凿,堂而皇之,在当时乃至后世广为流传,产生了普遍的影响力。

而实际上从《左传》的现有记载来看,交战时的礼节主要存在于军队的统帅之间,《左传》中关于两军统帅相逢时遵从的军礼事例有如下几例,多出自鄢陵之战。

> 郤至三遇楚子之卒,见楚子,必下,免胄而趋风。楚子使工尹襄问之以弓,曰:"方事之殷也,有韎韦之跗注,君子也。识见不谷而趋,无乃伤乎?"郤至见客,免胄承命,曰:"君之外臣至,从寡君之戎事,以君之灵,间蒙甲胄,不敢拜命,敢告不宁,君命之辱,为事之故,敢肃使者。"三肃使者而退。

这一幕发生在郑楚联军战败之际,晋楚敌对方在战场上正面遭遇,让后人难以想象的是,胜利方对于失败一方的君主仍然持有严格的礼仪,似乎在当时的人看来,相较于两国一时战争的胜败而言,更值得捍卫的是君臣之间的尊卑之礼,这一维系宗法制社会的根基不可撼动。观后世战争之惨烈,先代战争的种种重礼行为可谓匪夷所思。

关于两军统帅在战场上相遇,《左传》中有几例,其中一例特殊在于,一方的统帅在对垒鏖战之际犒师对方主帅。

> 栾鍼见子重之旌,请曰:"楚人谓夫旌,子重之麾也。彼其子重也。日臣之使于楚也,子重问晋国之勇。臣对曰:'好以众整。'曰:'又何如?'臣对曰:'好以暇。'今两国治戎,行人不使,不可谓整;临事而食言,不可谓暇。请摄饮焉。"公许之。使行人执榼承饮,造于子重,曰:"寡君乏使,使鍼御持矛,是以不得犒从者,使某摄饮。"子重曰:"夫子尝与吾言于楚,必是故也,不亦识乎!"受而饮之。免使者而复鼓。

犒师是古时的风尚,一般在战前进行,《左传》中记载的有弦高犒师、展喜犒师等,然在两军激战之际,却派遣使者犒饮敌师,可以说是春秋时期礼仪的极端展现。如果说郤至与楚王之间的对话体现了贵族在正式场合优雅的礼仪和教养,那么,执榼犒师则将贵族的重礼、守礼演绎到了入木三分、深入骨髓的地步。看看栾鍼犒赏敌军的动机是什么,原来他是要兑现自己此前说过的话。以此可知,在那个时期,即便是在战争中,敌对双方必要的礼节往来也并不能完全省略。斯文与厮杀并行不悖,可说是春秋时期战场上的一道奇异的风景。

其他还有如公元前 589 年的齐晋鞌之战,因篇幅原因不详述,以"齐顷公遭追击"中的一小段为例:

> 韩厥执絷马前,再拜稽首,奉觞加璧以进,曰:"寡君使群臣为鲁、卫请,曰:'无令舆师陷入君地。'下臣不幸,属当戎行,无所逃隐。且惧奔辟而忝两君,臣辱戎士,敢告不敏,摄官承乏。"

晋将韩厥终于追及齐侯,他执絷马前,礼节周到,言辞体面。当日之战斗不可谓不激烈,然在作者的笔下,军礼的传统与贵族之间的礼仪仍然在积淀和沿袭。从不射杀君子的齐顷公,到尽修君臣之礼的韩厥,到代君受难的逢丑父,再到宽赦忠勇之士的郤至,每一个人都遵从着礼的约束,践行着先代礼教对士大夫阶层理想化人格的崇高界定。

读者看到此处可能会感到迷惑,春秋时期的战场中军礼到底是一种什么样的存在状态呢?其实,我们认为:交战礼主要体现为君子之礼,属于君子之间相互的致意问候,其意义主要在外交礼仪上;礼与战是并行不悖的关系,崇尚君子之礼与战争中讲奇计谋略并不冲突。从《左传》的记述来看,时人对礼与战的界限分得很清楚,像宋襄公这样的例子绝无仅有,只不过由于时过境迁,后人误以为当时曾经流行过这种战法。从这个意义上看,孙武的"兵者,诡道也"之论断无疑揭示出了战争的内在规律。

学生感悟与体会①

一、《计篇》感悟体会一

对"军礼"的思考

人工智能试验81班　王宁南

"军礼"一词最早记载于《左传·襄公三年》中,作为军法的意思出现。而作为五礼(吉礼、凶礼、宾礼、军礼、嘉礼)之一出现,则是在《周礼·春官·大宗伯》之中。其中提到"以军礼同邦国",更将军礼概括为大师之礼、大钧之礼、大田之礼、大役之礼、大封之礼。春秋时期,军礼的发展达到鼎盛,齐、晋、秦、楚四国分别发展出了本国的军礼,军礼本身也分为战前、战中、战后军礼,每项也细分成许多小项,如谋仪之礼、誓师之礼、献俘之礼等。

《孙子兵法》是一本讲述"兵"的书,主要研究的是战争之道与用兵艺术,因其成书于春秋末期,时代观念的变化使其没有涉及军礼的内容,然军礼在春秋时期的盛行却是不争的事实。本文旨在讨论春秋时期军礼与兵法的关系,并思考为何像"春秋五霸"之一的宋襄公一样讲究仁义的作战方会越来越少,最终只存在于历史之中;最后利用所得结论,思考是否有其他如诡计与军礼一样关系的、现今存在的例子;以古论今,借此讨论了人工智能发展中道德约束与多方竞争的关系。

(一)春秋时期军礼的盛行与发展

1. 盛行的原因

军礼在春秋时期盛行,可以说并不是一件难理解的事情,因为礼在经历西周将近三百年的历史中,已经被深深地植入人心。《礼记·冠义》中直接指出"凡人之所以为人者,礼义也",从本质上告诉人们需要遵循礼;《左传》中讲到"礼,所以守其国,行其政令,无失其民者也",从礼的作用来讲述为何要遵循礼。无论是《礼记·冠义》,还是《左传》,从中我们都可以看出,礼是一件司空见惯的事情。这样看来,似乎战场上不制定军礼反而是不正常的,而这一时期军礼的盛行也恰是经历了西周统治后的结果。

虽然说军礼不是春秋时期首创的,但一定是在这一时期前后一定范围内达到了一个顶峰。甚至还有因军礼闻名的人之一宋襄公,在泓水之战中恪守军礼,最终战败而死。《史记·卷三十八·宋微子世家第八》中记载,宋襄公十三年十一月,宋襄公与楚成王战于泓,史称泓水之战。司马子鱼两次向襄公提议,趁楚军渡河的时候发动进攻,而襄公却表示只有等楚军渡过了河,列好阵之后才能交战。结果宋军大败,襄公受伤,后因伤痛发作,不治而死。这里宋襄公所

---

① 本书中"学生感悟与体会"所选文章均遴选自西安交通大学学生论文。

恪守的军礼又与军礼中的誓师礼、献俘礼等有所不同，后者更多的是一种形式，鼓舞士气，体现威严，而宋襄公的行为则更可以看作是一种仁义，一种战争的原则。

《左传·僖公二十八年》中记载，"丁未，献俘于王，驷介百乘，徒兵千。郑伯傅王，用平礼也"，这是形式上的军礼。这样划分出来的军礼的存在是从西周延续而来的。春秋时期，虽然有诸侯争霸，但是实际上还是有名义上的周王的。而按礼论，诸侯之间不能相互献俘，献俘的对象只能是周王，这也是为什么《左传》中记载只有两例符合军礼的献俘活动。"形式军礼"与当今世界上的一部分礼仪类似，单纯的行为可能意义不大，更多的起到展现内在实力的作用，又或者仅是遵循普世公认的法则。

《司马法》中记载，"家宰与百官布令于军曰：'入罪人之地，无暴神抵，无行田猎，无毁土功，无燔墙屋，无伐林木，无取六畜、禾黍、器械。见其老幼，奉归勿伤。虽遇壮者，不校勿敌。敌若伤之，医药归之'"，这是仁义方面的军礼。春秋时期仁义方面的军礼可以说能让现代人瞠目结舌。除了泓水之战外，还有鞌之战中齐顷公认为不应射杀君子，放走了韩厥，邲之战中鲍癸放走了乐伯三人，也只因为他们是君子。当军礼阻碍了通向战争胜利的捷径时，他们并没有选择放弃军礼。恪守仁义方面的军礼，一方面是出于形象的需要，而更多的，则是一种出于道德的自觉性。我认为这些并不是先天存在的，人需要遵守道德是后天的，是外界赋予的，是没有理由、自觉接受的。之前上法学的核心选修课，在谈到过马路闯红灯的事情时，我认为当时授课老师的观点非常正确：我们遵守规则没有什么原因，只是父母教导我们需要如此而已。

2. 军礼与兵法的关系

与西周王朝相比，在春秋的乱世之中，随着时间的推移，开始发生一些变化。诸侯纷争，天子地位下降，一些从前适用的法则开始不再适用。可能有人某天趁敌人渡河时发起了攻击，大获全胜，结果因为战况紧急，不仅没有受到声讨，反而加官晋爵。一小部分人开始效仿，久而久之，劣币驱逐良币，违规的人尝到了甜头，正义的人反而更容易兵败。这样，道德的准则便逐渐改变，仁义军礼已经不适合这个时代了。也有人试图凭借一己之力来改变日益崇尚功利之世风，但是很有可能付出惨痛的代价，甚至连孔子在赞赏坚持原则的同时，也屡屡提醒人们，在乱世中坚持君子之道要同时懂得变通，学会在不同的环境下灵活地坚守己道。

《孙子兵法》第一篇中便提出"兵者，诡道也"，似乎这种千变万化、出其不意之术与仁义军礼存在一些不相容的地方，如《孙子兵法·地形篇》中明确讲道："支形者，敌虽利我，我无出也；引而去之，令敌半出而击之，利。"这自然涉及《孙子兵法》的成书年代。孙武是春秋末期人，而宋襄公则是春秋早期人，两人的观念有出入当然是符合之前讨论的军礼发展的。当人们于战术上不再讨论仁义军礼时，各种阴谋也随之而生。然而，春秋早期就没有兵法了吗？当然不是。依我看来，军礼于兵法更多的是像框架于内涵。军礼是战争的框架，双方的行为都不能突破框架的限制，兵法则是在框架下的庙算，在遵循规则的前提下用计帮助取得战争的胜利。当仁义之风不再兴起时，只是框架变得更大了，可供操作的空间扩宽了，此时依旧不能突破框架的限制。秦赵长平之战，白起坑杀数十万赵国降军，"流血成川，沸声若雷"。这虽然对赵国造成了决定性的打击，但也因手段残忍，导致秦国在统一的路上受到各国的强烈抵抗。因为他们知道,向秦国投降相当于自己跳入坑中,还不如抵抗。

(二)军礼与人工智能

仁义的军礼在人们追求胜利的过程中逐渐被抛弃,与其说是时代变更的结果,不如说是多方竞争而制度没有强制约束力,导致破坏制度的人获得更大的收益。不仅是军礼,还有很多事情也面临着相同的问题。例如,2018年11月,贺建奎团队宣布,一对基因编辑婴儿健康诞生。她们的基因经过修改,使得出生后即获得天然抵抗艾滋病的能力。中国科学院某院士曾表示,基因编辑技术操作上并不难。那么自然贺建奎是因为利益原因做了这件事,他也于2019年12月被深圳市南山区人民法院判处非法行医罪。

基因编辑也并不算非常新鲜的事物了,自然有相关法律来约束,但对于一些新兴事物,人们有可能还没完全认清,就更谈不上制定相关法律了。以我的专业人工智能来说,抛开硬件软件问题不谈,光是单纯哲学问题就足够人们讨论许久了。以无人驾驶汽车为例:当不可避免的交通事故即将发生时,优先保证车内还是车外人员的生命安全?"电车难题"应该给出什么样的解决方案?做出道德决策时应当依据哪些群体的道德标准?无人汽车发生事故后谁应当承担事故责任?等等。这些问题与基因编辑问题类似,很容易给出一个答案,但是却很难给出完美的答案;人们早已可以给出回答,但是基于道德的约束还没有人更进一步。近几年,已经有一些国际组织开始制定一些"道德准则设计",通过创造共识来提出基于道德准则设计概念。当一项全新的事物诞生之时,有无限的空间供人们探索,但只有当多数人发现有不妥时,才会有明文道德准则乃至法律的出现,那时事物不一定还处于约束有用的空间内。

这与军礼是否是类似的?如果有人越界尝到了甜头,而又受到了较少的损失,这是否是激励他继续越界的动力?如何从春秋仁义军礼的逐渐消失中获得启发,来避免相同的事情再次发生?其实阻止越界往往与人们的价值取向相悖,它阻碍个体通过损害集体利益的方式获得收益,但此处的损害集体利益又没有很清的界限。我个人认为这和避免人们闯红灯的方法类似,从小就从道德层面告诉人们有些事情是不应该做的。这并不是说纯粹用道德约束人们,因为现在大街上还能看到许多闯红灯的行人,甚至还是在有交通规则的约束下。考虑到人们只是在新兴事物刚诞生的时间段缺乏法律管制,道德约束只能为即将诞生的法律赢得一些时间而已,最根本的还是要依靠严谨的法律和合适的执法方式。

【教师点评】

春秋时期军礼盛行,给后世留下了不少逸闻趣事。但从春秋中期以后,军礼之风已日渐衰微。《孙子兵法》成书于春秋末期,因此在《孙子兵法》中不见对军礼的记载,而是极力倡导"兵者,诡道"的思想。本文探讨了春秋军礼衰微的原因,对此提出了崭新的阐释角度,从春秋仁义军礼的逐渐消失中获得启发,通过框架与内涵的关系来解释军礼与诡诈的关系,甚而探讨如人工智能等新型事物产生时所面临的问题,借鉴春秋时期仁义军礼逐渐消亡的经验,来解决人们破坏软性要求从而获利的问题。作者是我校人工智能专业的学生,思维活跃,从军礼的衰微中总结出一般性道理,将其应用到对现代科技发展的思考之中,纵古论今,有所创见,令人耳目一新。

二、《计篇》感悟体会二

诡道，势也

管工贯通72班　徐如银

兵者，诡道也。故能而示之不能，用而示之不用，近而示之远，远而示之近。利而诱之，乱而取之，实而备之，强而避之，怒而挠之，卑而骄之，佚而劳之，亲而离之。攻其无备，出其不意。此兵家之胜，不可先传也。

对于《孙子兵法》中的这段话，我想分成以下五部分来谈谈我的理解。

（一）兵者，诡道也

这句话精炼地概括了行军作战的特点——不确定性。将领只有认识到这些不确定性，才能有所为有所不为。这些不确定性主要体现在天、地、人三方面。

天，即自然气候。古代依据经验预测天气的准确性很有限，而气候对战争的影响是很大的。如东晋十六国时期，前秦苻坚想要将造反的姚苌扼杀在起步阶段，眼看包围完成，就等姚苌断水而死了，哪料到，老天突降大雨，计划功亏一篑，苻坚气得直骂天。又如，杜牧有诗云"东风不与周郎便，铜雀春深锁二乔"，若孙刘联军不是趁东风之势，哪有火烧赤壁的破曹大捷？再如，拿破仑气势汹汹进兵俄国，如狼似虎，哪想，俄国境内大雪纷飞，饥寒交迫的法军被俄军的反攻打得节节败退，铩羽而归。

地，即地形地貌。古代由于技术和人力所限，对地形地貌的认识有局限。而古代往往有许多奇径鲜有人知，而且通行极其不易。但若是能有效利用，往往可以出奇制胜。如战国时期，秦国战神白起凭李冰父子之力巧借地形成功修造后世所谓"白起渠"，引汉水淹了楚之要塞鄢城，楚国城破国危。又如刘邦依韩信之策，明修栈道，暗度陈仓，成功地麻痹了陈仓守将，顺利挺进关中，站稳了脚跟。古代作战多是陆战，地形地势很大程度上决定了攻守双方的态势，能在不同的地形地势正确地排兵布阵才能充分发挥己方的实力。所谓一夫当关，万夫莫开，伏地势也。所谓奇兵天降，也不过是利用了敌人防守的盲点。盲点，地形地势使然也。

人，即人心。对于己方，人心齐则泰山可移；人心散则兵败如堤决。对于对手，若能了解对方将领士卒的心理并做出相应的权宜之变，有时能收到意想不到的效果。但人心很容易受外界影响，再加上各自有私心，难测也。试问，为何韩信井陉之战中命令士兵背水而战能取得奇效，而马谡命令士兵依山驻军却落得个贻笑大方？同样是处绝地，为何结果却是云泥之别？答曰：人心异也，时势异也。非韩信之兵皆勇猛忠诚而马谡之兵皆懦弱不忠也。时势也，人心也。草木皆兵，风声鹤唳，失势而后人心乱也。破釜沉舟，一鼓作气，乘势而后人心旺也。人心之微妙变化，往往如水之涟漪一般会悄然扩散开去，要么全军气势如虹，要么全军畏战怯缩。人心，因势而变也。将领唯有体察手下将士因时而变的人心才能及时做出有效应对：或慷慨激昂之，以振士气;或严词训诫之,以戒骄躁冒进之气。将领审慎之,权宜应变之,变者不变也。

种种不确定性的存在,无法避免,将领若不能了解天、地、人的诸多不确定性,或者及时了解却不能做出恰当的应变,则殆矣。战争局势难测,将领也必须以变应变,以诡道应诡道。所谓,不变者,变也。势,因天而动,因地而变,因人而异也。

(二)能而示之不能,用而示之不用,近而示之远,远而示之近

这部分总结起来就是"隐真示假"。目的当然就是迷惑敌人,使敌人做出错误的决策,我方待敌之可胜。另一方面,这也照应"兵者,诡道也",我方示假,敌方也不可能将自己的情况明明白白展示给你。互相试探、随机应变是战争的常态。表面上风平浪静,暗地里可能早已暗流涌动。如战国的城濮之战时,晋国与楚交战,晋文公下令退避三舍,故作仓皇之态,诱楚军深入,以逸待劳,大胜楚军。再如,庞涓与孙膑的马陵之战中,田忌采用孙膑的"减灶计"诱使庞涓冒进,结果庞涓身死马陵道。示假隐真,亦即孙子所谓致人而不致于人者也。只有充分调动敌人,而不被敌人所牵制,才能掌握战争的主导权。犹如开渠引水,顺势而为,水到渠成。或曰"不能将计就计耶?"当然可以,但必须"先为不可胜"也。形可先为,势必后成也。

(三)利而诱之,乱而取之,怒而挠之

这部分要求将领要充分洞察并利用对手的情况来为我方创造有利的条件。同时也是在告诫我方将领行军作战时不要贪利,不要自乱阵脚,不要妄怒,不要焦躁。

孙子曰"城有所不攻,地有所不争",打仗千万不能贪图眼前小利,要有全局观,要从整体的利害中做出取舍,才能最终达到战略上的胜利。军队为何会乱?盖出师无名,气候诡谲,地处绝境,将领无才,军纪不严所致。将领既要先从道天地将法五方面先为不可胜,又要通过这些窥视敌之可胜之时机。否则,不过是五十步笑百步,见敌人有机可乘,便交战,殆矣!孙子曰:"将不可以愠而致战。"要知道"愠可以复悦,亡国不可以复存,死者不可以复生"。将领可以用自己昂扬的情绪感染手底下的将士,但绝不能仅凭个人情感好恶作战,一切应以大局为重。势,在人为。

(四)实而备之,强而避之,卑而骄之,佚而劳之,亲而离之

这部分是说,当敌人暂时不可胜时,我方要避其锋芒,并伺机破坏敌人不可胜的态势,充分运用主观能动性使敌人可胜。

红军游击战中提出的十六字方针就是很好的例子:敌进我退,敌驻我扰,敌疲我打,敌退我追。当与强大的敌人作战的时候,要避实就虚,利用敌人的易骄心态使其露出破绽,并逐步分化敌人,破坏敌人不可胜的态势。可胜或不可胜,形势也,人力可为也。古代历史上以少胜多、以弱胜强的经典案例中,非正面硬碰硬获得的胜利,大多是因为将领懂得积水于堤、落圆石于高山的道理。散沙虽多,然徒有其形,未成势也;于高处滚圆木,虽形单,势不可当也。两军对垒,知形势而善因变导之者,可胜也。先成之形可为势,后发人为亦可破势也。藏形于内,待势

而动,借浪乘风,高屋建瓴。势可顺应而为,胜可借势而成。成势可破,借势可为,小形可胜于大形。

(五)攻其无备,出其不意。此兵家之胜,不可先传也

这部分是对前面的总结以及和前面的诡道相互呼应。战场局势瞬息万变,将领也要待时而动,见机行事,切不可固守成法。是谓局无定势,兵无常形。将领之"难知如阴"非有意为之,就像大海上的航船随风飘摇,不过是顺势而为罢了。所谓攻其不备,即己方先为不可胜以待敌之可胜;出其不意,非己方早有预谋,时机恰好到了,顺势而为罢了。行军作战,如在诡谲的大海上航船,风云突起,暗礁难测,激流汹涌,若不能顺势而为,即使是偌大的战舰也可能成为葬身海底的巨大残骸。或曰:"只能随波逐流耳?"非也,人定胜天,但并不是说与天硬碰硬。帆在我手,可纵风也;桨在我手,可操海流。是故,非我致于天也,实乃吾化不可控之天势为可控之人势,借势于天,谁人可当? 所以,天势难预料,人势岂能先为?

综上,诡道,天势也。人势,亦诡道也。顺势可为,逆势殆矣。借势可成,失势败矣。形须先成,势必后为。形,势,皆在人为!

【教师点评】

作者从五个方面阐述了对"兵者,诡道也"及诡道十二式的理解。《孙子兵法》诡道十二式,关键就在"诡道"二字,"十二式"不过是具体表现,"诡道"的核心在于变,变即难测;"能而示之不能"等五句的要旨就是"隐真示假";"利而诱之"等三句是指要充分洞察并利用对手的情况来为我方创造有利条件,并力避掺杂个人情绪;"完而备之"等四句强调充分发挥主观能动性使敌可胜;"攻其无备"等两句是对前面的总结。作者最后指出,诡道乃天势也,顺势可为,借势可成,在此过程中,形须先成,势必后为。作者厘清了形、势、诡道等兵学范畴之间的关系,潜心为学,独立思考,语言表达流畅,文白兼行,体现出较高的学术素养。

第二节 《作战篇》释义

首先来看本篇要义:本篇从战争对人力、物力和财力的依赖关系出发,着重论述了"兵贵胜,不贵久"的速胜思想,并提出了"因粮于敌"等原则。

题解:"作战",不同于现代军语的"作战"。"作"是发动,此处"作战"表示"始用战"。

一、释义

本篇主要论述以下五个方面的问题。

(一)指出战争对各种后勤物资的依赖以及花费之巨

原文这样说道:

> 孙子曰：凡用兵之法，驰车千驷，革车千乘，带甲十万，千里馈粮；则内外之费，宾客之用，胶漆之材，车甲之奉，日费千金，然后十万之师举矣。

古代的车分为两类：一类是战车，一类是辎重车。此处的驰车就是战车，亦称轻车、攻车；革车指的是辎重车、守车。驷：原指四匹马拉的战车，这里作量词用。乘：就是辆的意思。如周灭商的牧野之战中，"革车三百两，虎贲三千人"，从中可见，当时的车战规模还很有限；春秋时代的大国，一般都是千乘之国，有一千辆战车。春秋前期的城濮之战中，晋国出动了七百乘战车。

这段话的意思是：凡兴兵打仗，出动战车千辆，辎重车千辆，军队十万，还要千里运粮；这样一来，前方、后方的用费，外交使节往来的开支，物资的供应，武器装具的保养补充，每天要耗费千金，然后十万大军才能出动。

(二)认识到战争中速的重要性和久的危害性

此处孙武有一大段话来说明此观点：

> 其用战也胜，久则钝兵挫锐，攻城则力屈，久暴师则国用不足。夫钝兵挫锐、屈力殚货，则诸侯乘其弊而起，虽有智者，不能善其后矣。

其用战也胜，胜是速胜，意思是用兵作战宜速胜。旷日持久，就会使军队疲惫、锐气挫伤，攻城就会耗尽力量，军队长期在外作战，会使国家财政经济发生困难。诸侯就会乘此危机起而进攻，那时，即使有很高明的人，也不能挽回危局了。于是，孙子提出千古警言：

> 故兵闻拙速，未睹巧之久也。夫兵久而国利者，未之有也。故不尽知用兵之害者，则不能尽知用兵之利也。

拙，即笨拙的意思，用兵打仗只听说宁拙而求速胜的，没见过为了追求工巧而久拖不决的。战争长期拖延而有利于国家者，是从来没有过的。所以，不能完全懂得用兵害处的人，就不能完全懂得用兵的好处。

由此，孙武提出了"兵贵胜，不贵久"的速战速决指导思想。

(三)提出"因粮于敌"的原则

为了解决战争需要与后勤补给困难之间的矛盾，孙武提出，"故智将务食于敌，食敌一钟，当吾二十钟；惹秆一石，当吾二十石"，力争在敌国就地解决粮饷补给。

(四)提出"胜敌而益强"的思想

孙子主张通过厚赏士卒、善待敌俘等手段来壮大发展自己的实力。

(五)强调将帅责任重大

孙子说：

故知兵之将,生民之司命,国家安危之主也。

生民:泛指民众。这段话是说,深知用兵之法的将帅,是民众命运的掌握者,是国家安危的主宰者。

本篇中孙武提出的一些论断,如"夫兵久而国利者,未之有也","故不尽知用兵之害者,则不能尽知用兵之利也","兵贵胜,不贵久"等句,都是千古流传的名言,对后世具有深刻的警示作用。孙武的这些真知灼见来源于哪里呢?是对当时战争经验的总结吗?从这些字里行间,我们能够体会到哪些历史的兴废教训呢?下面,我们以吴国的争霸历程为例,来揭示这些至理名言背后的历史史实。

二、举例

我们都知道,《孙子兵法》一书的诞生就是直接服务于吴国的争霸战争,公元前512年,孙武以兵法十三篇晋见吴王阖闾,敲开了吴国政坛的大门。公元前506年吴楚柏举之战后,吴国面临战略选择,究竟是南服越人还是北抗齐晋。在吴国争霸的进程中,越国成为其劲敌。先来看吴越争霸的大事记:公元前496年吴越槜李之战;公元前494年吴越夫椒之战;公元前484年夫差伐齐,吴齐艾陵之战;公元前482年黄池会盟,千里争长,强成霸业;公元前478年吴越笠泽之战;公元前475—473年越军占领姑苏。

越国迅速崛起是在春秋中晚期。吴国的都城在苏州,越国的都城是绍兴,古称会稽,越国在吴国的东南方向。越国要北上,首先要越过吴国,出现"争三江五湖之利"的局面。《孙子兵法》两次提到越国:"越人之兵虽多,亦奚益于胜败哉?""夫吴人与越人相恶也,当其同舟而济,遇风,其相救也如左右手。"伍子胥修筑姑苏大城时,注重对越的防御,"不开东面者,欲以绝越明也。"不开东面的城门,是为了断绝越国间谍的偷窥。

下面我们以几个典型战争为线索来详述吴国争霸的经过。

(一)槜李之战(公元前496年)

公元前506年吴军攻楚入郢时,越王允常乘机偷袭吴国,后见阖闾引兵东归,也就撤兵回越。公元前496年,允常病死,勾践即位。为了报一箭之仇,吴王率军攻越,在槜李这个地方被越军击败,阖闾受伤而死,临终前留下遗言,令其子夫差勿忘越人杀父之仇。夫差励精图治,勤于朝政,为了不失懈怠,每天命人在朝堂之上高声提醒,切莫忘父王之遗命。

(二)夫椒之战(公元前494年)

前494年,勾践在夫椒被吴军击败,吴军乘胜追击,占领越都城,勾践率部属退守会稽山,派文种前去求和,表示勾践愿以金玉美女献给吴王,勾践率越国之众,亲侍吴王左右。同时贿赂吴太宰伯嚭,求他劝夫差,允许越成为吴的属国。

文种说,如果不予赦免,勾践将毁掉金玉美女,率五千人拼个鱼死网破。

伯嚭劝吴王:"古之伐国者,服之而已。今已服矣,又何求焉。"

伍子胥反对,劝阻吴王说:"今不灭越,后必悔之。勾践贤君,种蠡良臣,若反国,将为乱。"

夫差终不听,于是许越国请和,率军回国。

夫椒之战是吴越争战中第二次具有重大战略意义的战役。越王亲自去吴国臣事夫差三年后,才被释放回国,一面卧薪尝胆,暗地里积聚实力,一面恭敬备至,麻痹夫差。夫差好大喜功,受其蛊惑,毫不觉察,一意致力于北上中原争霸,实现北威齐晋的梦想。

(三)艾陵之战(公元前 484 年)

在吴齐艾陵之战前夕,吴国先后征服鲁国,制服陈国,开凿邗沟。

公元前 484 年,夫差准备大举出兵攻齐,伍子胥谏阻:"越之在吴,犹人之有腹心之疾也。而夫齐、鲁譬诸疾,疥癣也,岂能涉江、淮而与我争此地哉?将必越实有吴土。"

夫差不听,率吴军在艾陵打败齐军。此后夫差更加狂妄自信,不以越国为意,吴国开始逐渐衰败。

而伍子胥在战前出使齐国之时,将儿子托付给了齐国的好友鲍氏,伯嚭因此向夫差进谗言,后夫差赐剑命伍子胥自尽。艾陵之战既是吴王争霸战争中的一次巨大胜利,也是吴国由盛至衰的重大转折点。

(四)黄池之会与越军袭击吴都(公元前 482 年)

公元前 482 年,夫差约晋国和其他各国诸侯到黄池(今河南封丘)会盟,吴太子友劝阻:"吴悉境内之士,尽府库之财,暴师千里而攻之;夫吴徒知逾境征伐非吾之国,不知越王将选死士,出三江之口,入五湖之中,屠我吴国,灭我吴宫。天下之危,莫过于斯也。"

夫差不听,自率精兵三万,留一万老弱守姑苏。

待吴军已经到黄池后,越军兵分二路,勾践率主力进入姑苏城,另一路派范蠡领兵,沿海路入淮,以断吴归路。

吴王正在黄池与晋定公争作盟,听说消息,急忙回军。长期远征,人马困乏,国都失守,军心涣散,于是派伯嚭带厚礼与越议和。

吴国经历了连年战争,"吴士民罢(疲)敝,轻锐尽死于齐晋",加之国内闹饥荒,于是夫差采取"息民散兵"的政策,人民多就食于东海之滨,国内人员兵力空虚。

越国经过十年生聚,十年教训,实力强大。公元前 478 年,趁吴国国内闹饥荒的机会发动笠泽之战,大败吴军,这是吴越争霸战争中具有关键意义的战略决战。

公元前 475 年,越军围攻姑苏,一面监视吴军,一面发放吴国粮食以争取吴人。公元前 473 年城破,最后越国尽有吴地。夫差不甘心失败,派人请和。

勾践曰:"昔天以越赐吴,而吴不受;今天以吴赐越,孤敢不听天之命,而听君之令乎。"最后勾践拒绝了吴国请和的要求,无奈之下,夫差登鹿台自焚,吴国灭亡。

通过对吴越争霸历程的回顾,我们发现孙子在该文中的这一长段话:

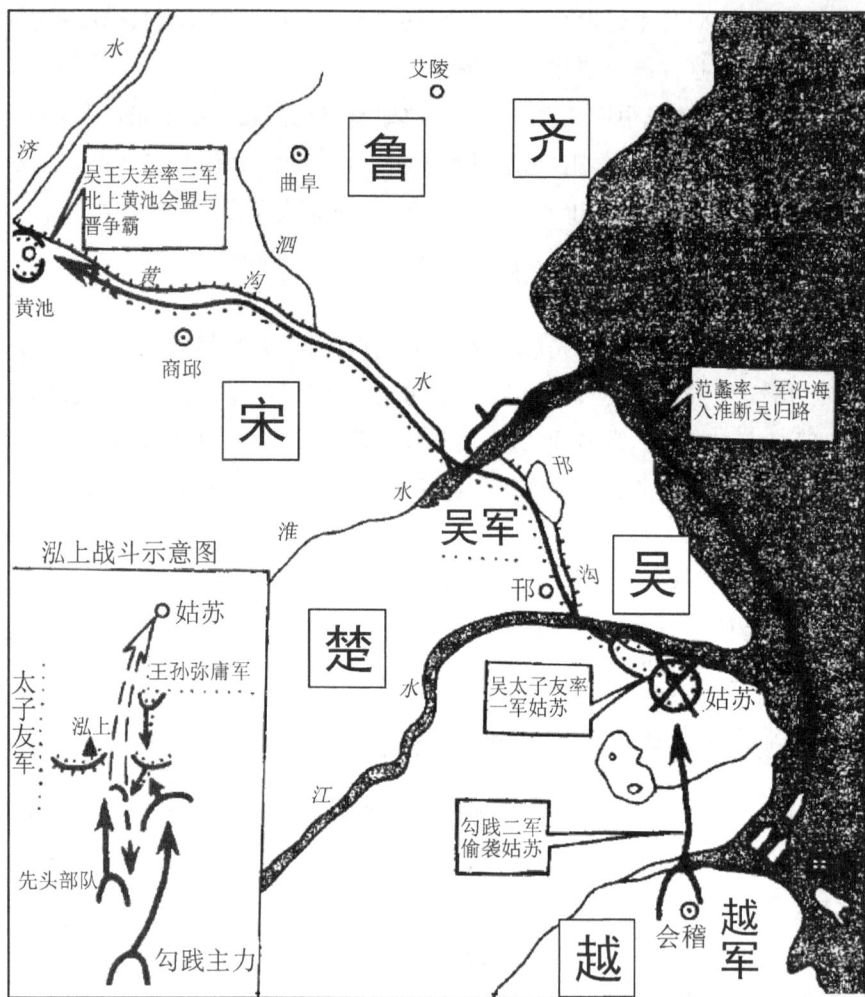

图 4-2　越军偷袭姑苏示意图

其用战也胜，久则钝兵挫锐，攻城则力屈，久暴师则国用不足。夫钝兵挫锐、屈力殚货，则诸侯乘其弊而起，虽有智者，不能善其后矣。故兵闻拙速，未睹巧之久也。夫兵久而国利者，未之有也。故不尽知用兵之害者，则不能尽知用兵之利也。

这不是泛泛之论，而是包含了对吴国命运的盛衰变迁之思。

此处值得注意的是，对孙子的速胜作战指导思想不能进行呆板的理解，它是为吴国争霸进攻的战略而服务。对于防守一方来说，自然采取的是持久为上的方略。日本侵华战争初期，国内出现了一股孙子研究的热潮，当时就有学者提出借鉴孙子在本篇中的结论，我方应当以持久战之计拖垮日本。当然，其中最著名、享誉世界的就是毛泽东的《论持久论》。

学生感悟与体会

一、《作战篇》感悟体会一

洞明利害相生，矛盾迎刃而解

ACCA91班 晋嘉睿

《孙子兵法·作战篇》说："故不尽知用兵之害者，则不能尽知用兵之利也。"意即不完全了解用兵带来的坏处，也就不能完全了解用兵带来的好处。常人出于趋利争利的本性，多看到用兵带来的好处，孙子却深谋远虑，另有远见，强调"尽知用兵之害"，方是谋取"用兵之利"的前提。在《作战篇》中孙子列举了一系列的用兵之害来佐证自己的观点，可以看出，孙子深谙战争之道，对战争问题有着全面深入又极其慎重的理解，正是在此基础上才提出了自己不同凡响的利害观。"智者之虑，必杂于利害。杂于利，而务可信也；杂于害，而患可解也"是《孙子兵法·九变篇》中的一句话，意为聪明的人考虑问题，一定会兼顾利害两方面。在不利的时候看到有利的方面，则目的可以达到；在有利的时候看到不利的方面，忧患才可以解除。前两句侧重于统筹利害两方面，后两句侧重于利害两方面会相互转化，要善于化害为利。应该说，利害论是孙子学说中很重要的一个领域，他在此方面的认识独树一帜，达到了很高的理论水准。孙子看到了战场上充满着许多矛盾而对立的方面，如人数多少、战术攻守、战法奇正、地势高低。从辩证的角度来看，对立的两方面甚至毫不相干的各方面在复杂的形势下会互相转换，而优秀的将领会把各方面审视清楚后做出最明智的选择。这里不仅仅是指要对现实中利害相比较，更要对未来所发生的利害改变进行预测。

《计篇》中强调的"庙算"便是要模拟战场上的各种情况，对于各方面利害有明确的认识。《九变篇》中的"无恃其不来，恃吾有以待也"，要求在和平时期仍要做好战斗的准备，在任何时期都要做最坏的打算。从孙子强调"兵者，国之大事"到如今习近平主席的强军思想，都是在统筹利害，未雨绸缪。他们在任何时候都能清楚地看到对立的两方面共存着。《火攻篇》中说道："夫战胜攻取，而不修其功者凶，命曰费留。"这警示人们即使在战胜之时，若不继续修明政治，一切也都白费。毛泽东说过："不可沽名学霸王。"在星火燎原之势充满着祖国大地之时，毛泽东仍头脑冷静不掉以轻心，将革命进行到底。这是伟人们在有利之时仍深刻地警醒着，今天的利可能转化为明天的害。从此可见杂于利害的思想贯穿着古今，更存在于每一个智者的头脑中。

矛盾，意味着要做出决定，而生活中每一个小小的决定均被个人的利害观所影响。对于学生，考场如战场；对于商人，商场如行军打仗。在节奏飞快的今天，每一个错误的决定都可能导致自己走上歧路，而被他人远远甩在后面。一个懂得"杂于利害"的人才能更好地解决现实中的矛盾，无限地接近于兵法中"全胜"的境界。

在我看来，人有三个层次。第一个层次是不会全面审视利害的人，他们毫无利害观，只被眼前的利益驱使，却不会回头看一看这样的代价有多大。例如违法犯罪之人，被一时的想法冲昏头脑，却从来没想过要用一生的时光去偿还自己的罪恶，而忍一时却只是让自己短暂的心情恼怒。孰轻孰重，我想但凡思考过利害的人都能得出正确的答案。

更深的一个层次，是对利害有过一定思考的人，他们只有短浅的看法，没有想到利害互化，没有意识到短暂的利，可能是长久的害。一些"聪明人"，只要有利可图的事便去做，但是每次的所得却不多，并不能成大气候，聪明也只是小聪明。例如，无数投资比特币的人都只是看到了这种虚拟货币蒸蒸日上的涨势，却没有看到未来随着电子商务扩大，泡沫经济的现象发生的概率会更大，波及范围更广，影响更严重。这次严重的疫情就立马将比特币的势头夭折。

最高的一个层次，是具有全面的利害观的人，他们的这种利害观既有宽度（当下利害的深度思考）又有长度（未来利害的转化）。他们也许放弃了当下的一些小利，却能争取到未来的大利，大智若愚便是如此。

显而易见，生活中我们要争取做最高一层次的人，但是对于未来利害转化的判断需要知识和生活经验的积累，真正洞破世事的智者才能参透这一真理，否则一切都只是纸上谈兵。所以我们要努力提高自己的内在素质，以各种方式加强对这个世界的了解。要争取做最高层次的人不那么容易，但做事之前多方面考虑问题、深度分析当前的状况、趋利避害等策略，我们稍加注意就可以做到。在能力的范围内我们可以适当地对未来利害转换进行预测。

"杂于利害"意味着要多考虑问题，而瞻前顾后就有可能导致犹豫不决。当利害程度相当时，我们真的很难做出一个万全的决定，那么我们到底是要关注有利一方还是有害一方？依我之见，我们要比较风险承担能力和所承受风险大小的关系。若是能力无法很好地承担所担负的风险，稍有不慎，就会万劫不复，没有可以重新再来的机会，那么我们当然要放大有害的一面。因为放弃今天的利，明天会有新的，而害却能赔光老本，彻底出局。这也正如同马云不鼓励青年没有资本就去借大笔债创业，而最好从小店小手笔做起是一样的道理。此即孙武所说的"不尽知用兵之害者，则不能尽知用兵之利也"的道理，虽是论述战争之道，但在此处亦适用。当风险在能力承担范围内的时候，即使失败仍有东山再起的机会，我们则要关注有利的方面。第一，一味地谨小慎微会错过一个又一个的大好时机，人生的重大抉择总是利害共存的。风险与收益大小成正比，如果不经过冒险，就不会有大成就。20世纪90年代初国际形势波谲云诡，深化改革的问题困扰全国上下，改则有可能重蹈苏联覆辙，不改则无法解放生产力。即使有着可能导致政局混乱的风险，党中央仍选择了改革，只有这样国家才能真正富起来。第二，风险产生压力，压力产生动力，置之死地而后生，陷之亡地而后存，将士们在高压下会激发出无限的潜能。古有韩信背水一战，项羽破釜沉舟，此时害在某种程度上也转化成为了利。第三，有利的一方面往往是我们苦苦追寻的，既然有机会，我们为何不放手一搏？人值青春，就应该为理想、为信念去拼。哪一个大牛不是靠着年轻的豪情和坚毅最后实现目标的？

总之，浅层杂于利害的意识可以一时养成，但想要将利害关系洞察清楚却不是易事。不管是对利害转化的预测还是对于利害的取舍都需要我们知识、经验的积累和内心信念的养成。读万卷书，行万里路，知识、经验和信念在任何时候都深刻地架构着我们的素质，影响我们的命运。所以请不要停下前进的脚步,当事物的发展规律都被解释清楚,其中的利害关系就逐渐明朗,矛盾也将迎刃而解。

最后谈一点个人的收获:学习这门课程时正处于疫情期间,在茶余饭后常与家人谈起《孙子兵法》,至少让家长了解到这本书的内容,最明显的就是告诉他们《孙子兵法》和《三十六计》《孙膑兵法》之间的区别。《孙子兵法》"舍事而言理,词约而义丰",适用范围非常广泛,在生活中更是能感受到方方面面的哲理均不出其左右。而兵法强调实力论而非奸诈手段,更是为自身素质的全面提升提供了方法。靠手段赢得了一时赢不了一世。例如"将有五德",就为素质提升树立了一个标杆。对于行动准则我有如下三方面收获:第一,庙算要求做任何事情都进行准备预测,对于可能到来的情况提前准备应对措施。这追求的是全胜,不进行准备即使胜利也会狼狈不堪,更不能百战百胜。第二,知彼知己,这是对于信息的掌控,新时代商业公司的垄断便靠着信息,在如此庞大的世界,靠预测进行判断多少都会有运气成分,而信息是货真价实的,我们依据其对症下药。第三,便是致人,掌握主动权一直是胜利最重要的因素,一靠实力,二靠心理,实力强当然有能力强行将主动权揽下,但是其心理也会有影响,谁能大胆先出奇兵,谁就能掌握主动,但是奇兵不成的代价就是实力被大大削弱。除此之外,我还提升了文化素养,除《孙子兵法》外,此课程还令我接触到许多其他的文章典籍,如《吴子兵法》《留侯论》《权书》等,让我再一次领略到文学的魅力。

【教师点评】

作者回顾历史与现实,发现"杂于利害"的思想贯穿古今。一个人只有懂得"杂于利害",才能更好地解决现实中的矛盾,无限地接近于兵法中"全胜"的境界。因其对人生的重要性,作者由此提出了做人的三个层次,这也正是本文的新意之处。无疑,作者所说的最高层次正是我们所追求的,然而,只有真正洞破世事的智者才能参透这一真理。接着,作者进一步论述到,当利害程度相当时,如何做出周全的决定,并从正反两方面分析了可资借鉴考虑的因素。最后,得出结论,浅层杂于利害的意识可以一时养成,但想要将利害关系洞察清楚却并非易事,需要不断地学习、思考和总结。

二、《作战篇》感悟体会二

《孙子兵法》在新冠肺炎疫情阻击战中的应用

临床(规培)004班　任欣

2019年末,近百年来人类遭遇的影响范围最大的全球性流行疾病之一——新型冠状病毒肺炎暴发,人类健康与生命安全面临重大威胁。面对前所未有、突如其来、来势汹汹的疫情,中国果断打响疫情防控阻击战。而《孙子兵法》这部凝练着"战争艺术"的巨作,在这场人类与病毒的战争中,得到了广泛而生动的应用,它为中国成功遏制疫情蔓延、恢复正常的生活秩序提供了坚实的理论基础。

本文立足于中国的新冠肺炎疫情阻击战,将这场疫情阻击战分为三个时期:前期、中期、后期,按时间线索,分别从这三个时期梳理、展现《孙子兵法》在不同时期的生动实践与应用。

(一)疫情前期

中国新冠肺炎疫情阻击战的前期,面对前所未知、来势汹汹的"敌人",我国的应对策略概括为一个词——"迅速",即迅速应对突发疫情。《孙子兵法》中有言:"故兵贵胜,不贵久。""兵之情主速,乘人之不及,由不虞之道,攻其所不戒也。"新冠病毒"其疾如风","侵略如火",我国的应对策略也堪称迅速。2019年12月31日,国家卫生健康委即刻派出专家组、工作组赶赴武汉市展开调查;2020年1月7日,中国疾控中心成功分离出新型冠状病毒毒株;1月19日,经高级别专家组研究,明确了病毒具有"人传人"现象。在此期间,中国及时向世界卫生组织通报疫情信息,研制检测试剂盒,同时在公共场所落实防疫措施,为"战役"争取了先机。

(二)疫情中期

中国疫情阻击战中期,新冠病毒传播感染迅速,在全国范围内引起了广泛传播,全国人民的生命健康面临重大威胁。中国共产党和中国政府高度重视,习近平总书记亲自指挥部署,把人民健康和生命安全放在第一位,采取最全面、最严格、最彻底的防控措施。14亿中国人民坚韧奉献、团结协作,构筑起同心防疫的坚固防线。《孙子兵法》也在其中得到了意义深远的应用。

1.党中央的高度重视

"兵者,国之大事,死生之地,存亡之道,不可不察也。"在以习近平同志为核心的党中央的坚强领导下,建立起中央统一指挥、统一协调、统一调度,各地各方面各负其责、协调配合、上下协同、运行高效的指挥体系。习近平总书记多次召开中央政治局会议,亲自指挥部署,中央领导亲自奔赴前线指导工作,为打赢疫情防控的人民战争、总体战、阻击战提供了有力保证。

2.全面统筹协调,保障物资供应

《孙子兵法·作战篇》中有言:"凡用兵之法,驰车千驷,革车千乘,带甲十万,千里馈粮;则内外之费,宾客之用,胶漆之材,车甲之奉,日费千金,然后十万之师举矣。"人力物力的保障是取得战争胜利的先决条件。疫情暴发之初,我们也面临着许多考验:疫情中心地武汉医疗资源严重匮乏,医务人员不足,医院床位告急,口罩、防护服等医疗器械紧缺。同时,居家隔离的居民生活物资供应也面临困难。但我国利用集中力量办大事的制度优势,统筹协调全国的医疗物资生产供应。同时各地积极响应,纷纷派出援鄂医疗队,大批医务人员集结武汉。而火神山医院、雷神山医院的快速建成,"方舱医院"的设立也成功收治了大批患者。面对社区物资供应难题,国家在全国范围内调度供应,地方政府统筹分配,社区统一采购,为人民群众的生活提供了保障。

3.重视科技研发攻关

"知彼知己,百战不殆"。面对我们的敌人——新型冠状病毒,广大科研工作者、医疗专家深入研究调查,一步步揭开了它的神秘面纱:了解其特性以明确如何防护,诊疗方案第六版的出版,新冠疫苗的成功研制上市……科技的力量意义重大,全面了解对手,才能让我们精准施策,打赢这场疫情防控阻击战。

(三)疫情后期

中国疫情阻击战后期,随着疫情得到有效控制,正常的社会生产生活秩序开始逐步恢复。这一阶段,我们的中心工作主要为以下两个方面。

一方面严格落实疫情防控常态化措施,巩固抗疫成果。《孙子兵法》中有言,"以虞待不虞者胜",体现出预先准备、争取先机的重要性。习近平总书记多次强调坚持疫情防控常态化举措,各级政府积极响应,在公共场所等重点区域加强防控,强化薄弱环节,同时人民群众也积极响应政府号召,将防疫充分落实到位:戴口罩,勤洗手,多消毒,健康检测……在多方努力下,筑起了坚固的"防疫长城"。

另一方面,则是出奇制胜,化危为机,发展经济,恢复生产生活秩序。受疫情影响,世界各国经济形势不容乐观,经济发展受到严重制约。但不可否认的是,疫情也为我们带来了新的发展机遇。"凡战者,以正合,以奇胜。"善于出奇制胜,抓住机遇,才能谋求新的发展。受疫情影响,线下实体业务难以开展,刺激了线上业务的发展与完善,实现了线上线下的平衡发展。同时,结合疫情形势,各级政府积极采取措施,灵活多变刺激经济发展:积极扶持电商,利用互联网销售渠道化解农副产品滞销难题;鼓励"地摊经济",既解决了失业人员的就业难题,同时刺激了居民消费,带动了社会生产……这一系列积极有效的经济发展举措也让我国成为2020年全球唯一实现经济正增长的主要经济体。

(四)结语

总结来看,《孙子兵法》在我国战疫的前、中、后三个时期的应用,可概括为四个理念:厚爱其民,上下同欲,运筹帷幄,争取先机。在疫情面前,党和政府始终将人民的健康安全放在第一位,不惜一切代价,积极应对疫情,即为"厚爱其民";抗疫期间,全党全军全民众志成城,努力同心,一方有难八方支援,即为"上下同欲";党和政府迅速、果断采取超常规的防控措施,在较短时间内控制住疫情,统筹疫情防控与经济社会发展,即为"运筹帷幄";党和政府充分立足于我国的现实国情,稳抓疫情防控,即为"争取先机"。

在这场不平凡的战争——新冠肺炎疫情阻击战中,《孙子兵法》再一次展现出其伟大的实战意义,也推广了其的应用范围,对社会生活意义重大。

【教师点评】

2020年新年伊始,人类遭遇新冠病毒肺炎的侵袭,面对这一全球性的重大公共卫生突发事件,中国政府反应及时,采取了有效正确的疫情防治策略,遏制住疫情,为全球防疫策略提供了借鉴。本文主要从兵家思想角度,探讨《孙子兵法》中"兵者,国之大事""兵贵胜,不贵久""上下一心,同舟共济""知彼知己,百战不殆"等思想在新冠肺炎疫情防控中的体现,这些思想也为全球疫情防控提供了指导性意义。《孙子兵法》虽是应对战争危机、揭示战争规律的"兵家圣典",然而其蕴藏的博大精深的哲理与智慧已被广泛运用于当今社会的各大领域。作者是我校医学专业学生,出于专业的敏感度和责任感,她对疫情全程予以密切关注和思考。学习了"孙子兵法的智慧"选修课后,自然而然将论文的选题确定在此方向上。其视角新颖,论述有力,两者的结合并不显得生硬,反而给人以更多启示。

课后思考题

1.在军事学术史上,孙武是提出"兵者,诡道"论的第一人。另一方面,春秋之世重礼,《左传》中保留了不少对军礼的记录。结合典籍记载,思考在当时"礼让"与"杀敌"、"仁义"与"诡道"之间到底呈现出怎样的关系。

2.《曹刿论战》中记载的长勺之战发生在公元前684年,是历史上以弱胜强的著名战例之一。曹刿所处时代比孙子早了一百多年,他是兵家的鼻祖。思考《孙子法·计篇》中的"道者,令民与上同意"以及"兵者,诡道也"等论述与《曹刿论战》有什么样的联系。

3.结合孙子的"将有五德"说,思考对将帅修养的认识。"五德"的要素及次序上有何深意?你的标准又是什么?有无增添的方面?

4.结合古代战争特点,谈谈你对孙子"不尽知用兵之害者,则不能尽知用兵之利也"这句话的理解。

5.谈谈你对"兵闻拙速,未睹巧之久也"的理解。

6.怎样辩证地看待孙子"兵贵胜,不贵久"的速胜论?

第五章

《谋攻篇》《形篇》释义

第一节　《谋攻篇》释义

本篇主要论述如何运用谋略以夺取军事胜利的"全胜"战略问题,强调以谋制胜,揭示了"知彼知己,百战不殆"的著名军事规律,提出了知胜的方法和作战方法等。

题解:本篇的篇名是谋攻,正确的解释应当是以谋攻敌,而非谋划进攻。这两者有差异,以谋攻敌,重在强调谋略、谋划,而谋划进攻重在进攻上。

本篇在全书中具有非常重要的地位,《孙子兵法》中很多脍炙人口的格言都出自本篇,如"不战而屈人之兵""上兵伐谋,其次伐交""知彼知己,百战不殆"等,因此正确理解本篇的要意,对于把握《孙子兵法》的精髓十分重要。

中国的兵家文化历来以谋略而著称,兵家讲谋略、重谋略的渊源从哪里来呢? 在中国民间,姜太公被誉为兵家的祖师爷。《史记》中说道:

> 周西伯昌之脱羑里归,与吕尚阴谋修德以倾商政,其事多兵权与奇计,故后世之言兵及周之阴权皆宗太公为本谋。……天下三分,其二归周者,太公之谋计居多。

这一段话中谋字出现了三次。周文王姬昌从羑里释放回周后,与在渭水之滨磻溪垂钓的吕尚(姜子牙)际会,任命其为军师,修明政治,密谋推翻商朝政权,其事迹以兵权和奇计居多,因此,后世的兵家都尊姜太公为兵家的祖师爷。

故此,司马迁讲,天下三分,其二归顺周朝者,主要归功于太公的谋计。

再来看《论语·述而》中孔子与子路的一段谈话:

> 子路曰:"子行三军,则谁与?"
>
> 子曰:"暴虎冯河,死而无悔者,吾不与也。必也临事而惧,好谋而成者也。"

子路问,先生统率三军,愿与谁为伍? 孔子回答道,赤手空拳与老虎搏斗,光脚过河,死而无悔的那种人,我不与其为伍。我愿与其为伍的,一定是临事而惧,好谋而成的那种人。可以看出孔子对谋的重视。

一、释义

下面从四个方面对全篇内容进行解读。

（一）以全胜为目标的谋攻之法

> 孙子曰：凡用兵之法，全国为上，破国次之；全军为上，破军次之；全旅为上，破旅次之；全卒为上，破卒次之；全伍为上，破伍次之。是故百战百胜，非善之善者也；不战而屈人之兵，善之善者也。

此处所讲的全，是指使敌人全面地屈服，破，指经过交战击破敌方。我们看到这个全破的观念适合战争由高到低，国、军、旅、卒、伍的几乎所有层次。伍，是最小的编制单元，五人为伍；卒，百人为卒；旅，五卒为旅，五百人；军，一万二千五百人为军。孙武推崇的是不战而屈人之兵的全胜战略。百战百胜，并不算高明中最高明的；不经交战而使敌人屈服，才算是高明中最高明的。

接着作者提出：

> 故上兵伐谋，其次伐交，其次伐兵，其下攻城。

用兵的上策是以谋略胜敌，其次是通过外交手段取胜，再次是使用武力战胜敌人，最下策是攻城。为什么认为攻城是最下策呢，因为攻城会带来很多的灾难。

我们着重对上兵伐谋加以分析，曹操注中说："敌始有谋，伐之易也。"一语道破伐谋的重要性，敌人刚有图谋时，击破对手要容易些。在先秦时期其他著作中也有相似论述。

《道德经》中有这样一段话："其安易持，其未兆易谋。其脆易泮，其微易散。为之于未有，治之于未乱。"意思是说，静态的事物容易把握，尚未显现结果的事物容易图谋。脆的东西容易化解，细微的东西容易扩散。行动要赶在事态发生之前，治理要赶在事物还没有被弄乱之前。

《六韬》中说道："善除患者，理于未生。善胜敌者，胜于无形。上战无与战。"意思是说，善于消除祸患的，预防祸患于产生之前，善于战胜敌人的，能取胜于无形之中。最好的战略是不战而胜。可见，早在先秦时期，我们的祖先就有了图谋于未兆、防患于未然的认识。

接下来提出高明的战争指导者应当遵循的三条原则：

> 故善用兵者，屈人之兵而非战也，拔人之城而非攻也，毁人之国而非久也，必以全争于天下，故兵不顿而利可全，此谋攻之法也。

非战、非攻、非久三条原则，善于用兵打仗的人，使敌军屈服而不用进行交战，夺取敌人的城邑而不靠硬攻，灭亡敌国而不需久战，务求以全胜的谋略争胜于天下。这样，军队就不至于疲惫受挫，而胜利可以完满地获得，这就是谋攻的法则。

以上我们解释了孙武的谋攻之法，以全胜为目标，大家肯定会认为这是一种很高的战争境界，然而实现的可能性有多大呢？现实中有没有例证呢？

墨子救宋的故事人们很熟悉。战国时期楚王和公输盘攻宋。墨子是非攻、兼爱的倡导者，前去劝阻，以衣带作城池，以木片作攻守城邑的武器，表演了一场楚攻宋守的"作战模拟"，结果"公输盘之攻械尽，子墨子之守御有余"，吓阻了楚国的进攻。这是一个不战而胜的例子。

远在春秋时期，还有一个人们熟悉的史例——烛之武退秦师的故事。公元前630年，秦晋联合出兵围攻郑国，郑国无奈之下，派烛之武为说客，夜赴秦营。烛之武对三国的利害关系进行了鞭辟入里的分析，一句"何必阙秦以利晋"打动了秦伯，最终使秦军放弃了攻郑的计划。

下面我们以齐桓公的争霸战争为例，说明不战而屈人之兵思想产生的基础。春秋战争是争霸战争，霸就是盟主的意思。春秋五霸之首是齐桓公，史称"九合诸侯，一匡天下"，多次与诸侯进行盟会，使天下的秩序得以匡正。实际上齐桓公与诸侯会盟达十五次之多，最著名的是召陵之盟，《左传》对此予以记载。

春秋初年，楚国发展起来，向中原挺进，与齐抗衡。公元前656年，齐桓公率齐、宋、陈、卫等八国军队攻溃楚的盟国蔡国，陈兵楚境，以楚不向王室朝贡相质询。楚为避齐锋，派大夫屈完与齐讲和，齐也看到楚国强大，无隙可乘，即与楚在召陵（今河南郾城东）订立盟约，史称"召陵之盟"。《左传·僖公四年》的记载非常生动完整，通过兵临城下、阅兵观阵、外交辞令等一系列手段的综合运用迫使楚国与齐国结盟，把楚国拉回到了中原国家的行列，有力地阻遏了楚人的北上。召陵之盟是先秦史上的大事件，是齐桓公"尊王"的又一次胜利，确立了齐桓公称霸天下的霸业。齐桓公的霸业影响深远，也是孙武不战而屈人之兵的全胜战略思想产生的重要来源。

由于不战而屈人之兵不易实现，所以孙武也立足于通过战场交锋来争取胜利，他提出了一系列正确的战术运用方针。

（二）掌握运用兵力的用兵之法

> 十则围之，五则攻之，倍则分之，敌则能战之，少则能逃之，不若则能避之。故小敌之坚，大敌之擒也。

作者指出不同情况下兵力运用的原则：有十倍于敌的绝对优势的兵力，就要四面包围。有五倍于敌的优势兵力，就要进攻它。有一倍于敌的兵力，就设法分散敌人，以便在局部上造成更大的兵力优势。同敌人兵力相敌、相等，就要善于设法战胜敌人。兵力比敌人少，就要能摆脱敌人。各种条件均不如敌人时，就要设法避免与敌交战。最后，总结为一句，力量弱小的军队，如果只知坚守硬拼，就会成为强大敌人的俘虏。

（三）避免国君贻害军队的统御之法

> 故君之所以患于军者三：不知军之不可以进而谓之进，不知军之不可以退而谓之退，是谓縻军；不知三军之事而同三军之政者，则军士惑矣；不知三军之权而同三军之任，则军士疑矣。

这段话指出不谙军事的君主干预军事活动的危害性，有三种情况。

一是縻军。縻：羁縻、束缚。国君不了解军队不可以前进而命令军队前进，不了解军队不可以后退而命令军队后退，这叫作束缚军队。

二是惑军。三军：军队的通称。周代，大的诸侯国设三军，有的为左中右三军，有的为上中下三军。同：是参与、干涉的意思。不知道军队内部的事务，而干涉军队的行政，将士就会迷惑不解。

三是疑军。权，指权变、权谋。任：指挥。不知道用兵的权谋，而干涉军队的指挥，将士就会产生疑虑。

这三种情况产生的后果极其严重，将导致乱军引胜，最终失去胜利的机会。

淝水之战中，苻坚把数十万大军摆在淝水一岸，由于地势狭窄，不利于大兵团机动，前秦军在未获得统一号令时，前锋军稍向后撤，立即引起整个部队阵形大乱。东晋军队乘机渡水，穷追猛打，大败秦军。这就是不懂得军队进退瞎指挥的縻军。

对于惑军，曹操注云："军容不入国，国容不入军，礼不可治兵也。"意思是讲，治国讲礼义之道，治军讲权变之道，不可以简单地将治国之道用来治军，关于这一点，前面所提到的泓之战宋襄公的教训就是例子。

（四）预知胜利的知胜之法

> 故知胜有五：知可以战与不可以战者胜；识众寡之用者胜；上下同欲者胜；以虞待不虞者胜；将能而君不御者胜。

孙武指出从以下五种情况便可预知胜利：①知道什么情况下可以打，什么情况下不可以打的，会胜利；②懂得根据兵力多少而采取不同战法的，会胜利；③上下齐心协力的，会胜利；④以有准备对待没有准备的，会胜利（虞，准备的意思）；⑤将帅指挥能力强而国君不加牵制的，会胜利（御，牵制、干预的意思）。这五条，是预知胜利的途径。

我们对此做简要分析，"知可以战与不可以战者胜"，这是战争指导上的首要问题。我方的军事能力与敌方军事能力相较如何，一旦开战，是否有必胜的把握，什么情况下可以打，什么情况下不可以打，战争指导者必须审时度势，做到心中有数。这是对战场而言，在人生这个更加广阔的战场上，亦复如此。儒家文化讲"为者常成，行者常至"，鼓励人们在现实中积极进取，但也有另外一句话，"知止不辱，知足不殆"，该功成身退的时候就要及时地抽身，做人要懂得用舍行藏的道理，这是另一种意义上的知可以战与不可以战。

"识众寡之用者胜"。公元前226年秦国灭楚时，秦王嬴政问将军李信："吾欲攻取荆，于将军度用几何人而足？"李信回答："不过二十万人。"又问王翦，答曰："非六十万人不可。"秦王嬴政采纳了李信的意见，结果大败而回。于是改派王翦，答应其要求，终于取得了灭楚战争的胜利。这就是所谓的识众寡之用者胜。

"将能而君不御者胜"，孙武对此一点很重视。前面提到的縻军、惑军、疑军说的就是国君不懂军事，横加干涉、瞎指挥的事例。到了春秋末期，战争的发展要求指挥员具有相当的机断处置权,无论是谁,都要遵守战争的规律,按照战争本身的规律行事。孙武吴宫教战的故事不就是如此吗?当孙武要杀吴王的两名宠妃时,吴王很不舍得,这时孙武很决绝,他回应了一句:"将在外,君命有所不受。"这虽然是一个颇具戏剧化的场景,但可以看出军事活动的严肃性,将帅对独立的带兵权、指挥权的高度重视性。

最后,作者讲道:

故曰:知彼知己者,百战不殆;不知彼而知己,一胜一负;不知彼,不知己,每战必殆。

殆,失败、危险。了解敌人又了解自己,百战都不会失败;不了解敌人而了解自己,失败的可能各半;既不了解敌人,又不了解自己,那就每战必败。

以上是《谋攻篇》原文的全部内容。

二、举例

下面,我们以城濮之战为例,对《谋攻篇》中的重要思想进行说明。公元前632年的城濮之战,是春秋时期晋楚两国在城濮一带进行的一次战争,对当时争霸战争的发展趋势具有重大而深远的影响。

公元前643年齐桓公死后,齐国的霸业衰落。楚国力日益强大,楚成王锐意北进。宋襄公祭出仁义的大旗,欲称霸中原,却在泓之战中失利,未能阻止楚国向中原进攻的狂澜。泓之战后两年,在外流亡19年的晋公子重耳返回晋国,就是历史上赫赫有名的晋文公。晋文公修明政治,广用人才,数年之间,国威与日俱增,与楚国北定中原的战略发生矛盾。晋楚争霸就是在这种情况下发生的。

公元前634年,鲁国因遭到齐国的进攻,向楚国请求援助。而在泓之战后屈服于楚国的宋国,看到晋文公即位后晋国实力日增,转而投靠晋国。楚国为了保持在中原的优势地位,便出兵攻打齐、宋,借此来遏制晋国势力南下。

公元前633年,楚成王率楚、郑、陈、蔡等国进攻宋国,围困宋都商丘。宋人危急中向晋国求助。晋国大夫先轸力劝晋文公出兵,认为这正是取威定霸的好时机。但是,当时晋宋之间隔着曹卫两国,劳师远征,多有不便。晋国狐偃针对这一情况,提出:"楚始得曹,而新昏于卫,若伐曹卫,楚必救之,则齐宋免矣。"建议晋文公先攻曹卫两国,调动楚军北上,以解宋围。

晋文公采纳了这一建议,于公元前632年春,陈兵晋卫边境,向卫国借道攻打曹国。卫国拒绝,于是晋军从黄河渡口渡河,出其不意地进攻卫国,先后攻占五鹿及卫都楚丘,占领整个卫地。接着晋军又向曹国攻击,攻克都城陶丘,俘虏了国君。这两件事在诸侯中引起极大震动。

晋的用意是调动楚北上,没料到,楚国不为所动,反而加紧了对宋的围攻。宋国派使者向晋告急求救。这使晋文公颇费踌躇:"宋人告急,舍之则绝。告楚不许,我欲战矣,齐秦未可,若之何?"如果不出兵驰援,宋国力不能支,一定会降楚绝晋;出兵驰援,则己方兵力单薄,没有必胜的把握。为此晋文公召集大臣们进行商议。先轸仔细分析了楚与齐、秦两国的矛盾:"使宋舍我而赂齐秦,藉之告楚。我执曹君,而分曹卫之田以赐宋人。楚爱曹卫,必不许也。喜赂怒

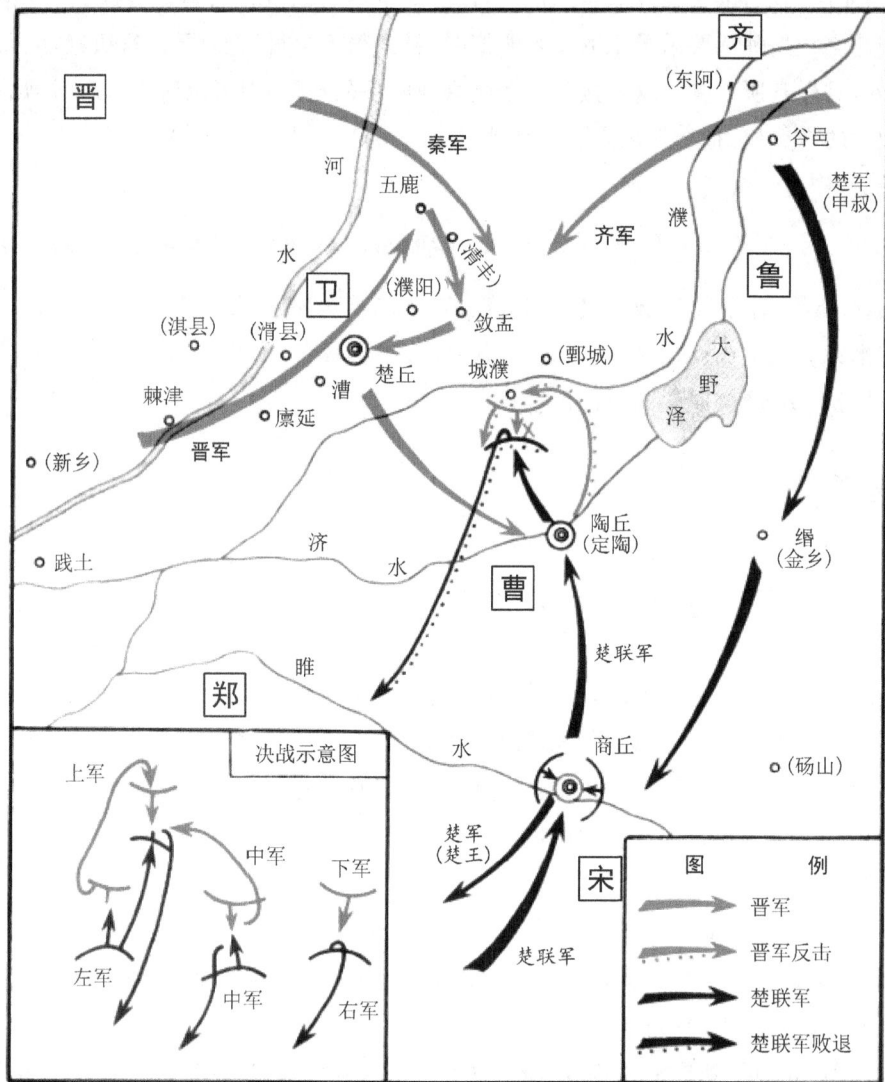

图 5-1　城濮之战晋楚两军行动示意图

顽,能无战乎?"他建议让宋国表面上同晋国疏远,然后由宋国出面,送一份厚礼给齐、秦两国,由他们去请楚国撤兵,而晋国则把曹共公扣押起来,把曹卫的土地赠送给宋国一部分。楚国同曹卫本来是结盟的,看到曹卫土地为宋所占,必定会拒绝齐、秦的劝解。这样,楚国就将触怒齐秦,他们就会站在晋国一边,出兵与楚国作战。晋文公对此计颇为赞赏,马上施行。楚国果然上当中计,拒绝了齐秦的调解。而齐秦见楚国不给面子,也大为恼怒,出兵助晋。

　　这时,力量对比发生了变化,齐、秦、晋三个大国组成了联盟,楚成王一看形势不妙,就把楚军撤到楚国的申地,并命令驻守谷邑的大夫申叔撤离齐国,要求令尹子玉将楚军主力撤出宋国,并告诫子玉知难而退。但子玉仍坚持请战,并要求增调兵力。楚成王勉强同意,但并未增加兵力。

子玉为了寻求决战借口,派使者宛春向晋军提出了休战条件:晋军撤出曹卫,让曹卫复国,楚军则解除对宋都的围困。这给晋军出了个难题,晋文公采纳了先轸的对策,干脆将计就计,以同楚国绝交为前提答应曹卫复国,同时扣押楚使者宛春,子玉见使者被扣,曹卫叛己,果然触怒,扑向晋军,寻求决战。

楚军向陶丘进逼,晋文公命令退避三舍,撤到卫国的城濮。为什么要退九十里呢? 名义上是为了兑现然诺,公子重耳当年流亡楚国时受到了楚王的优待,在筵席之上做出了退避三舍的承诺,而实际上则是使疲敝的楚军更加疲敝,使子玉更加骄傲轻敌,把楚军调动更远,然后后发制人,在预定战场上集中优势兵力与楚国决战。

决战的日子到了,晋军针对楚军中军强大、左右两翼薄弱的特点,发起有针对性的攻击。晋下军把驾车的马蒙上虎皮,出其不意地向楚军战斗力最差的右军——陈蔡联军发动进攻。上军主将狐毛,故意在车上竖起两面大旗,引车后撤,佯退以诱楚左军进攻。这时晋中军横击楚军,上军也回军夹击楚军。楚左军陷入重围,基本就歼。子玉急忙收兵,保住中军,退出战场。城濮之战以晋胜楚败而告结束。

在这场战争中,楚军的实力要比晋军强大,晋军处于劣势兵力、渡过黄河外线作战的不利地位。但是晋文公先从邻近的曹卫下手,先胜弱敌,取得了作战的前进基地;又用谋略争取齐秦两个大国;决战时,敢于先退一步,避其锋芒,以争取政治和军事上的主动,诱敌深入,伺机作战;并根据敌人的部署,灵活地选择主攻方向,先击其薄弱环节,各个击破。而楚军的失败,不在实力,而在于其谋划不如人。孙子说"上兵伐谋,其次伐交","知彼知己,百战不殆",城濮之战的得失足以借鉴。

再来说说古人对晋文公的评价,孔子说:"齐桓公正而不谲,晋文公谲而不正。"孟子说:"五霸桓公为盛"。这都是传统的看法。真正论霸主之雄才大略,称霸之不易,首推晋文公,此一战奠定了其霸主的地位。《左传》完整地记载了城濮之战,它发生在公元前632年,即春秋的前期,是春秋时期最重要的一场战争,这也是中国历史上较早的对于战争的详细记录。城濮之战不禁让人叹服:我们祖先对于战争艺术运用得炉火纯青! 它对后世的战争观念产生了深远的影响。

学生感悟与体会

一、《谋攻篇》感悟体会一

"知彼知己,百战不殆"思想的理解与应用

理试902班 杨志浩

我们都知道,"知彼知己,百战不殆"在运用到战争中的时候各个概念指代是十分清晰的——己方军队是"己",敌人是"彼",战的概念也是清楚,它指代的就是两个不同主体之间争夺利益的一切方式。但是在生活中怎么看待? 什么是"己",什么是"彼",什么是"战"呢?

（一）知己

首先，什么是"知己"？我认为有以下三个层面的含义。

1.知己是清晰明白自己人生所热爱的事物是什么

在我看来，这是常常被人们忽略的一个方面，因为现在的世俗似乎对人们要成为什么样的人给出了十分清晰的概念：拿高薪，有名望……世俗的期望紧紧地束缚着人们的愿望，似乎除了那几种成功的方式外，其他的都是一事无成。人们对金钱、名利一个个趋之若鹜，但却忘了自己真正想要的是什么。这样的人群我们不妨称为迷失的人群，即使表面再光鲜艳丽，但内心的空虚却永远不会被填补。就像被上了发条一般，机械而饥渴地寻找着下一个目标，期望在实现目标后可以获得那一丝丝的满足。但实际上这样的快乐往往稍纵即逝，很快他们就会投入到下一个目标上去继续开始这个无穷无尽的循环。因为他们把自己的快乐建立在外界的事物之上，而"寻找快乐并不会给人们带来快乐"。从《孙子兵法》的角度来看，迷失的人群没有做到"知己"。要做到"知己"我们需要花更多的时间来认识自己，倾听自己内心的声音，而不是一味地沉溺于外界的喧闹——浮华而已。真正的快乐就在每一个人的心中。

2."知己"还在于明白自身的长处与不足所在

《孙子兵法》中所讲"故不尽知用兵之害者，则不能尽知用兵之利也"这句话告诉了我们明白自身不足的必要性。但仅明白自身不足是不够的，每一个个体都是一个富有各种可能性的生命，我们还要主动探索发现自身的长处。明白了自己的不足，就可以清楚改正的方向；明白了自己的长处，才能扬长避短，充分发挥自己独一无二的才华。而在今天这个时代，我认为我们尤其要做到发现自己的长处并将其发扬。因为今天的世界，分工越来越细，从一部手机的各个部分由世界各地不同的公司生产中就可以看出。现在的世界更需要专才而不是全才，一直以来适用的"短板效应"已经不再成立，在今天的世界，如果你的某一项才能足够突出，将会有足够的平台让你尽情发挥，这也要求我们要探寻自己的长处与天赋。每个人生而不同，这意味着每个人携带着独属于自己的天赋，不同的天赋则意味着不同的人生方向与实现人生价值的方式。但是何其可悲的是，现在有多少人真正地发现了自己的天赋？又有多少人真正地做着一件可以施展自己天赋的工作？这个数字可能小得难以置信，答案在每个人自己心里。这个结果很大程度上来源于大多数人每天羡慕着其他人的生活，模仿着别人的做法，想尽办法成为另一个人——一个不是自己的人！但是这种做法真的是舍近求远，舍本逐末。金钥匙本来就是在自己身上，对自己与生俱来的财富嗤之以鼻而对外界的其他事物如饥似渴，这种做法怎么可能真正做出一番成就？因而做到"知己"需要我们真正地探索了解自己，发现自己的天赋，运用自己的天赋。

3."知己"的最后一个方面是要接受自己，无论好坏

在前两个方面我们已经论述了要做到"知己"需要明白自己的热爱所在以及清楚自己的天赋与不足，似乎看来，下一步顺理成章地就是带着热爱做可以发挥自己天赋的事情。但是，事实往往并非如此,大多情况下我们所热爱的并不一定是我们所擅长的,往往我们不得不进行艰难的选择,舍弃掉其中一个。而这种情况只是无数种缺憾的一种而已。各种各样的缺憾构成了我们的生活,太多时候,我们的愿景总是和自己的实际相抵触。春秋战国时期的诸侯们每一个都为了自己的国家付出了所有,也许有的国家很弱小,也许有的国家很强大,但是国家的君主们都没有因为自己国家的强大或弱小而少爱它一分,这就是一种接受。接受是一种十分崇高的境界,需要勇气,需要胸怀,需要智慧……一个人真正地接受了自己,才可以说是真正地与自己在一起。一个对自己厌恶不堪的人只会和自己对抗,又怎么可能和自己在一起? 现在许多人都对自己极其不满,不满意自己的长相,不满意自己的能力,不满意自己的性格……这样的不满意造成他们自己身心相抵触,能量的内耗,非但没有帮助解决问题,反而加剧了问题的严重性。因而做到"知己"需要我们接受自己。当然这里的接受并不是一种消极的逆来顺受,并不是以消极的态度认为自己就是这个样子了,没办法改变了。这里的接受是一种在清晰地认识了自己之后,选择接纳,以一种更加笃定的态度面对接下来的困难挑战,败而不馁,胜而不骄,这样的人才可谓是真正地做到了"知己"。

(二)知彼

如何做到"知彼"。我认为有两个方面:

第一个方面和战争中孙武强调的"知彼"十分类似。如果你准备应聘一个岗位,就要了解这个岗位所要求的基本条件、需要具备的能力、需要准备的材料……如果你想取胜一场比赛,就要研究对手的比赛记录,知道对手的长项弱点,了解对手的惯用模式……如果你想成功举办一场活动,就要研究参与活动的对象的喜好、年龄、需求……基本来看,第一方面的"知彼"都在于了解自己所要处理问题的各个特点,杂于利害地分析考虑,然后想出解决问题的方法对策。这个和古代两军作战需要了解敌方的将帅、兵力、粮草、士气等相类似,可以说是对"知彼"的直接运用。

而在这里我更想强调"知彼"的另一方面——以合作为目的的"知彼"。举例说明,对于个体层面而言,如果有一个难以找到的材料,你知道别人已经找到了,就可以与他取得联系,向他询问与这个材料相关的问题;就团队层面而言,开启一个项目之前一定要先看看这个领域已经完成的优秀成果,在此基础上,再开展研究;就企业层面而言,如果找到了与自己功能互补的企业,双方合作,事半功倍,达到双赢;就国家层面而言,现在各种合作组织越来越多,这也是互利共赢的结果。我们不难看到,当今的世界正越来越强调合作的重要性,在这个大前提之下我认为做到"知彼"在于了解其他团体组织的研究方向、主要成果,然后选择可以和自己合作的团体组织。这可以说是一种思路的转变,不再是以对抗为目的的"知彼",而是积极了解外界,考虑怎么与之合作,从而做到四两拨千斤。事实上,我认为这也是当前我们更应该注重的一个方面,对抗式的发展已不是主流,资源共享、合作共赢正在变成发展的中心力量。因此,我们要转变思路,做到以合作为目的的"知彼",这样才能做到百战不殆。

最后做一总结:本文讨论了"知己知彼"在当今世界的具体表现形式,对当今世界"知己"

"知彼"的现代含义进行了再分析，提出了做到"知己"的三个方面与做到"知彼"的两个方面。可以看出，"知彼知己，百战不殆"思想在现代社会中依然具有十分重大的意义与价值。

【教师点评】

孙武提出的"知彼知己，百战不殆"的观点，可以说，无人不知，无人不晓，因其普适性被提升到了哲学的高度和层面，对社会生活的各个领域都起着强大的指导作用。但是这个出自兵法中的至理名言应该怎样运用到生活中呢？人们又应该注意些什么才能做到对其透彻理解、灵活运用呢？本文就如何在个人生活中理解与具体运用"知彼知己，百战不殆"的观点展开了论述，对"知彼""知己"的含义进行了深层次挖掘，由此可见此一思想方法生生不息的魅力。

二、《谋攻篇》感悟体会二

"不战而屈人之兵"的现实意义

能动 D81 班 费立涵

"不战而屈人之兵"出自《孙子兵法·谋攻篇》，原句为："不战而屈人之兵，善之善者也。"其含义为：不通过交战就使敌人的军队屈服，这才是好中之最好的。这句话深刻地反映了《孙子兵法》的利害观，强调在达到目的的同时，要尽可能减小自身损失。"不战而屈人之兵"的原则随《孙子兵法》流传至今，其确定了作战和对抗中"全胜"的理想化标准，不仅长期以来指导着战争和对抗的形式的发展，而且对现代世界格局产生了巨大影响，对现代背景下的我国发展也具有很强的现实意义。

首先，"不战而屈人之兵"提供了解决冲突与矛盾的非暴力的新方式，即是通过让对手清楚地认识到发生实际对抗后会带来巨大损失，而主动"屈服"并在己方利益上做出退让。采取的手段可以有外交、经济等，最不济也可发动局部小规模战争。这相较于古代动辄发生的举国全面战争，已经是很大的进步了。

虽然"不战而屈人之兵"是很好的谋略，但任何实体都不可能轻易地"主动屈服"。要想做到"不战"，必须具备两方面的条件：第一，要有足够的对方已经了解的"明面"实力，这包括军事、经济、科技等方面的实力。若己方有强大的武器装备和训练有素的士兵，则对手会不得不考虑战争后自己损失的军事力量和经济支出。同样，若己方经济实力雄厚，则可以通过贸易战等方式击垮对手经济，以"损少量钱而保留更珍贵的士兵"的方式逼迫对手就范。如世界第一个永久中立国瑞士，最初是靠着瑞士雇佣兵强悍的战斗力，用鲜血将自己"不可欺辱"的响亮旗帜打了出来。这使其在两次世界大战中都没有太多损失。即使是战争狂人希特勒，权衡利弊后也没有将侵略瑞士的"冷杉计划"付诸实施。二战期间瑞士实行的全民皆兵政策，大量修建堡垒政策，成功地实现了"不战而屈人之兵"，保全了自己。但若是连让对手顾虑的实力都没有，则"不战"就无从谈起了。芬兰在 20 世纪 20 年代也曾宣布中立，但军事实力有限，在二战中被苏联和德国相继侵犯，二战后还饱受苏联欺凌。第二，要展现出在相关利益上不可动摇的坚定立场。强大的实力可以让对手有所顾虑，但若发挥不出来，便无法形成有效的威慑。朝鲜战争中,美军为首的"联合国军"有着精良装备,军事和国家经济实力远胜中国,其强大威慑曾一度让中国犹豫是否出兵。但"联合国军"最终却被同等人数的中国人民志愿军合围待歼,被迫签订停战协议。"联合国军"落败的重要原因便是没有坚定的意志。首先,"联合国军"插手朝鲜与韩国内政,甚至轰炸中国边境,本就是非正义战争,再加之为首的美军士兵远离祖国,战斗意志有限。此外,美军的最大撒手锏原子弹,在世界各地反核武舆论压力下,也不敢轻易使用。随着战争后期美国国内的反战浪潮迭起,最终"联合国军"落败。

以上分析和事例对我们的启示是,我们仍需坚持发展为主旋律,不断提升国家各个方面,尤其是军事方面的实力。此外,我们必须坚持共产党的领导和民主集中制制度,保证全国上下,各行各业,政府、军队、民间组织均是一条心。保证整体的团结,对外就能展现出强大而不可撼动的坚定意志。

其次,尽管"不战而屈人之兵"推动了非战争的对抗形式的发展,使得全面战争的地位逐渐下降,但其对战争本身的发展仍然有深远影响。这是因为它指明了战争形势变化的历史规律:斗争形式一定会朝着双方损失越来越小的方向发展。因此传统的武力斗争规模会逐渐变小,频率会逐渐降低,而经济等软实力的对抗会逐渐加强。随着历史进一步推进,几次世界性的金融危机让各国也感受到经济对抗的损失越来越"疼",因此成本更低的信息对抗、意识形态对抗会越来越频繁。

历史的车轮也确实是按此轨迹转动的。传统的举国军事对抗,至20世纪的第二次世界大战中仍然存在,但经济上的对抗和博弈,早在19世纪便初露头角,最有名的当属19世纪末期欧洲"贸易战时代"。随后,经济手段逐渐服务于政治利益。美国对苏联冷战后期,美苏政治矛盾愈演愈烈。从1979年苏军入侵阿富汗开始,美国便开始实施经济制裁,并实施高科技产品禁运,同时酝酿"和平演变"。随着美国采取的斗争方式越来越多,加之自身内外矛盾重重,苏联在外交、经济、科技、意识形态等战场上全面溃败,最终解体。这其中,美国的"和平演变"策略,是最能诠释"不战而屈人之兵"的战争形式,真正做到了不费一"兵"一"卒",从内部瓦解了苏联。

而现如今,"贸易战"已成为为博取政治利益而打出的一张常见牌,拉拢小国组成利益集团的外交手段、扶植代理人并发动代理人战争也成为大国解决地缘利益冲突的常见套路。战争正在逐渐走向局部化,损失减少化,并带有很强的目的性,这正是"不战而屈人之兵"思想引领下的战争形势发展规律。

上述事例实际上为新时代的我们敲响了警钟,要时刻牢记"安全"的概念始终在不断扩大。这也是习近平总书记提出的总体安全观,即除传统军事安全外,还须兼顾经济、文化、信息、生态、资源等多方面安全。我国在稳定保持上述各项实力强大和上述各方面的安全之外,要不断地留意新的可能被敌方渗透的领域。如近年来快速发展的网络,使得我们必须发展新型网络安全保卫实力。

由上述两点可看出,"不战而屈人之兵"的思想对现代世界格局产生了巨大影响。在以前,军事实力强的大国可以碾压小国,但现在这一点已不一定适用。放眼当今世界,尤其是在核武器出现之后,由于核武器极其恐怖的杀伤力,大国之间不敢轻易发动大规模战争,并逐渐地接受了"不战而屈人之兵"的思想。总体来看,这一思想对世界格局的影响主要有两点:

第一,为小国提供了新的生存法则。制造核武器是最极端但也最有效的方式。由于核武器威力巨大,其造成的破坏即使是大国也难以承受。因此小国可凭借核武器在一定程度上威慑大国,以换取相应的政治或经济利益。典型的例子有朝鲜和伊朗。当一切迹象显示朝鲜可能已拥有成型核武器时,连美国也愿意放下身段,与朝鲜开启谈判。中国作为大国,也需重新审视与这些拥有核武器的小国的关系,思考在利益冲突时如何规避核武器引入的风险。

第二,自由、平等的大环境越来越普遍。由于大范围战争逐渐减少,"和平发展"逐渐成为世界运行的大基调。从这个角度看,该思想为世界和平做出了一定的贡献,有利于我国平稳追赶发达国家。但同样的,博弈方式也趋于多样化。我国应在新时代的大背景下,探索新型发展方向,并思考如何用"不战而屈人之兵"的方式,在自由、平等的环境中为我国获取更多的利益。

《孙子兵法》蕴含了丰富的战略思想,而"不战而屈人之兵"是最能体现"全胜"思想的名句。历史不断发展,斗争的方式变化无穷,但这句名言中理性的趋利避害思想、注重发展而非斗争的思想、"慎战"而爱好和平的思想,将始终贯穿其中并熠熠生辉。认清其现实意义并正确地用于指导当代的斗争,则能让我们更多获益。

【教师点评】

"不战而屈人之兵"及"全胜观"是《孙子兵法》所提出的战争的最高境界,流传甚广,这一思想观念长期以来指导着战争与对抗形式的发展,同时还对现代世界格局产生了巨大影响,对现代背景下我国的发展也具有很强的现实意义。本文提出:首先,"不战而屈人之兵"提供了解决冲突与矛盾的非暴力的新方式,要想做到"不战",必须具备两方面的条件。其次,它对战争本身的发展仍然有深远影响,它指明了战争形势变化的历史规律,未来的斗争形式一定会朝着双方损失越来越小的方向发展,与之同时,"安全"的概念也在不断扩大,提醒我们始终要筑牢安全的防线。

第二节　《形篇》释义

本篇主要论述军队作战首先要使自己立于不败之地,然后寻求敌人的可乘之隙,以压倒的优势,打击敌人,达到"自保而全胜"的目的。

题解:《武经七书》版本中本篇题为《军形》《兵势》,均系后人附增,实际上应为《形》《势》。形势这个词今天连在一起说,而在《孙子兵法》中是四、五两篇的篇名。形,是什么意思呢? 形,原义为器,《周易》曰:"形乃谓之器。"形指事物之实质,在本篇中指军事实力及其外在表现。

一、释义

本篇讲了以下四个方面的问题。

（一）善战者先为不可胜，使己方立于不败之地

> 昔之善战者，先为不可胜，以待敌之可胜。不可胜在己，可胜在敌。故善战者，能为不可胜，不能使敌之可胜。

善于用兵打仗的人，总是首先创造条件，使自己不被敌人战胜，然后等待和寻求敌人可能被我战胜的时机。

不被敌人战胜，主动权在自己；可能战胜敌人，在于敌人有可乘之机。所以，善于用兵打仗的人，能使自己不被战胜，而不能使敌人必定为我所胜。所以从这个意义上说，胜利是可以预知的，但却不能强求。

战争是一个充满偶然性的领域，物质因素是取得战争胜利的基础，战争的胜利不是一厢情愿的，孙武的这一作战指导思想，强调以自己的实力作基础，同时又不放过任何战胜敌人的机会。此处着重说一下"以待敌之可胜"的"待"字。

"待"的含义是等待和寻求战机的到来，还包括忍耐，这是在战场上。儒家对"待"字也有自己的理解：当时运来临时，应当努力进取；当时运不济时，则当奉身而退。在人生的道路上，这个"待"字也值得我们好好地斟酌和思考。

（二）善用攻守

> 不可胜者，守也；可胜者，攻也。守则不足，攻则有余。善守者，藏于九地之下，善攻者，动于九天之上，故能自保而全胜也。

当我方不可能战胜敌人时，应进行防守，可能战胜敌人时，应采取进攻。取胜条件不充足，就应采取守势，取胜条件充足，就应采取攻势。

这里的九，古人用来表示数之极。九地，极言深不可知；九天，极言高不可测。善于防守的人，像藏于深不可知的地下一样，使敌人无形可窥；善于进攻的人，像动作于高不可测的天上一样，使敌人无从防备。因此，他们能够既保全自己，而又取得完全的胜利。

（三）善战者胜于易胜者，选择好打之敌

> 见胜不过众人之所知，非善之善者也；战胜而天下曰善，非善之善者也。故举秋毫不为多力，见日月不为明目，闻雷霆不为聪耳。古之所谓善战者，胜于易胜者也。故善战者之胜也，无智名，无勇功。

这一段文字较长，可以分两个层次来理解。

预见胜利，不超过一般人所知道的，不是高明中最高明的；经过力战而后取胜，天下人都说好，也不是高明中最高明的。这就像能举起秋毫算不上力大，看见日月算不上明目，听到雷声不能称之为耳聪一样。古时所谓善战者，总是取胜于容易战胜的敌人，即能够运用计谋，抓住敌人的弱点，发起攻势，就容易取胜，不用来回部署，也用不着大砍大杀，就可轻而易举地取胜。

所以，善于打仗的人，他取得胜利，既显不出智谋的名声，也看不出勇武的功劳。

此处的"善战者，胜于易胜者"是孙武提出的标准，我们一般形容一个优秀将军的标准是骁勇善战、百战百胜，很显然作者对此有自己独特的理解。怎样才能胜于易胜呢？接下来孙武说道：

> 故善战者，立于不败之地，而不失敌之败也。是故胜兵先胜而后求战，败兵先战而后求胜。善用兵者，修道而保法，故能为胜败之政。

善于打仗的人，总是使自己立于不败之地，同时又不放过任何足以战胜敌人的机会。因此打胜仗的军队，总是先创造取胜的条件，而后才同敌人作战；打败仗的军队，总是先同敌人作战，而后期求侥幸取胜。这与作者在篇首所讲的"先为不可胜，以待敌之可胜"的思想岂不是很相似吗？可以说简直是一脉相承。这一思想强调先期谋划、先期准备，既是稳妥的，又是积极的，因此，胜兵先胜而后求战的思想，历来为军事家所重视。

此处，我们特别强调孙武的这句名言："故善战者之胜，无智名，无勇功。"他推崇的是一种很高的战争境界，在我们的文化里有这样的传统。扁鹊三见蔡桓公的故事大家很熟悉，想必人们也熟悉扁鹊三兄弟的故事。有一次魏文王问扁鹊："我听说你们家有三兄弟，而且都精于医术，但是你们仨到底谁更厉害呢？"扁鹊说："大哥最好，二哥其次，我最差。"魏文王不理解，问为什么反倒扁鹊最出名？扁鹊说："大哥治病，在病情发生之前就铲除病根了，所以一般人不知道，还以为他的治疗没有什么效果，他的名声没人传播。二哥在病情发生时，帮人把病治好，所以没有很严重的后果，人们以为他只会治小病。而我却是在病人常常病情严重时治病，所以一般人都以为我的医术高明。"

真正医术高明的医师不是妙手回春，而是防患于未然。"上工治未病"，"上战无与战"，这些都是来自我们民族早期的珍贵的思想观念。

(四)善胜者要具有强大的军事实力

> 兵法：一曰度，二曰量，三曰数，四曰称，五曰胜。地生度，度生量，量生数，数生称，称生胜。故胜兵若以镒称铢，败兵若以铢称镒。胜者之战民也，若决积水于千仞之谿者也，形也。

兵法的原则有这样几条：一是度，二是量，三是数，四是称，五是胜。先要对这五个名词进行解释：度，指度量土地面积；量，指计量物质资源；数，指计算兵员的多寡；称，衡量轻重，指对双方实力状况的衡量对比；胜，指判断胜负。这五个因素是依次制约的关系。敌我所处地域的不同，产生双方土地面积大小不同的度，敌我土地面积大小——度的不同，产生双方物质资源丰瘠不同的量，敌我物质资源丰瘠不同的量，产生双方兵员多寡不同的数，敌我兵员多寡不同的数，产生双方军事实力强弱不同的称，敌我军事实力强弱——称的不同，最终决定战争的胜负成败。

最后，孙武总结到："故胜兵若以镒称铢，败兵若以铢称镒。胜者之战民也，若决积水于千仞之豀者也,形也。"镒、铢,都是古代的重量单位,一镒为二十两(另说二十四两),一两为二十四铢,一镒等于四百八十铢(另说五百七十六铢)。这里用来比喻两军实力的悬殊。仞,古代长度单位,八尺为一仞,千仞,比喻非常高。所以,胜利的军队对失败的军队来说,就好比处于以镒称铢的绝对优势地位,失败的军队对胜利的军队来说,就好比处于以铢称镒的绝对劣势地位。胜利者在指挥军队打仗的时候,就像从八百丈的高处决开溪中积水一样,其势猛不可当,这是强大的军事实力的表现。

作者此处强调敌对双方军事实力的对比是决定战争胜负的基础,善于用兵的将帅,总是先造成力量上的绝对优势,先胜而后求战,这样的军队,打起仗来势不可当。

此处提出的称胜、形等概念,与战国时期法家富国强兵的学说已经很接近。《管子》中有这样一段话:"……民事农,则田垦;田垦,则粟多;粟多,则国富;国富者兵强;兵强者战胜……"这是古人关于富国强兵的最早论述。

统观全篇,形篇的逻辑结构非常严谨,可以说是天衣无缝,丝丝入扣。

二、举例

(一)以三国时期著名的夷陵之战为例

公元221年,刘备借口关羽被杀,荆州被占,兴兵讨伐东吴。当时,魏蜀吴三国的分界如图5-2所示,长江三峡是吴蜀之间的主要通道。刘备派军首先击败吴军,占领了秭归,获得有利的进攻出发地,吴蜀关系公开破裂。

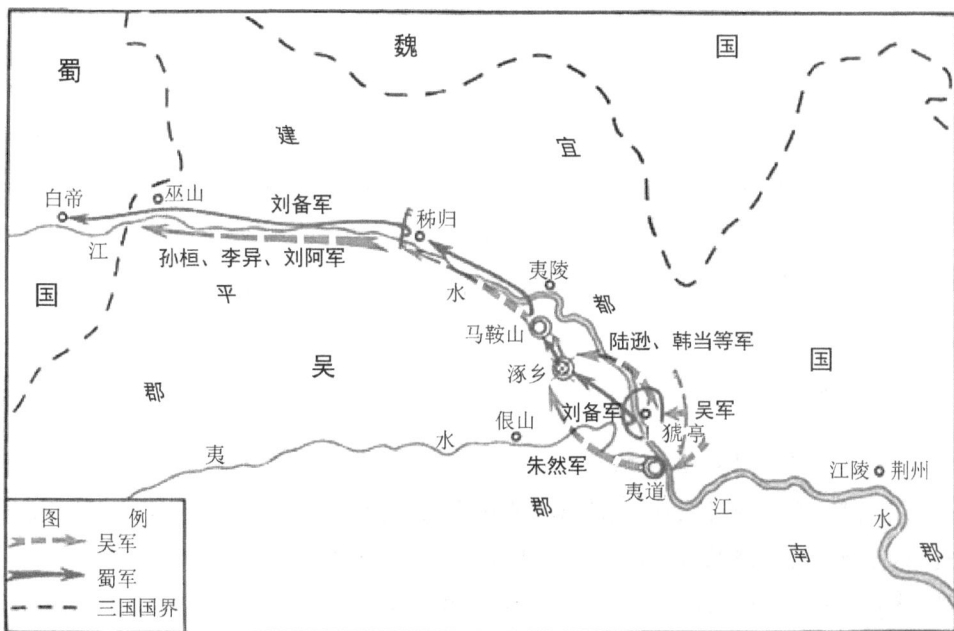

图5-2 夷陵之战吴蜀两军作战示意图

　　东吴任陆逊为大都督，统率5万人抵御蜀军。同时，东吴方面担心魏国趁机出兵，因此向曹丕卑辞称臣，曹丕接受了吴国的请和，封孙权为吴王。孙权避免了两线作战，集中力量防御刘备的进攻。蜀军顺江而下，锐不可当。面对这种情况，吴军先让一步，退至夷道、猇亭一线。陆逊为什么选择夷陵作为退却终点呢？此地称之为"国之关限"，控制了长江由川入鄂的水路咽喉。把兵力难以展开的几百里的崇山峻岭都让给了刘备。这一点是相当高明的，符合孙子所讲的"先为不可胜"的思想。

　　次年正月，刘备部队到达了猇亭，两军在猇亭对峙。陆逊的部下纷纷要求立即迎击刘备。逊曰："备举军东下，锐气始盛，且乘高守险，难可卒攻，攻之纵下，犹难尽克，若有不利，损我大势，非小故也。今但且奖励将士，广施方略，以观其变。若此间是平原旷野，当恐有颠沛交驰之忧，今缘山行军，势不得展，自当罢於木石之间，徐制其弊耳。"陆逊的这番话很有见地，指出了对方顺流而下，来势汹汹，锐不可当，然此地的山川地理特点，使敌人必不能速战，因此我军应当"徐制其弊"，这个"徐"字，就是等待和寻找破敌机会的意思。

　　面对吴军坚壁不战，蜀军十分焦急，企图引诱吴军脱离阵地，命水军将领吴班向吴军挑战。吴军将士纷纷要求主动出击，陆逊耐心向大家解释。

　　蜀军在夷陵以西一带被遏阻于沿江狭谷，不得东进。陆逊扼守要地，坚不出战，伺机而击。蜀军屡攻不下，诱击不成，被迫舍船上岸，屯扎于沿江一线的山谷，处处结营，兵力分散，败象开始显露。孙桓被困于夷道，请求增援，陆逊没有答应，部将认为应分兵救援，陆逊做了说服工作，待粉碎蜀军主力之后其围自解。这保证了指挥的集中统一，孙桓也果然守住了夷道。

　　为了破敌，陆逊进行过几次试攻，没有成功，但他称已找到破敌之法。时当盛夏，利于火攻，陆逊命士卒乘势发起反攻，蜀军大乱。乘势攻破蜀营四十余座，并派水军截断蜀军长江两岸的联系，刘备仓皇逃跑，幸亏驿站人员堵塞了道路，才躲过了吴军的追杀。刘备跑到永安城后，悲愤交加，一病不起，就有了白帝城托孤的故事，蜀国由此元气大伤。

　　此战东吴方面胜利的经验总结为如下几点：第一，很好地处理了不可胜与可胜的关系，面对蜀军顺江而下，锐不可当，陆逊没有急于应战，而是先站稳脚跟，控制夷陵这个咽喉地带，阻遏蜀军的东进；当两军相持不下时，再耐心地寻找破敌的机会。第二，践行了孙子所说的善战者之胜胜于易胜者的思想，当敌方败象显露、力量耗竭时，乘敌之隙，一举歼灭敌军，达到事半功倍的效果。

　　（二）漫谈形、势之辨

　　孙子在《形篇》中提出的一些思想在社会生活中也具有非常重要的意义。以"先为不可胜，以待敌之可胜"为例，晚清的曾国藩就非常推崇这句话，此言道出了竞争对抗活动中取胜的基本规律，任何一位善战的将帅都不敢保证自己必胜无疑，他所能做到的首先是使自己立于不败之地，然后不失去任何可以胜敌的机会。所以想要战胜对手首先要明确的是自己处在一个敌人不能战胜的位置，因为在你观察敌人的时候敌人也同样在观察你，在你发现敌人的漏洞时也许敌人早就先你一步发现了你的漏洞，早一步将你打败。其实此段话的意思有些相近于知彼知己。何为知彼知己？就是要清楚明白地知道自己和敌方的情况。知道己方的情况以后才能对己方的力量做出妥善的安排，使得敌人无机可乘，清楚敌人的情况，才能更好地看到敌人的力量布置存在哪些问题，然后攻击其薄弱的地方。"先为不可胜，以待敌之可胜"告诉我们，在势均力敌时，在战场环境险恶时，不急于求胜，先要使自己立于不败之地，不给对手留下漏洞和机会，哪一方少犯错，哪一方取胜的可能和机会就多。其实，不只是在战场，在体育竞技场上，在人生的各种赛场上，这句话都给人们以智慧的启迪。

再来说形与势的区别和联系。为了说明这两个抽象的概念，孙子在《形篇》和《势篇》中对应地做过两个比喻，一是"胜者之战民也，若决积水于千仞之谿者，形也"，二是"故善战人之势，如转圆石于千仞之山者，势也"。乍一看，从八百丈的高山上决开积水和转石而下似乎都讲的是势险而力大。其实，仔细想一下水石之性，就不难把握其中的真谛。山涧小溪，其势本弱，若不积蓄成渊，即使从万丈高山流淌下来也不会有太大的威力。旋转的圆石，性虽坚硬，如不置于险要之地，即使重达千金也不能发挥它的力量。明白了这个道理，再结合孙子的论述，其意思就能够明显地表露出来。孙子说过，"强弱，形也"，"势者，因利而制权也"。这也就是在告诉人们，决积水于千仞之谿侧重的是军事实力的质量，转圆石于千仞之山侧重的是军队作战的势能。那么，"形"就是指军事实力的强弱，包括兵力大小、战斗力强弱以及军事素质优劣，最佳状态就犹如高山积水，既有川流不息的数量，又有势不可当的质量；"势"就是作战态势的优劣，包括气势、地势、阵势、战势等，最佳态势来自有利条件而灵活用兵，就如高山滚石，用力虽小而势能极大。

《形篇》《势篇》两篇是十三篇中最为难懂的，通俗地来讲，《形篇》说的是军队作战的硬件条件，即为军队的军种配比、粮草运送等情况。很简单的例子，给一千老弱之兵，对数万虎狼之师，哪怕是孙武再世也很难取胜。

势则是军队的军心，具体可以说是军队对于此战的认同程度。军士是否齐心，将帅是否能得到军士的拥护，将帅的指挥才能等。这些都算是软件上的问题，具体的责任在于战争的决策层，因为军心是可以培养的，潜能是可以激发的。当年韩信率三万人就打败了赵国数倍于己的敌军就取决于他将士兵置于死地，以不战必死去激励士兵作战，然后又用奇计袭击赵军营寨，最终获胜。

形与势放在现代社会也很好理解。形指的是一个人他所能调动的资源，这里的资源不仅仅是指具体的有形的资源，如钱、人际关系等，还指个人的修养等无形资源。而势则是指的这个人要想成功的决心如何，三天打鱼两天晒网是绝对不行的，也即这个人要想如何去运用自己掌握的资源。运用得好，哪怕自己所能调配的资源再有限也能实现目标，"王侯将相宁有种乎"就是最好的描述；运用得不好就是手中掌握着再多资源也于事无补，赵括手中数十万的兵士被毁于一旦即为明证。

一、《形篇》感悟体会一

对"胜兵先胜而后求战"的理解

机类735班　邱煜祥

"胜兵先胜而后求战,败兵先战而后求胜。"按照孙子所言,胜败不为战时所定,而在战前。战前先胜者,以战确立已胜的地位;战前先败者,心存侥幸,欲以战反转已败的定局。

读完孙子的话觉得振奋又疑惑。原来好像由战时瞬息万变的局势里太多不确定因素所决定的胜败,早已在战前成为定局,求胜者不必在战时忧心忡忡,战前先胜,战时自可镇定自若!但是胜利是战争的结果,没有战争哪里来的胜?又哪里来的先胜?求胜者欲先胜,又怎样才能做到?

"胜兵先胜而后求战,败兵先战而后求胜"出自《孙子兵法·形篇》,孙子开篇即说:"故善战者,能为不可胜,不能使敌之可胜。"在这里,孙子为我们呈现了一幅两军相峙、相克不下的局面,而善战者选择先为不可胜(不可胜者,守也),以待敌之可胜的策略。此处不战,自然是因为还没有"先胜"。但孙子接下来并没有说什么是先胜,而是先讲什么是易胜:所谓易胜,如"举秋毫""见日月""闻雷霆",不需多力,不需明目,不需聪耳。因此掌握了以易胜之道胜敌的人,是"立于不败之地,而不失敌之败也"的人,是善于在瞬息万变的战局中寻找易胜的时机的人。

三国时的夷陵之战,七十万蜀军浩浩荡荡,形不可谓不严峻,年轻的吴国统领陆逊顶住压力不战刘备,终于等到了刘备傍林扎寨的错误,此时出手胜敌难道不是"举秋毫""见日月""闻雷霆"般唾手可得吗?因此陆逊就是孙子所说的"立于不败之地,而不失敌之败也"的人。更有之前早些年发生的官渡之战,曹操以少敌多,粮草将尽时,许攸到访,曹操跣足而出以迎。得知袁绍的粮草屯在乌巢,曹操抓住机遇带领部队衔枚而进,一举赢得官渡之战,奠定了北方霸主的地位。曹操的胜利首先在于没有败给袁绍,因此才能够等到许攸到来的机会,正所谓"故善战者,能为不可胜,不能使敌之可胜"。而在知道袁绍的粮草所在地的时候,在信息上曹操占有的优势已如同"积水于千仞之谿",战争的"形"已悄然发生变化,可以说进军乌巢之时曹操已实现了"先胜"。

在《孙子兵法·势篇》里,孙子说:"三军之众,可使必受敌而无败者,奇正是也。"在兵戈相见中,孙子给出了另外一个无败的理由——奇正。什么是奇正?"战势不过奇正"。因此"无败之人"同时也是洞悉战势变化的人。而因势取胜的战例更有《曹刿论战》中的一战,"一鼓作气,再而衰,三而竭",堪称千古名句,是曹刿对对方已蓄之势的避让,正如"齐人三鼓,刿曰:'可矣'",曹刿选择了合适的时机来释放自己的势。所谓"勇怯,势也",更有项羽破釜沉舟,韩信背水列阵,蓄势之高,足以使部队置之死地而后生。这些战争的胜利在善为战者用兵之前就胜局已定,先实现了"先胜"。

概括战局，孙子说，"形也"；概括易胜，孙子说，"若决积水于千仞之谿者"；概括势，孙子说，"如转圆石于千仞之山者"。原来孙子所谓的"先胜"不是在战前确定了胜利的事实，而是找到了胜利的最佳时机，使胜利容易得如同"举秋毫""见日月""闻雷霆"，又能择人而任势，以利用好转瞬即逝的大好战局，这就可以叫作"先胜"了。因此所谓"先胜"，就是造形而蓄势。古往今来不乏精彩的战例，有的尤以形的变化取胜，有的尤以势的把握取胜。

既然"先胜"的关键在于"形"和"势"，那我们自然就会疑惑怎样才能做到捕捉和制造有利的形，积蓄出巨大的势并合理应用呢？我认为《孙子兵法》的《虚实篇》回答了形的问题，《军争篇》回答了势的问题。要拥有有利的形，在《虚实篇》中，孙子说道"致人而不致于人"，还有一个形象的引入叫"凡先处战地而待敌者佚，后处战地而趋战者劳"。遥想晋文公当年退避三舍，倘若楚军真的追了上来，也处于敌逸我劳的劣势之中。晋文公既树立了自己一诺千金的霸主形象，又在局部战场中形成了优势，这不能不让我们感叹晋文公退避三舍的智慧。而要制造利的"形"，要"敌佚能劳之，饱能饥之，安能动之。出其所不趋，趋其所不意"。毛泽东的游击战十六字诀"敌进我退，敌驻我扰，敌疲我打，敌退我追"与此正有异曲同工之妙。在本篇中孙子强调了"虚实"，是说营造有利的形势不仅仅需要等待，更要学会根据敌人的情形做出变化，所谓"水因地而制流，兵因敌而制胜。故兵无常势，水无常形，能因敌变化而取胜者，谓之神"。而在《军争篇》中，孙子更是对势的把握做出了更加细致的回答，"朝气锐，昼气惰，暮气归。故善用兵者，避其锐气，击其惰归，此治气者也"。我想这正是孙子对"先胜"中形势判断的方法做出的最好诠释。孙子也以精辟、形象的比喻为我们做出了解释。

胜败，不只是军事里的概念，战争有胜败，做事有成败，比赛亦有输赢。胜是现实生活中我们每个人对最符合自我利益的结果的追求。虽然在不同的领域内，胜都有胜的方法，进行一次成功的投资，完成一场理想的考试，维持一段和睦的感情，操作方法各有不同。但其胜利的原因却不尽相同，"胜兵先胜"，是战略高度上对"胜兵"之共性的总结。

其实在生活中更多的时候，其形势的变化不如战场那样瞬息万变。"胜兵先胜而后求战"给我们的启示更多在于未雨绸缪的眼光、胜于易胜的境地，不致养虎为患，骑虎难下。譬如维持一段和睦长久的感情，无论是友情、亲情还是爱情，人与人相处都有出现分歧和摩擦的时候，这些小问题应该及时拿出来解决，搁置的时间越长最后的结果就越难控制。很多情侣之间正是因为每一次的小问题没有及时解决，积累之后最终出现了矛盾，自己也说不出来问题在哪里了。学业的进步过程也是如此，可能只是课堂上的一句话没有理解，最终整个的知识体系都受到了影响。对比起来，解决一句话的问题比建立起一个完备的知识体系不是省力很多吗？

"胜兵先胜而后求战"给我们生活的启示中，我认为还有"功在平时""水到渠成"的心理。它劝我们不要急躁，要"先胜"而后求战，无论是成绩还是成功，都要静下心来扎实付出，也要擦亮眼睛寻找机会，"形""势"成熟必然"先胜"，于"先胜"之后求战，胜利也就是水到渠成的了。

【教师点评】

"胜兵先胜而后求战"出自《孙子兵法·形篇》，其中以"胜兵先胜而后求战，败兵先战而后求胜"并举，表面上是对胜军、败军战时状况的对比，实际上是对人们如何才能打出胜仗的战略指引。那么,胜利作为战争的结果,什么可以被叫作"先胜"? 想在"战争"中取得胜利,必然追求"先胜",又如何才能做到"先胜"? 针对这些内容,孙子在《形篇》《势篇》《虚实篇》和《军争篇》中已道出了先胜之道,但需要我们去挖掘和总结。本文作者结合孙子所讲的"形""势""虚实""治气"等观点,提出了个人对孙子"先胜"观的理解。

二、《形篇》感悟体会二

决策的评价标准——无智名、无勇功

生物医学工程　赵世龙

古之所谓善战者,胜于易胜者也。故善战者之胜也,无智名,无勇功。故其战胜不忒,不忒者,其所措必胜,胜已败者也。故善战者,立于不败之地,而不失敌之败也。

《孙子兵法》中的这段话是毛泽东很推崇的一段话,老师上课也多次提及,其流行的解释如下:真正善于用兵的人,没有智慧过人的名声,没有勇武盖世的战功,而他既能打胜仗又不出任何闪失,原因在于其谋划、措施能够保证,他所战胜的是已经注定失败的敌人,所以善于打仗的人,不但使自己始终处于不被战胜的境地,也决不会放过任何可以击败敌人的机会。

就我的理解,这段话强调了身为高层指挥者决策的重要性,以及评价一个决策正确与否的标准,那就是"无智名,无勇功"。如果决策是比较正确的,那么在一般人看来,并没有什么功劳;相反,略微犯错的决定,实施的时候会引发某些事故,而对事故的处理工作往往会赢来普通人的赞同,这就是"有智名、有勇功"。例如,为什么我们很少听到大家夸赞敬爱的周总理的有关赫赫战功?因为周总理在决策方面,做得是相当到位的,防患于未然,没有出现过大的问题,所以,我们往往忽视了他的"善战者之胜"。

如今我们看到了越来越多"有智名,有勇功"的事件,也许我们并不应该夸赞其智名和勇功,而是应该看清其深处的问题。

比如原第四军医大学(现空军军医大学)革命烈士张华同学勇救落井老大爷的事迹,我们赞美他的行为,赞美他的品德,赞美他的行为,赞美他是我们大学生的榜样。但是,个人认为,张华同学还有更好的选择。救人的前提是要自保,作为一个医学生,对粪池中散发气体的危险性是有所了解的,并且其中氧气相对不足,对自身的安全也有一定的威胁,救人之前,应该做好相应的防护工作,才能更有效率地救人。不过话又说回来,张华同学如此善良、热心,以至于当时他很可能没有想到这些,脑子中只有"救人"这一个念头,所以连简单防护都没有就下去了。总之这件事上,张华的精神和品质是主要方面,救人的方法是次要方面,我们应该记住他的品质和精神,但是也应该意识到其中方法上可能存在某些问题,如果我们遇到类似情况需要帮助别人,就应该注意。

前一阵子似乎还有一种奇怪的规律,就是人死才算立功,不死没功劳,很多人的功劳和事迹是死后追认的。我们都知道,在现在这种相对和平的时代,最好的结果莫过于没有任何伤亡

完成任务，如果有伤亡就说明上层的决策和实际实施的时候在相应的方法上应该存在问题，正因为存在问题，才被人看出来"有智名，有勇功"，相反，毫发无伤完成任务的往往被认为没有什么功劳，因为谋划、措施能够保证，没有出现什么过大的错误，反而就"无智名，无勇功"。但是我反而希望"无智名，无勇功"的决策能多一些。

有一些决策因为考虑不周全，甚至变成了从一种角度看"有智名，有勇功"，而从另外一种角度看就是有错误、需改正的了。例如，以前牺牲环境换来经济发展速度的做法，显然对短期经济发展很好，而对环境无疑是毫无益处的，而且从长远的角度来看也不是可持续的，所以现在提出了"可持续发展"这种说法。再如，为了净化网络环境，工信部要求2009年7月1日之后在中华人民共和国境内生产销售的个人计算机出厂时应预装最新版本的"绿坝-花季护航"软件。这单纯对于拦截信息来说是好的，但是实际使用过程中发现其有如下问题：不良图片过滤功能不成熟；有人质疑这一举措背后可能包含政府强化互联网控制、限制信息流动的考虑；"绿坝"软件与北京市教委要求使用的学籍管理、评价等软件存在严重冲突；这款软件的粗糙与低劣，安装后有可能严重影响计算机的安全运行；等等。所以我认为，先期方案决策的提出还有后期的论证存在缺陷，导致这项决策最终是有错误、需改正的了。

"善战者之胜也，无智名，无勇功"，一个决策是否相对正确，如果在决策落实以后大家反应是决策者"无智名，无勇功"，决策者无错误，无须改正，那么这项决策八成就没有太大问题。

【教师点评】

青年毛泽东在湖南一师读书时最早接触到了《孙子兵法》，有好事者找到了他当年的读书笔记，其中录有一句"善战者之胜也，无智名，无勇功"。这句话具有至深的境界，反映了孙子独特的功名观，蕴含了深厚的东方智慧。但由于其隐藏在《形篇》中，因此有时不大为读者所注意。该文作者另辟蹊径，将其引申到决策层面，读来对人不无启发。作者认为评价一个决策正确与否的标准是：无智名、无勇功，相反，很多"有智名，有勇功"的事情并不值得夸赞和欣赏。但令人遗憾的是，这样的事情在现实中屡见不鲜，因为不少的决策者、领导者为了政绩和面子往往以眼前的浮名功誉为第一要务，"无智名，无勇功"这种宝贵的价值观反而被湮没。"善战者之胜也，无智名，无勇功"，其言亦短，其义亦深，是古人留给我们的千古警言，值得深思。

课后思考题

1.怎样理解孙子的全胜观？其与春秋争霸战争有什么样的联系？

2."不战而屈人之兵"的本质是什么？其对现代社会的启迪和影响有哪些？

3.联系实际，思考"胜兵先胜而后求战，败兵先战而后求胜"的含义。

4.对孙子功名观"善战者之胜，无智名，无勇功"的思考和理解。

5.怎样理解《形篇》中"形"的内涵？作者选取的喻象有何特点？借此来说明军事活动中的什么问题？并结合个人实际，谈谈对其引申含义的理解。

第六章

《势篇》《虚实篇》释义

第一节 《势篇》释义

本篇主要论述在军事实力的基础上,发挥将帅的指挥才能,造成和利用有利的态势,出奇制胜地打击敌人。

题解:势,态势、气势,根据一定的作战意图而部署兵力和掌握运用作战方式所造成的客观作战态势。

吴如嵩先生认为,"势"的概念,内涵丰富,意义重大,具有久远的生命力,在中国传统柔武军事思想中真正体现了阳刚之气的精华所在。

一、释义

本篇讲了以下三个问题。

（一）重视任势

1.“势”是什么

势很抽象,不像形那样具体,形表现为战争中的物质要素。怎样才能给读者说明清楚势的含义?自然界的一些现象触发了作者对于势的领悟,作者以一系列生动的比喻来说明势的含义,如下:

> 激水之疾,至于漂石者,势也;鸷鸟之疾,至于毁折者,节也。是故善战者,其势险,其节短。势如矿弩,节如发机。

湍急的流水以飞快的速度奔泻,以致能把石块漂移,这是由于水势强大的缘故;凶猛的飞鸟,以飞快的速度搏击,以致能搏杀鸟雀,这是由于节奏恰当的关系。所以高明的将帅指挥作战,他所造成的态势是险峻的,他所掌握的行动节奏是短促而猛烈的。这种态势,就像张满的弓弩;这种节奏,犹如触发弩机。其爆发力是可以想象的。

治乱,数也;勇怯,势也;强弱,形也。

治乱,是组织指挥的问题;勇怯,是"任势"的问题;强弱,是军事实力的问题。

故善战者,求之于势,不责于人,故能择人而任势。任势者,其战人也,如转木石。木石之性,安则静,危则动,方则止,圆则行。故善战人之势,如转圆石于千仞之山者,势也。

善于指挥打仗的将帅,他的注意力放在"任势"上,而不苛求部属,因而他就能选到适当人才,利用有利形势。善于利用有利态势指挥作战的人,他指挥将士作战,好像转动木头和石头一样自如。木头和石头的特性是放在平坦的地方比较稳定,放在陡斜的地方就容易移动,方形的木石比较稳定,圆形的就容易滚动。所以,高明的将帅指挥军队打仗时所造成的有利态势,就好像把圆石从八千尺高山上往下飞滚那样,不可阻挡,这就是军事上的所谓的势。

那么,势究竟指什么? 孙武所说的势,指的是充分发挥将帅的指挥能力,以自己的军事实力作基础,造成一种猛不可当、压倒敌人的有利态势。在这样的态势下,士卒就会勇猛无比,部队的战斗力就可得到充分的发挥,好像激流漂石、滚圆石于千仞高山那样。

唐代诗人杜牧给《孙子兵法》做过注,对此他是这样理解的:"转石于千仞之山,不可止遏者,在山不在石也;战人有百胜之勇,强弱一贯者,在势不在人也。"也即善于借助外力,营造有利的态势。

司马迁《报任安书》中这样说道:"猛虎在深山,百兽震恐,及在槛阱之中,摇尾而求食,积威约之渐也。……由此言之,勇怯,势也;强弱,形也。审矣,何足怪乎?"我们注意到此处引用了孙武的原文,司马迁在这段话中寄托了自己的身世之感,自然界的百兽之王猛虎尚且如此,没有天生的勇士或懦夫,勇敢或怯懦,只不过是由所处的态势所决定罢了。这些议论,有助于我们思考势的内容。

2. "势"的运用

前面解释了势的含义,下面再举一些具体的实例,看看在现实中,势是如何运用的。势是一个泛概念,可以在三个层面上使用:战略态势、战役布势、战术位势。

战略态势,这方面可以把"任势"理论与战略地理结合起来。早在战国时代人们就已经认识到了兵要地理的战略地位,比如《战国策》中的"司马错论伐蜀"一篇。公元前 316 年,秦国面临伐蜀和伐韩的抉择,到底攻取哪一边? 张仪主张伐韩,而司马错向秦惠文王提出伐蜀的主张,事实证明,司马错见解高超,从战略地理上看,蜀国在楚国的上游,伐蜀可造成对楚国侧背威胁的形势,顺江而下,占据楚国后,进而可以北上攻韩魏赵等国,这样一来,秦国除了东出函谷关这个传统方向以外,又多了一个战略出口的方向。古人对此有明确认识,有一句话这样说:"得蜀则得楚,楚亡则天下并矣。"

战术位势就是抢占有利地形地物,夺取主动权。譬如说占领高地,形成对敌人的俯制。

还有一个层面就是战役布势。关于此一点,我们在后文再来举例。

3. "势"在战争中的作用

通过以上的介绍,可以看出"势"在战争中的作用非常关键。

　　唐《卫公兵法》有云："以弱胜强，必因势也。"《虎钤经·任势》更是一语道破："兵之胜败，非人之勇怯也。勇者不可必胜，怯者不可必败，率由势焉耳。"这句话的意思是说兵之胜败，不是由于人的勇敢或怯懦，勇者不一定必胜，怯者不一定必败，胜败主要由于态势所决定。

　　所以说，"势"在战争中的作用是以弱胜强，是把胜利的可能性变为胜利的现实性的关键环节。由此可见，善于谋势、用势、任势是将帅必备的素质。

　　（二）重视奇正，用兵打仗必须做到以正合，以奇胜

　　本篇中作者讲到了奇正的概念，作者认为，要造成有利的作战态势，关键在于妥善解决战术上的"奇正"变化运用问题。

　　《道德经》曰："以正治国，以奇用兵。"这是奇正概念的最早出现，治国用"正道"——清静无为之道，打仗用"奇道"——诡异变诈之道。然而把"奇正"引入军事学术领域加以系统阐发的却是孙子。

　　《十一家注孙子》中有一句话："奇正者，用兵之钤键，制胜之枢机也。临敌应变，循环不穷，穷则败也。"钤键就是锁钥的意思。

　　原文这样说道：

　　　　凡战者，以正合，以奇胜。故善出奇者，无穷如天地，不竭如江河。

　　奇正是普遍存在的作战方式，作战都是以"正兵"当敌，以"奇兵"制胜。善于出奇制胜的将帅，其战法如天地那样变化无穷。

　　　　声不过五，五声之变，不可胜听也；色不过五，五色之变，不可胜观也；味不过五，五味之变，不可胜尝也。战势不过奇正，奇正之变，不可胜穷也。奇正相生，如循环之无端，孰能穷之？

　　"五声"：宫、商、角、徵、羽五种音阶；

　　"五色"：青、黄、赤、白、黑五种颜色；

　　"五味"：酸、甜、苦、辣、咸五种味道。

　　音阶不过五种，可是五个音阶的变化却能奏出听不完的音乐；颜色不过五种，可是五种色彩的变化却能显出看不完的色彩；味道不过五种，可是五种味道的变化却能调和出尝不完的美味。战势不过奇正两种，然而奇正的变化，却是不可穷尽的。奇正的变化，就像顺着圆环旋转那样，无头无尾，谁能穷尽呢？

　　这段话比较长，但意思只有一点：作战的战术不过"奇""正"，然而"奇""正"的变化却是无穷无尽的。

　　我们来看古人对奇正的理解。曹操："先出合战为正，后出为奇。"李筌："当敌为正，傍出为奇。"梅尧臣："动为奇，静为正。"何氏："若兵以义举者，正也；临敌合变者，奇也。"李卫公："兵以向前为正，后却为奇。"

　　我们认为这些对奇正内涵的界定区分有一定道理，但是未免将奇正的内涵固定化了，也就

丧失了奇正说的价值所在。不妨来看一下唐太宗对奇正的解释。

李世民:"吾之正,使敌视以为奇;吾之奇,使敌视以为正。"他进而解释:"以奇为正者,敌意其奇,则吾正击之;以正为奇者,敌意其正,则吾奇击之。"(《李卫公问对》)这句话的意思是说:"我把奇兵当作正兵用,敌人以为是奇,我则正击之;反过来,我把正兵当作奇兵用,敌人以为是正,我则奇击之。"这种看法无疑是非常高明的,切中了奇正关系的要害。所谓的奇正没有固定的分法,而是临时应变,只要能造成出其不意的效果,就符合奇正的精神。

现代对奇正的理解主要有以下几方面。

在作战原则、战法上:一般原则为正,特殊处置为奇;正式约战为正,突然袭击为奇。

在作战方式上:正面作战为正,翼侧、后方作战为奇;主要方向为正,配合、次要方向为奇。

在作战行动上:先出为正,后出为奇;向前为正,后退为奇。

在兵力部署上:主力为正,别部为奇;主要方向为正,配合、次要方向为奇。

在军事心理上:正常的、意料之内的、合乎常情的为正,意料之外的、出乎常情的为奇。

在哲学上:共性为正,个性为奇。

在思维方式上:求同思维为正,求异思维为奇;顺向思维为正,逆向思维为奇。

在管理上:所有的条令条例为正,所有的具体情况为奇。

(四)指出了创造主动态势的手段——示形动敌,设伏聚歼

为了造势、任势,孙武强调要示形、动敌,他认为这是达到出奇制胜的重要手段。

> 故善动敌者,形之,敌必从之;予之,敌必取之。以利动之,以卒待之。

形,示形动敌,即以假象欺骗敌人。所以,善于调动敌人的将帅,欺骗敌人,敌人必为其所骗;予敌以利,敌人必为其所诱。以小利引诱调动敌人,以伏兵待机掩击敌人。

二、举例

奇正是我国古代军事辩证法中一个十分重要的命题,历代兵家都十分重视对它的研究和运用,向来有战不过攻守,术不过奇正,形不过虚实之说。不过,在奇正的运用上,又以用正较易,出奇为难,也许正是因为这一点,有不少著名的将领都重视对正的运用。唐朝李靖认为,兵家都讲出奇制胜,他却反对重奇轻正。他认为,没有正兵,奇兵也无所用之,两者不可偏废。他说,自古兵法,都是"先正而后奇,先仁义而后权谲"。晚清湘军统帅曾国藩用兵,首求稳,次求奇,他在写给弟弟曾国荃的家书中,做过一幅著名的对联:"打仗不慌不忙,先求稳当,次求变化;办事无声无臭,既要精到,又要简捷。"(咸丰八年正月初四日,致沅弟)

纵观古代战争史,能够奇正变幻莫测,妙计应时而发的将领,并非很多,而韩信,则是其中的佼佼者。下文以韩信指导的几次战争为例进行讲述。

(一)还定三秦

韩信用兵之善于出奇制胜,在还定三秦之中便已初露端倪。公元前206年,当刘邦决策进军关中,东向争权天下时,汉军面临的形势是十分严峻的。项羽为防止刘邦出汉中,在分封诸侯时将关中一分为三,以秦降将章邯、司马欣、董翳等三人为三秦王。他企图借助天险和重兵,将刘邦封闭在秦岭以南,大巴山、巫山以西。通往关中的正面要道均被章邯严密封锁,汉军要从正面突破,非常困难。于是,韩信针锋相对,定下奇计:一面派人重修已被烧毁的褒斜栈道,造成汉军要从正面出击的假象,以迷惑章邯;一面率大军秘密从陈仓道进发,以奇兵袭击章邯侧翼,这便是著名的"明修栈道,暗度陈仓"之计。陈仓道位于秦岭西段,是由南郑入关中四大通道中最为迂远的一条,汉军由南郑向西至白水,然后折向东北,走陈仓道出大散关,直趋陈仓,完全出乎章邯的预料。章邯只好仓促应战,结果连战失利,被困于废丘(今陕西兴平)城中,汉军乘胜追击,司马欣、董翳相继投降,关中迅速平定。

(二)破魏之战

公元前205年9月,韩信率军攻魏。魏国占据河东(今山西南部),对关中构成直接威胁,汉军需东渡黄河,主要渡口在临晋(今陕西大荔)。魏军集结在临晋对岸的蒲坂(今山西永济),以阻止汉军从临晋渡河。韩信做出如下部署:汉军正兵在临晋集结船只,做出渡河姿态,以吸引魏军继续向蒲坂方向集结,造成魏军在其他渡河地点的防守空虚;汉军奇兵秘密地转移到夏阳(今陕西韩城南,在临晋的北边),乘坐木罂渡河。木罂是什么东西呢?是一种人造的浮桥,罂是一种口小腹大的土陶烧制的容器,木罂就是以木料夹缚陶瓮做成的木筏,浮力大,可载人马。果然,魏军认为汉军即将从临晋渡河,便继续向蒲坂集结。夏阳是魏军没有设防的空虚之地,汉军奇兵顺利地渡过。渡河后,汉军奇兵直捣魏军后方安邑(今山西夏县南),魏军在回援途中被消灭。在破魏之战中,韩信之善于出奇更为妙绝。此战韩信采用的是声东击西、奇正并用的战术,而奇中有奇的便是以木罂渡河,在一无舟楫、二无桥梁的情况下,以木罂渡河,就地取材,渡过黄河天险,可见韩信想象之奇特。

(三)破赵之战

破赵之战,也叫井陉之战,发生在公元前204年10月。当时,韩信虽已连续破魏灭代,兵威远震,但与赵军相比处于明显劣势:①兵力不足。当时,赵军约有二十万,而汉军只有五六万。②战场不利。井陉口位于太行山中段,是由代入赵的交通要道,也称土门关,号称是天下九塞之一。这里两侧绝壁陡立,中间一线小道,"车不得方轨,骑不得成列",地势十分险要。③部队战斗力不强,汉军多系新募之兵,且连续作战,远离后方,士卒疲乏,战斗力受到很大影响。而赵军则兵员充足,紧靠后方,以逸待劳。这种情况下,韩信对自己有限的兵力进行了极为周密的部署:①首先藏巧于拙的策略,以一万兵背水列阵。②又派两千骑兵间道至赵军营垒附近隐蔽起来,相机攻之。③以主力正面攻击,佯败诱敌。这一部署无懈可击。背水阵将缺乏训练、军心不固的汉军置于死地,促其死战。两千骑兵乘虚而入,攻占赵军营寨,起到动摇敌之军心的作用。正面佯败,目的在于诱敌倾巢而出,争利而乱,以便乘乱击之。

战斗结束之后,众人都向韩信称贺。有人问韩信道:"兵法上说,右边背着山陵,则左面对

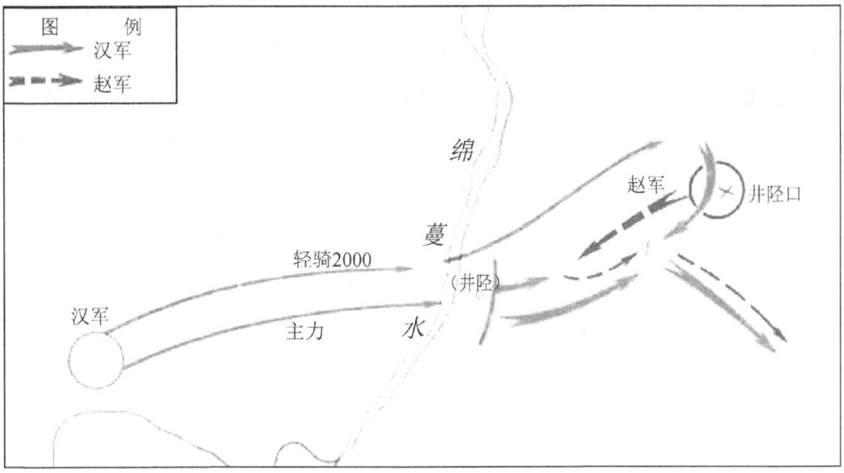

图 6-1 井陉之战示意图

着川泽,要背山临水。可是这一次将军却背水为阵,反其道而行。并且说,等破了赵军我们再吃饭,臣等当时心中真是十分不信服,然而终于打了胜仗,这是什么战术呢?"韩信说:兵法不是讲,置之死地而后生,陷之亡地而后存吗?况且我并没有得到训练有素、听我调度的将士,在此情势之下,不把军队安排在绝地,使每个人为了存亡而奋力作战,是无法取胜的。诸将听了,都十分佩服。善于出奇制胜,善于掌握和利用士气,这就是韩信灭赵的秘诀。

井陉之战中两千人为奇兵,背水列阵之一万人为正兵,其实两千骑兵是以奇为奇,而背水阵的作用是什么呢?背水阵是以正为奇,把正兵当作奇兵用,目的是诱敌,前者明眼人一看便知,后者一般人不易明白,所以欺骗了赵军。

刘伯承元帅对军事理论有很深的造诣,结合其丰富的作战指导经验,他提出了对势篇的理解:"《孙子兵法》中的《势篇》,主要讲的是战役布势,说明兵力的分布,正兵与奇兵的战斗行动;布势必须险恶,战斗经过短促干脆。"古人认为韩信的作战突出有两点,就是奇与速的结合。在井陉之战中,在劣势的兵力基础上,韩信善于造势、用势,善于出奇制胜,营造了锐不可当、压倒敌人的有利态势,爆发出了超常的战斗能力。这就是任势、造势的最生动例证。

学生感悟与体会

一、《势篇》感悟体会一

浅谈《孙子兵法》中的奇正关系

机类 72 班 周正煦

《孙子兵法·势篇》有云:"三军之众,可使必受敌而无败者,奇正是也。"简单来说,战场上如果想要取得胜利而不失败,就需要正确地利用奇正之术。一般而言,古代作战以对阵交锋为正,设伏掩袭等为奇。

"凡战者,以正合,以奇胜",这句话是孙子总的奇正观。在战役中,正兵用来正面作战,依靠自身的严肃整齐,实力强大,配合到位来碾压对手,取得战争的胜利。而奇兵则是出乎敌人的意料,从侧翼突击,打敌人一个猝不及防,使敌人溃不成军,从而取得战争的胜利。

在战斗中,出奇往往能取得意想不到的效果。就如赤壁之战,孙权、刘备大败曹操军队。曹操将战船首尾相连,结为一体,以利演练水军,伺机攻战。周瑜采纳部将黄盖所献火攻计,并令其致书曹操诈降,曹操中计。曹军船阵被烧,火势延及岸上营寨,孙刘联军乘势出击,曹军死伤过半,遂率部北退,留征南将军曹仁固守江陵。联军乘胜扩张战果,孙刘两军分占荆州要地。赤壁之战,曹操在有利形势下,轻敌自负,指挥失误,终致战败。在此次战役中,曹军占据着绝对的优势,孙刘联军深知正面强打必定会输,于是选择出奇制胜。

从上面的例子中可以看出,奇在战斗中可能起着至关重要的作用,关键时刻甚至能扭转战局。然而,只有奇就足够吗?答案显然是否定的。李靖有言:"善用兵者,教正不教奇。"他认为,在训练军队时,应该注重正兵而不是奇兵。因为作战时,更多的情况是需要两军正面作战,而出奇制胜,需要苛刻的天时地利人和等条件。所以,训练正兵是用兵的前提。只有训练有素的军队,才能在正面战场不落下风。其次,出奇也需要实力。如果军队只是一盘散沙,任凭再绝妙的计策也只是纸上谈兵。所以训练军队时,注重的是作战能力,而不是一味地想着投机取巧。

那么何时用正,何时用奇呢?《李卫公问对》中有言:"善用兵者,无不正,无不奇。使敌莫测,故正亦胜,奇亦胜。三军之士止知其胜,莫知其所以胜。非变而通,安能至是哉!"其所言大义为奇正之术运用的关键在于变而通。那么变而通的根据是什么呢?我以为,其依据应该为"势"。这也是为什么《孙子兵法》要在《势篇》提及奇正。"势",即审时度势,即根据战场的情况灵活选择奇正对策。

在我看来,在下面两种形势下,适宜出奇。其一,当面对比自己强大得多的敌人时,正面作战没有胜算,此时出奇可以为自己争取一线生机。如前文提到的赤壁之战,也如韩信领导的背水一战。其二,当双方实力相当,战况焦灼不下,战斗得不到推进时,也是出奇兵的好时机。

这两种情况在其他领域都有着很好的体现。第一种情况有一个比较著名的法律上的案例,即马伯里诉麦迪逊案。其大致情况是马伯里请求重新获得自己的法官任命状。事实上当时的司法条例是对自己不利的。他没有选择诡辩,而是另辟蹊径,找出了该条例与宪法相悖的内容,请求取消该条例。从而,马伯里大获全胜。这也是美国历史上第一次宣布联邦法违宪。第二种情况比较著名的就是田忌赛马的例子了。田忌与齐威王赛马,双方各有好中差三匹马,而齐威王三个档次的马都与田忌的马实力相当,甚至略强于田忌。如果相同档次的马来比,田忌胜算不大,于是他就将自己的下等马与齐威王的上等马比,中等马与其下等马比,上等马与其中等马比,从而赢得了胜利。

在学习奇正时,老师问过大家觉得奇与正哪个更重要。在我看来,奇与正是不可分割、相辅相成的,奇中必有正,正中也需奇。"战势不过奇正,奇正之变,不可胜穷也。奇正相生,如循环之无端,孰能穷之哉!"由此可见,奇与正是相生的,单独讨论奇与正的重要性是没有任何意义的。我们需要做的,是掌握奇与正的关系,并将奇与正相互融合,相互转化。

《李卫公问对》说:"故形之者,以奇示敌,非吾正也;胜之者,以正击敌,非吾奇也。此谓奇正相变。"意思是说给敌以假象,是用奇兵迷惑敌人,而不是我的正兵,战胜敌人的是我的正兵,而不是我的奇兵。在这句话中,既用了正,也用了奇,并将奇正相互转化,以奇辅正,以正胜敌,可谓奇正关系最好的诠释。必要时,正兵亦可奇,奇兵亦可正。唐太宗对此做了精辟的阐述,他说,把奇兵变正兵使用时,敌人还以为我是奇兵,而我却以正兵打击它;把正兵变为奇兵使用时,敌人还以为我是正兵,而我却以奇兵打击它。总之,奇正就像一枚硬币的两面,缺少了任何一方都不能成为完整的战役。所以,理解奇正相辅相成、相互转化的关系就成了战争中的制胜关键。

现在我们不妨跳出战争来看奇正。前面也提到了奇正关系在其他领域的应用,在生活中,我们也需要恰当地利用奇正关系来为人处世。在平时我们需要"正兵",即不断充实提高自己,提升自己的硬实力,在这个弱肉强食的社会,站在食物链顶层的总是那些有能力的人。而当遇到困境时,我们需要做的则是巧用奇谋,另辟蹊径,用自己的实力与谋略结合,巧妙地解决困境,这就是"奇兵"。而两者的结合就是生活中运用奇正关系的最好体现。

【教师点评】

奇正观是《孙子兵学》中的一个重要范畴,怎样正确地理解分析,作者提出了自己的见解。首先,奇在战斗中可能起着至关重要的作用,关键时刻甚至能扭转战局。其次,光有奇还不够,不能一味地想着投机取巧,在训练军队时,应注重正兵而不是奇兵。再次,何时用正,何时用奇呢?要根据战场情况,灵活选择,奇正相辅相成、相互转化是战争中的制胜关键。最后,作者跳出战争来看奇正关系,说明其在生活中的应用。

二、《势篇》感悟体会二

论《孙子兵法》之"形"与"势"

建筑 61 班 藏圆

一部《孙子兵法》,五六千字,洋洋洒洒风靡了两千多年。而在今天市场经济条件下,商场如战场,这部兵书,在一个新的领域找到了知音。"兵者,国之大事,死生之地,存亡之道,不可不察也。"对于一个企业来说,又何尝不是如此呢?

提起《孙子兵法》,大家都知道这是一部研究军事谋略与作战计划的兵书,具有很高的地位、深刻的价值和广泛的影响。在现代事务中,它更多地被运用到商战以及职场中。对"形"与"势"的分析是《孙子兵法》里较核心的部分,"形"即为"形势","势"即是"态势"。比如,"形"是一块材料,材料本身的质地好坏,便是"形"的好坏,至于这材料到底有多大用途,所指的就是"势"。如果说"形"如一把拉满的弓,而射箭就是"势"了,弓拉得满,"形"固然好,若没射中,就是"势"的不好了,有形无势,不好,不过"形"与"势",不同于"外表"与"内在"这样的关系。

然而,《孙子兵法》对后世的影响绝非仅限于军事领域,也不仅指商战兵法,在哲学、美学特别是艺术美学领域内,它的影响同样不可低估。

（一）"势"在《孙子兵法》中的多重所指

在中国传统文化中，"势"是一个被广泛应用的重要范畴之一。《孙子兵法》从军事学的角度，较早提出且颇为系统地论述了"势"的各种类型及其特点。从《孙子兵法》全书来看，直接提到"势"字有 15 处之多，涉及《计篇》《势篇》《虚实篇》《地形篇》等篇章，其中《势篇》是论述"势"的专篇。尽管在其他篇幅中并未直接提到"势"字，但都不同程度地和"势"相关联，讲的都是治军策略、用兵技巧、军事实力、虚实关系、战场地形、攻守方式、间谍运用等对军势、战势直至战争结果所产生的深刻影响。我们不妨说，"势"才是《孙子兵法》的核心范畴，《孙子兵法》其实就是一部论"势"的兵书：作战前应善于判断，驾驭局势；作战中应巧妙地利用地势、山势、水势、火势，善于造势、积势、任势、变势、化势，调动全军的气势，占据敌势的主动权，提高军队的战斗力，最大可能地夺取战争的胜利。显然，《孙子兵法》并非是在同一个层面上用"势"，由此便形成了《孙子兵法》中"势"范畴的多重所指。

一是内在气"势"，具体表现为赢得战争的主动权而具备的全军的凝聚力和战斗力。《孙子兵法》从内部因素即人的素质、人的心理等方面加以阐述，认为从将帅到士兵必须打出气势，拿出信心，同时应消解和压制敌人的气势。

曹操曰："用兵任势也。"孙子认为，要想取得战争的胜利，将帅就必须善于激发全军的气势。一方面将帅要以自己的人格魅力（《九地篇》"将军之事，静以幽，正以治"，即谋略，冷静而幽邃、管理公正而严明等）和运筹帷幄的指挥能力（奇正变化、避实击虚等），给全军做出表率，从而激发士气；另一方面又要靠深入敌军（《九地篇》"凡为客之道，深入则专，主人不克"）、重击敌军（《作战篇》"故杀敌者，怒也"）和激励奖赏（《作战篇》"故车战，得车十乘已上，赏其先得者"）等手段，做到"与众相得"（《行军篇》）。在他看来，"齐勇若一"（《九地篇》）才是真正的为军之道，只有勠力同心，才能得战争之"势"，进而取得战争的胜利，因为"上下同欲者胜"（《谋攻篇》）。

二是自然地"势"，具体表现为战争中应巧妙地运用地势、山势、水势、火势等。《行军篇》提出了处于不同地形情况即"处山""处水""处泽""处陆"条件下不同的"处军"方法，得出了"好高恶下，贵阳而贱阴，养生而处实，军无百疾，是谓必胜"的驻军原则，强调了"绝涧""天井""天牢""天罗""天陷""天障"等地形的隐患，这些旨在说明作战时要巧妙地利用地形地势。《地形篇》从地理学的角度，详细地考察了"通形""挂形""支形""隘形""险形"和"远形"此"六地"的利弊，并探讨了相应具备的战术原则，说的也是地势对战争形势的巨大影响，孙子认为此乃"地之道也，将之至任，不可不察"。《九地篇》在开篇便提出了散地、轻地、争地、交地、衢地、重地、圮地、围地和死地等"九地"，论述了战场地形地势对士兵心理、诸侯态势和敌我形势的影响。《火攻篇》虽然表面上看是在讲"以火佐攻"，实际上是说火攻同样可以对战争局势产生重要影响。可见，在孙子看来，"自然地势"已成为影响战争结果的不可低估的重要因素。

三是战争局"势"，具体表现为由自然之形势和内在之气势而形成的对作战形势的控制与对敌人无形的打击，这是孙子论势的核心。"势"在虚为"气"，在实则为"力"，体现为作战时的一种爆发力、冲击力。孙子提出："激水之疾，至于漂石者，势也。"（《势篇》）在孙子看来，"势"具有"转圆石于千仞之山"和"激水漂石"所形成的"势能",依靠此"势","其战人也,如转木石"（《势篇》）。但这种"势能"究竟缘何而来呢？除了前述的巧妙利用自然地势、调动全军内在气势以外,孙子还做了进一步的论述。他认为,"势"贵在"变","战势不过奇正",要善于在"奇正"之间寻求不断变化,"以正合,以奇胜",唯其如此方能"不可胜穷"。"势"贵在"造",造出声势,给敌军以假象,"能而示之不能,用而示之不用,近而示之远,远而示之近"。"势"贵在"化",《用间篇》讲的就是化势的问题,即通过用间和反间扭转战争形势,化被动为主动,达到以少胜多、以弱胜强、出奇制胜的效果。"势"贵在"度",即审视实力、把握时机、巧妙安排。孙子在《地形篇》论述"远形"时提出"势均,难以挑战,战而不利"的观点。在论述"六败"时又提出"夫势均,以一击十,曰走",也就是说在地势均等、平分兵力、实力相当的情况下作战就非常不利。"势"还贵在"积",经过长期而有准备的蓄积和贮存,就如同火山爆发、剑拔弩张般蕴藏着极大的动力和能量,所以他说"势如弦弩",王皙则提出"势者,积势之变也"。总之,作战应"求之于势","择人而任势",方能形成"转圆石于千仞之山"般之"势"或曰对敌打击力。

（二）"形"与"势"在美学中的运用

形乃物质本来之态,而势则是用奇正之术对形的充分运用,任何物质都有他本身存在的意义,只要利用方式得当,都会发挥出很好的效果,美学上也一样。下面将从美学角度对形与势的关系进行一些分析。

任何物质的组合形态都可以做到美的。从审美上讲,任何形式都有感情上的倾向,有的优雅,有的豪放,有的温馨……这就是所谓的势。形与势之间是相互依存的关系,形作为客观的载体,为势的形成奠定基础,而势则是对形从心理感官上的理解,通俗地讲,我们可以把形分成一些基本的构成元素,点、线、面等,这些点线面最后形成的感觉就是我们所说的势。那么怎么把这些点线面来进行组合来形成不同的势呢？就是利用《孙子兵法》的奇正之术。这跟战争有相似之处,作方方所拥有的实际实力就是形,而最后对敌军所形成的压迫之力就是势,关键在于怎么对形进行组合,不同的组合方式将造成不同的感受。对点线面的不同组合可以用图6-2来表示：

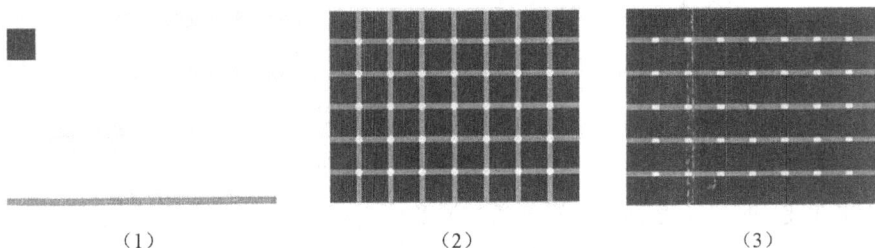

（1）　　　　　　　（2）　　　　　　　（3）

图6-2　点线面的不同组合图

对图6-2进行图形分析：图(1)是黑色块、灰色线、白色圆点三个元素的简单组合,而图(2)和图(3)分别是对这三个元素的不同组合,图(2)是由点线面三个不同颜色组成,但是仔细一看却看见黑白点在闪动,而同样是这三个元素组合的图(3),却看到灰色带是由折线组成的,图(2)和图(3)给人的感觉是完全不同的。

从图6-2的分析可以看出,相同的形会形成不同的势。关键是看组合方式如何。下面图6-3是由简单的线性要素构成的,可以看出美好的组合方式是多么重要。

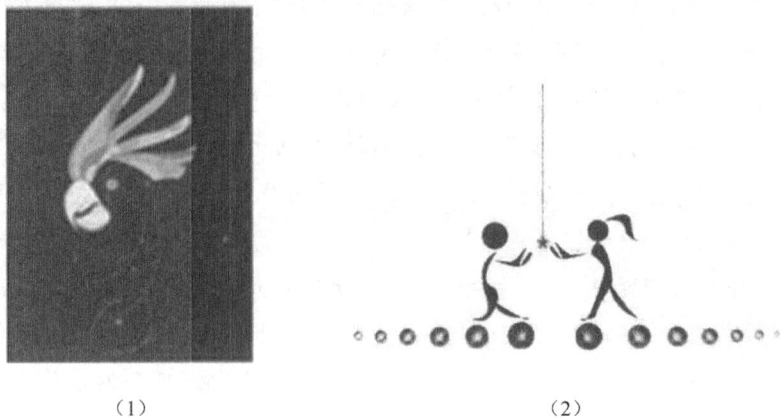

（1）　　　　　　　　　　　　　　　　　（2）

图6-3　简单的线性要素图

跟作战一样的战术的重要程度相似,战术是对部队所有要素的调配,在美学上,形态的组合就是对各种美学要素的组合,而美学要素的组合方式也决定了美学感受,美学原则就成了指导美感形成的最重要的依据。就像作战会有很多人出奇招一样,诸葛亮的空城计就是一例,在美学上也会有不少人出奇招,就成了现在的后现代派(见图6-4)。

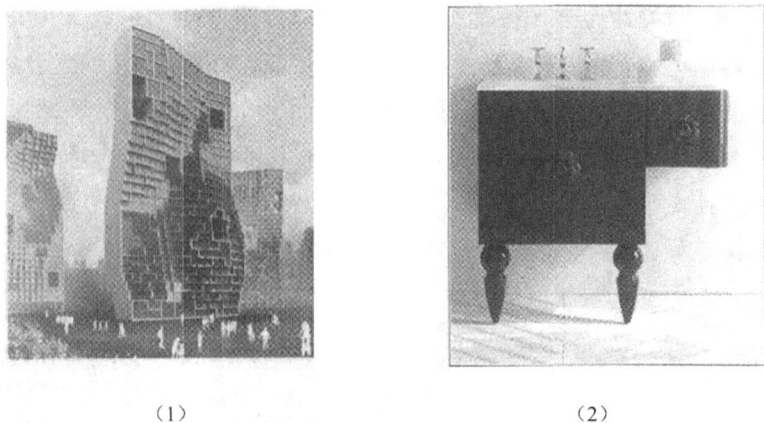

（1）　　　　　　　　　　　　　　　　　（2）

图6-4　后现代派图

既然意识到了组合方式的重要性,就要注重对组合方式的培养,组合方式对势的形成具有决定作用,进一步说,大部分美学工作者终生都在进行美学元素的组合。

前面已经分析了美学中形与势的关系,其实在更多的行业或者事物中形与势的关系都是类似的,关键在于奇正之术的运用。

【教师点评】

大众一般所熟知的是《孙子兵法》在军事、商战等领域的影响,本文作者另辟蹊径,结合自己所学专业,以"形""势"为例,探讨了《孙子兵法》在艺术美学领域内的影响。本文先对"形"与"势"在《孙子兵法》中的运用以及意义进行了分析,指出了"势"在书中的多重所指,最后从美学上对"形"与"势"之间的关系进行了分析,指出了"形"与"势"之间的客观与心理区别,并最后得出奇正之术与其关系的重要性。

第二节 《虚实篇》释义

本篇主要论述在作战指导上必须"避实而击虚","因敌而制胜",调动敌人而不被敌人所调动,主动灵活地争取战争的胜利,即达到"致人而不致于人"的目的。

题解:虚实,字面的意思是虚弱与坚实,反映在军事上,虚实就是指军事力量的强弱和态势上的优劣。例如:怯、弱、乱、劳、寡、无备等都是虚;勇、饱、治、逸(佚)、众、有备等都是实。作战必须掌握敌我双方的虚实情况,做到避实而击虚。本篇中孙武用一句话精辟地概括出了夺取战争主动权的重要性:"善战者,致人而不致于人。"意思是调动敌人而不被敌人调动。

一、释义

全文围绕"致人而不致于人"这个重点从以下五个方面展开。

(一)争取先机,调动敌人

> 凡先处战地而待敌者佚,后处战地而趋战者劳。故善战者,致人而不致于人。能使敌人自至者,利之也;能使敌人不得至者,害之也。故敌佚能劳之,饱能饥之,安能动之。

(战争中)凡先到达战地而等待敌人的一方就从容主动些,后到达战场而仓促应战的一方就疲劳被动些。怎样才能掌握先机之利呢?作者提出致人而不致于人,譬如说:能使敌人自己来上钩的,是以利引诱的结果;能使敌人不得前来的,是以害威胁的结果。通过各种方法调动驱使敌人,使敌人疲于奔命,我方获得主动。

(二)善用攻守,主动在我

> 攻而必取者,攻其所不守也;守而必固者,守其所不攻也。故善攻者,敌不知其所守;善守者,敌不知其所攻。

进攻必然得手的,是因为攻击敌人不注意防守或不易守住的地方;防守必然巩固的,是因为扼守敌人不敢攻或不易攻破的地方。所以,善于进攻的,能使敌人不知怎样守好;善于防守的,能使敌人不知怎样攻好。

> 进而不可御者,冲其虚也;退而不可追者,速而不可及也。故我欲战,敌虽高垒深沟,不得不与我战者,攻其所必救也;我不欲战,画地而守之,敌不得与我战者,乖其所之也。

前进时,敌人无法抵御的,是由于冲向敌人防守薄弱的地方;退却时,敌人无法追及的,是由于行动很快,敌人追不上。所以,我若求战,敌人即使坚守深沟高垒,也不得不出来与我交战的,是由于进攻敌人所必救的地方;我若不想交战,即使画地而守,敌人也无法和我交战的,是因为我设法改变了敌人的进攻方向。

此处,作者讲到无论攻还是守,战还是不战,我方都要始终掌握战争主动权。以上这些原则为历代所推崇,其中有些至今仍有生命力。而这些原则的核心其实就是避实击虚。

我们说,避实击虚是制胜的要诀。《管子》:"故凡用兵者,攻坚则轫,乘瑕则神。攻坚则瑕者坚,乘瑕则坚者瑕。"

《孙膑兵法·威王问》中,威王问什么是用兵的奥妙,孙膑在朝堂之上面对齐威王的发问,与田忌展开讨论,他否定了田忌的几个答案:赏罚、权势、谋诈,认为用兵的奥妙是"必攻不守",什么意思呢?即必须进攻敌人既是要害而又守备薄弱的地方。

后来,孙膑在指导齐魏桂陵之战时又表述为:批亢捣虚。批:击打;亢:咽喉,读作"gāng(冈)"。谓扼其要害而击其空虚,比喻抓住敌人的要害乘虚而入。

(三)示形动敌,赢得兵力优势

> 故形人而我无形,则我专而敌分;我专为一,敌分为十,是以十攻其一也,则我众而敌寡;能以众击寡者,则吾之所与战者约矣。吾所与战之地不可知,不可知,则敌所备者多;敌所备者多,则吾所与战者寡矣。故备前则后寡,备后则前寡,备左则右寡,备右则左寡,无所不备,则无所不寡。寡者,备人者也;众者,使人备己者也。

我们要准确地理解此处形的意思。形,这里作动词,显露的意思。形人,使敌人现形;我无形,即我无形迹。这样能做到自己兵力集中而使敌人兵力分散。自己兵力集中于一处,敌人兵力分散于十处,这样,我就能以十倍于敌的兵力打击敌人,造成我众而敌寡的有利态势。能做到以众击寡,那么与我军直接交战的敌人就少了。

最后,孙武总结到:"寡者,备人者也;众者,使人备己者也。"这是说兵力所以少,是由于处处防备的结果;兵力所以多,是由于迫使敌人分兵防我的结果。

掌握兵力的分配运用是衡量一个优秀的指挥员的重要标准。毛泽东在《论持久战》中这样说道:"中国如晋楚城濮之战,楚汉成皋之战,韩信破赵之战,新汉昆阳之战,袁曹官渡之战,吴魏赤壁之战,吴蜀彝陵之战,秦晋淝水之战等等,外国如拿破仑的多数战役,十月革命后的苏联内战,都是以少击众,以劣势对优势而获胜。都是先以自己局部的优势和主动,向着敌人局部的劣势和被动,一战而胜,再及其余,各个击破,全局因而转成了优势,转成了主动。"

孙武的这一主张就是通过示形等各种手段欺骗敌人,设法造成敌人弱点,迫使敌人兵力分散,我方则集中兵力,从而实现局部上我方对敌的兵力优势。

接下来,孙子提出胜可为的思想。

> 以吾度之,越人之兵虽多,亦奚益于胜败哉?故曰:胜可为也。敌虽众,可使无斗。

《孙子兵法》中有两处提到了越国,这是其中一处。度,忖度,推断。奚,疑问词,何的意思。

依我看来,越国的兵虽多,对于决定战争的胜败又有什么助益呢? 在此基础上作者提出胜可为的思想,通过示形动敌,使敌人处处被动显形,兵力分散,作战主动权尽在我方掌握之中。因此说:"胜可为也。敌虽众,可使无斗。"胜利是可以争取到的,敌人兵力虽多也可以使其无法用全部力量与我交战。

（四）形兵之极,至于无形

> 故形兵之极,至于无形;无形,则深间不能窥,智者不能谋。

示形动敌的方法运用到极妙的程度,能使人们看不出一点形迹。这样,就是有深藏的间谍,也无法探明我方的虚实,即使很高明的人,也想不出对付我的办法来。

> 人皆知我所以胜之形,而莫知吾所以制胜之形。故其战胜不复,而应形于无穷。

这个形,指作战的方式方法。这句话意思是,人们都知道我取胜的一般战法,但不知道我是怎样根据敌情变化灵活运用这些战法而取胜的。所以说,每次战胜,都不是重复老一套,而是适应敌情的发展而变化无穷。

以唐朝名将张巡为例,史家称其"临敌应变,出奇无穷",他领导的睢阳之战是古代著名的城邑保卫战。

张巡,南阳人,开元年间进士,天宝中期任真源(河南鹿邑)县令。安禄山叛乱后,张巡遂率兵进入雍丘(河南杞县),抗拒叛将令狐潮围攻,后退出雍丘。正好睢阳太守许远告急,张巡带三千人入睢阳,与许远合兵一处,共计六千八百余人,多次打退尹子奇的进攻。

唐时的睢阳,即今天的河南商丘,地处河南、江苏两省交界,是江南的门户,此地一失,江南半壁,终究难保。从公元757年正月到十月,睢阳军民坚守城池,寻机出击,"前后大小战凡四百余,杀贼卒十二万人",以弱胜强,牵制和歼灭大量叛军,保卫了江淮物资基地的安全,为唐朝平定安史之乱、组织反攻赢得了时间。

张巡"行兵不依古法教战阵",灵活用兵,出奇制胜,虽是城池防守战,但在他的精心组织下,变被动为主动。他曾指出:"今与胡虏战,云合鸟散,变态不恒,数步之间,势有同异。临机应猝,在于呼吸之间;而动询大将,事不相及,非知兵之变者也。故吾使兵识将意,将识士情,投之而往,如手之使指。兵将相习,人自为战,不亦可乎!"

睢阳城破之日,城中将士仅剩四百余人,三十六位将领皆英勇就义。时隔几十年后,韩愈在《张中丞传后序》中高度肯定了张巡等人的守城之功:"守一城,捍天下,以千百就尽之卒,战百万日滋之师,蔽遮江淮,沮遏其势,天下之不亡,其谁之功也!"文中所描述的一系列栩栩如生的英雄人物形象,千载之后,仍凛然有生气!

（五）兵形象水,因敌制胜

《虚实篇》最后一段是对全篇的总结:

> 夫兵形象水,水之形,避高而趋下;兵之形,避实而击虚。水因地而制流,兵因敌而制

胜。故兵无常势,水无常形,能因敌变化而取胜者,谓之神。

用兵的规律好像流水,水的流动是避开高处流向低处,用兵的原则是避开敌人坚实的地方而攻击它虚弱的地方。所以,用兵作战没有固定的方式和一成不变的方法。能够根据敌情的变化而取胜的,就称得上用兵如神。

形,方式方法,这里有规律的意思。作者提出用兵的规律就是避实击虚,但同时也强调用兵作战没有固定不变的方式方法,能依据敌情变化而取胜的,就称得上用兵如神了。《孙子兵法》中"神"字只出现过这一次,中国古代评价艺术作品时,常谓之极品为神品,由此可见作者对因敌制胜的重视。唐太宗说:"朕观诸兵书,无出孙武。孙武十三篇,无出《虚实》。夫用兵识虚实之势则无不胜焉。"这段话对《虚实篇》评价非常之高,然怎样把握虚实之势确实是难题,虚虚实实,真真假假,实难辨矣。而孙武此处道出了其中奥秘,虚实变换必须靠灵活性来实现,即关键在于敌变我变,因敌制胜。

二、举例

(一)对"因势利导""因敌制胜"原则的示例

此处仍以韩信为例,古人有一段话把韩信和孙武放在一起评价:"言兵者,无若孙武;用兵者,无若韩信。"韩信是我国古代天才的军事家,韩信用兵变化多端的特点,及其善于出奇制胜和速战速决的特点,是与他在作战指挥上善于因势利导分不开的。明朝人曾说过,韩信所以能"驱市人,用乌合",制胜有术,就在于他善于运用因势利导的原则。韩信十分精于此道。他设计定策时,或因敌情,或因己情,或因天时地利之情,可谓见景生情,随机应变,而又能得心应手,左右逢源。还定三秦时,他因章邯将注意力全部集中到了褒斜、子午等正面要道上,而以迂为直,兵出陈仓;伐魏时,他因魏王豹集中兵力于蒲坂,堵塞临晋渡口,而秘密从夏阳渡河,奇袭安邑;攻赵时,他因陈余不用李左车之计,而抓住时机,及时决战。像这样的事例很多,顺水推舟,事半功倍,这是生活中的常识,其实军事斗争也同此理。古人说,攻坚则轫,乘瑕则神。因势利导,不仅是达到目的的最有效手段,而且常常可以收到四两拨千斤的效果。韩信所以能战必胜、攻必取,每每以少胜多,其秘密正在于此。

(二)本篇示例:桂陵之战

桂陵之战,也称围魏救赵之战,是战国中期发生的一次著名战争。齐国军事家孙膑创造性运用和发展了孙武避实而击虚、攻其所必救、致人而不致于人的战略思想,采取批亢捣虚的战术,在当时的桂陵地区,一举击败了实力强大的魏国军队。此战中孙膑创造了"围魏救赵"的战法,成为两千多年来军事上诱敌就范的常用手段。

公元前445年,魏文侯即位后,变法改革,魏国成为战国初最强大的国家。魏惠王即位后,继承文侯、武侯事业。公元前361年将国都从安邑迁到大梁。齐魏矛盾突出。

齐国也是大国,公元前356年,齐威王即位后国力强大。在魏国不断向东扩张的形势面前,齐国就利用魏国和赵、韩之间的矛盾,展开对魏斗争。

公元前 354 年,赵国向依附于魏国的卫国发动了战争,魏国借口保护卫国,即出兵包围了赵国国都邯郸。赵与齐是盟国,邯郸局势危急,赵国遂于公元前 353 年向齐国请求支援。

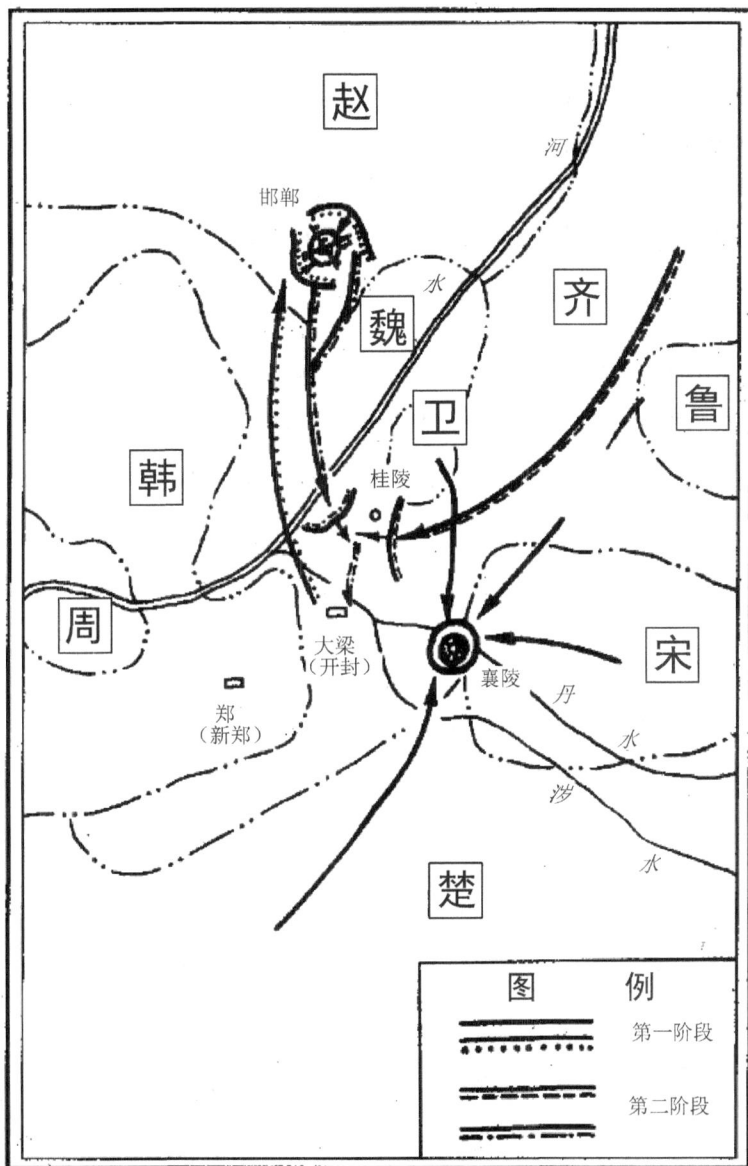

图 6-5 桂陵之战示意图

齐威王召集大臣商议救赵事宜,齐相邹忌主张不去救赵。齐将段干朋则认为"不救则不义,且不利"。他主张实施使魏与赵相互削弱,而后承魏之弊的策略。因此,先派一部分兵力南攻襄陵,以牵制魏国。待魏军师老兵疲之时,再予以攻击。这一主张为齐威王采纳,以少量军队南攻襄陵,主力暂时按兵不动。

魏国以主力攻赵,两军相持一年多。当邯郸危在旦夕,赵魏两国均已经疲惫之时,齐威王认为出兵时机到了。命田忌为主将，孙膑为军师，统率大军救援赵国。田忌打算直奔邯郸，孙膑不赞成硬碰硬的打法，提出批亢捣虚、疾走大梁的策略。他说：要解开乱成一团的丝线，不能用手硬拉硬扯，要劝解别人的打架，自己不能直接参加进去打。派兵解围的道理一样，不能以硬碰硬，而应该采取批亢捣虚的办法，即撇开强点，攻击弱点，避实击虚，冲其要害，使敌人感到形势不利，出现后顾之忧，自然就会解围了。

田忌采纳了这一建议，统率齐军主力向魏国国都大梁进军。大梁危急，魏军不得不以主力急忙回救。这时，齐军已将桂陵作为预定的作战区域，迎击魏军于归途。魏军由于长期攻赵，兵力消耗很大，加之长途跋涉，面对占有先机之利、休整良好、士气旺盛的齐军的截击，完全陷入了被动挨打的困境，遭到惨败，赵国之危困因此得解。

齐国在桂陵之战和随后的马陵之战中大获全胜，严重削弱了魏国的实力，从此，齐魏在东方形成了均势，平分了东方的霸权。

桂陵之战中，孙膑所使用的批亢捣虚、围魏救赵的战法，实际上是一次创造性运用和发展孙子虚实原则的伟大实践，数千年来为广大兵家所重视。在整个战争过程中，孙武《虚实篇》的精彩理论，如"攻其所必救"，"众者，使人备己也"，"先处战地而待敌"，"致人而不致于人"，等等，都经受了实战的检验。

学生感悟与体会

一、《虚实篇》感悟体会一

难能可贵的主动性
——由"致人而不致于人"产生的思考

ACCA92班　齐宝秦

郭德纲先生的相声里有一句话令我印象深刻："一群说相声的，一步一步苦熬苦练，终于我们也看见了花团锦簇，也知道了灯彩佳话，那一夜，我也曾梦见百万雄兵。"

作为一个相声迷，听到这句话时，我眼前浮现的是曾经的郭德纲、于谦，现在的德云社。他们插科打诨，掐架逗趣，七分笑话，三分真情。在我看来，相声圈的主动性和独立性很大程度上是郭德纲给予的。他自己的阅历也证明了相声演员不是搞笑的龙套，是体体面面传递文化和快乐的中间人，故而如今可以毫不避讳地谈起当年梦，当然，这是掌握人生主动性的美好结局。

同样是这句"我也曾梦见百万雄兵"，在《明朝那些事儿》中被作者用作了蓝玉案的最后一笔，独立成段，以蓝玉的口吻道出心声。蓝玉是常遇春的内弟，年轻时颇有理想，想要成为一代名将，跟随朱元璋打天下。但当时风云人物众多，他一直不得志，只能当历史舞台上的小配角。后来名人逐渐逝去，他终于成为主帅，统领精兵，深入荒漠，消灭北元，一战成名，毕生理想得以实现。却不想，成功后的消沉和放纵让他失去了与朱元璋周旋的能力，最终有了震惊天下的蓝玉惨案。蓝玉的结局令人唏嘘。我认为，究其原因，不过是那永不言弃的主动性。

无人能掣肘你的命运，除非你自愿将它交到别人手中。由此引入，下面联系生活见闻，谈谈我由《孙子兵法》中"致人而不致于人"产生的共鸣。《李卫公问对》中的"古代的兵法千章万句，莫过于致人而不致于人"肯定了这一条的重要性，同时也突出了它的基础性、概括性。对此，我做以下理解：要想不致于人、不困于物，就要怀揣主动的心态，主动地思考，主动地执行，主动地调整。那么如何做到"致人而不致于人"？我从以下四方面加以论述。

（一）主动的心态

《沉思录》中有言："内心的宁静是心灵进入井然有序的状态。"我们有理由相信这位古罗马大帝、哲学家的箴言。一个好心态于无形之间支撑我们走得更远。人与人的处事心态或许千差万别，但我认为好心态是有共同点的，那就是它们都包含着主动的元素。下面以苏轼为例，论述我对主动心态的理解。

林语堂在《苏东坡传》中对苏轼下了许多定义，其中最令我印象深刻的就是"一个秉性难改的乐天派"。所谓"乐天"，林先生也做了一个更为深刻的解释：耶稣所谓蛇的智慧加上鸽子的温文。他是巨儒，却始终怀有赤子之心。他乐于尝试，研究文学、书法、作画、工程甚至还有东坡肉。苏轼的成就来源于他面对生活的一次又一次主动出击，他因此收获了综合的才能和超然的快乐。

所以，牢记心灵是不可征服的。保持主动的心态，提高生命的活力。偶尔迷失在生活的大迷宫里时，摆正一个主动的心态，积极解决问题，不消极等待。

（二）主动地思考

《孙子兵法》中的庙算思想充斥全书，由此引申出了"不战而屈人之兵"的全胜思想。战场上，主动思考有助于避开陷阱，抓住要害，取得代价甚微的成功。它是为达成某种结果而专注思考，有别于被动思考，对我们意义重大。正如笛卡尔那句耳熟能详的"我思故我在"，大脑的勤奋一直很重要，下面以美国石油大王洛克菲勒和铁路大王范德比尔特的商战为例，谈谈主动思考的必要性。

洛克菲勒的崛起离不开他曾经的盟友范德比尔特。在他默默无闻时，范德比尔特已经垄断美国铁路。他企图通过合作在石油运输中谋取暴利，殊不知他的竞争对手洛克菲勒从不是软弱可欺之辈，相反他充满野心并且十分沉得住气。洛克菲勒抓住铁路公司老板的心理，又通过与炼油行业的竞争对手合作，让二者鹬蚌相争，自己坐收渔翁之利，一举垄断美国石油业。而在这场没有硝烟的战争中，助洛克菲勒摆脱铁路运输依赖的是一种新的运油方式——管道运输。这是他无数次现场考察，苦思冥想后化被动为主动的结果。与此同时，由于铁路失去了石油业的利益加持，美国逐渐由铁路时代过渡到石油时代。

这启示我们，任何被动的局面都隐藏着化解之法。主动的思考可以累加出解决问题的灵感。

（三）主动地执行

《孙子兵法·计篇》中有"攻其不备，出其不意"，讲究的是主动进攻，出奇制胜。我们常听到一个词：破局。两军对峙之时，除了智计，更需要的是敏锐的行动力。如果我军兑现命令的效率远高于敌方，便可以掌握先机，甚至弥补思虑上的不足，以下举一反例说明执行力的重要性。

王府井百货大楼曾声名远扬，更有"中国第一店"的美名，但伴随市场竞争的日益激烈，它渐失风采。王府井高层想要打破局面：1996年，他们迈出了第一步，邀请著名咨询公司麦肯锡为其设计集团的主页连锁经营方案；同年，请安达信咨询公司开发了计算机管理信息系统；1997年请麦肯光明广告公司进行了市场营销和广告总体策划。然而这所有的一切都只是纸上谈兵，没有落实在现实中。他们耗资500万请麦肯锡做的主页连锁经营方案也相当于白费。所以，再好的方案没有执行力的加持也是无用功。

《孙子兵法》有言："兵贵胜，不贵久。"行军作战讲究"速胜"，考虑得更多的可能是抢占先机和战争代价方面的优势。在日常生活中又何尝不是如此？执行力往往是大浪淘沙最直接的方式，能通过这一考验的人并不多。

（四）主动地调整

《孙子兵法》指出了"兵无常势，水无常形"的规律，又给出了"能因敌变化而取胜者，谓之神"的理想标准。这种因势利导的能力需要培养，毕竟不是每个人都乐于改变。很多时候，这种变革、调整需要承认从前的错误，或否定从前的努力。有一条投行的职场用语说道："脑子里都是想法，没有脾气。"明确事情的轻重缓急后，人自然会做出合理的选择，下面以华为公司的组织变革为例说明主动调整的重要性。

众所周知，华为是中国民营企业走向世界的代表。一路走来，无论在核心技术，还是公司管理上，华为一直追求变革，任正非这位谦逊的领头人说过："我不知道公司是否能够活过20年，如果谁要能够说出20年之后华为做什么，我就可以论证：20年后人类将不吃粮食。"这句话在华为一次次谨慎变革中得到印证。其组织变革大致分四个阶段：最初是以中国市场为中心的集权组织；2003年后伴随市场快速变化，集权结构向产品线结构改变；2007年后，开启国际化战略，地区部升为片区总部，指挥作战中心向一线转移；而后伴随国际化加深，华为新成立了"ICT融合的产品和解决方案组织"来适应ICT行业技术融合趋势。由此，我们可以看到华为狼性嗅觉的灵敏。他们紧扣市场进行调整，同时保持高度危机感，这才使得华为根基扎实，在各方势力的打击中屹立不倒。

故而，及时的变革调整、纠错改错十分重要。越是经历就越发现人应该放下那些没用的枷锁，全心全意朝目标前进。《论语》中的"不迁怒，不贰过"令我记忆深刻。每次看到这句话，就会感受到一种不惧风浪、平静前行的力量。在危机面前，冷静地止损远比止步不前、左顾右盼强上许多。

最后,总结上述四方面。"致人而不致于人"从第一次课老师名句示例时就成了我的论文选题,因为这是我认为我在大学期间最需要的品质,所以我搜集筛选了一些案例,从心态、思考、执行、调整四方面对主动性的培养做了阐述。最深的体会是:永远要把命运掌握在自己手中,带着正能量前行。

【教师点评】

《孙子兵法》中有很多脍炙人口的名言警句,这些名言流传甚广,简短的语句中包含着深刻的道理。本文作者选取了《虚实篇》中的"故善战者,致人而不致于人"一句,这和《尉缭子·战威》中的"善用兵者,能夺人而不夺于人"一样都是在阐释争取主动、摆脱被动的军事规律。正如哪吒说的"我命由我不由天",主动性永远是在生活中突围的不二法门。如何做到"致人而不致于人",作者从四个方面进行论述:要怀揣积极的心态,主动地思考,坚定地执行,适时地调整。归根结底于一点,就是难能可贵的主动性。

二、《虚实篇》感悟体会二

《孙子兵法》在生活中的应用

机械86班 李灏杰

中华武德文化源远流长,《孙子兵法》中蕴含着丰富的哲理,其观点和方法与社会生活的哲理在许多方面是相通的。随着时代的改变,那些刀光剑影只能通过电子屏幕才能进入我们的生活,而我们的生活又充满着不确定性,所以当我们面临生活中的种种困难、挑战以及意外时,我们需要做出正确的决定去应对它们。生活这场战役我们只能孤身作战,前人总结的伟大战略思想对我们来说何尝不是一件强力的武器?而我们要利用好这把武器,打赢生活之战。

(一)知彼知己

生活中的变数无处不在,该怎样应对这些变数,这需要我们对我们自己和生活有一定的了解。《孙子兵法·谋攻篇》指出:"知彼知己者,百战不殆;不知彼而知己,一胜一负;不知彼,不知己,每战必殆。"当然,对生活与自己这两者而言,了解自己比较容易,而了解生活就显得较为困难。虽然我们每天都在跟生活打交道,但生活这个敌人大到让我们不知从何处开始去了解它。既然我们很难主动地去了解生活,那么我们或许可以采取较为被动的方式去了解它,即在我们经历变数后及时进行"战后"总结,积累"作战"经验,尽管我们可能只有很小的几率能够克服变数,战胜生活,但久而久之,我们能够在一点一滴的经验积累中去了解生活,从而能够轻松应对生活,制胜生活。

(二)避锐击惰

生活是一个真实的敌人,它的部队也有它自己的士气。当生活士气十足时,我们明智的选择就是不要去跟其硬碰硬,待其士气懈怠、衰竭时,再一鼓作气,击败生活。《孙子兵法·军争篇》中指出，"故善用兵者，避其锐气，击其惰归"。生活中有数不清的"精锐部队"堵在我们前进的道路上，例如感情问题、学习问题、社会交际问题、经济问题等，当他们在生活的一声命令下一股脑地冲向我们时，我们不能随便地两手一摊，自暴自弃，让自己溃不成军，而是应该以防守的姿态扛下这些困难的进攻，再冷静分析其强弱利弊，寻找出战力最低的那个并将其击败，如此循环，逐个击破，突破生活的包围圈，用战胜困难的喜悦来奖励自己，把作战经验当作战利品犒劳自己，放松片刻后便进入备战姿态，继续迎接生活的挑战。

（三）因敌制胜

孙子在《虚实篇》中指出："水因地而制流，兵因敌而制胜。故兵无常势，水无常形，能因敌变化而取胜者，谓之神。"这句话中的"因"是"根据"的意思，"兵因敌而制胜"的意思则是要根据敌人的情况随时灵活地用兵从而取胜。虽然硝烟弥漫的战场不再出现，但战争期间的尔虞我诈、钩心斗角依旧存在，我们要善于将自己的优缺点与生活相结合。倘若生活给出的难题是我们擅长的领域，那我们就应该充分发挥我们的优势去夺取绝对的胜利；但如果我们面临的困难恰好是我们的劣势，举手投降定是下下之策，我们应该做的是竭尽全力去奋斗，哪怕是劣势，也应该在最坏的条件下尽我所能取得最好成绩。同时我们也应该学会在优势与劣势之间灵活切换，劣势中我们或许可以用优势来打破僵局，而优势中或许部分采用自己劣势的方面会取得更好的效果。

（四）完善自身

《孙子兵法》中指出："将者，智、信、仁、勇、严也。"其中，"智"指的是"智谋、谋略"，古代将军看重谋略，而现今我们的首要任务也是利用知识武装自己，有了一定的知识储备才能够在社会中有立足之地，而生活中的困难，没有什么是知识无法解决的；"信"指的是"信义"，古代看重的是信义使得军队团结统一，而当下一个人倘若没有信用，那么他必将在与生活的对抗路上惨遭失败，甚至失去他已拥有的财富；"仁"指的是"仁义"，古代的仁义更多是民心向背，而现在的仁义，则含有重感情的意义，今日多一份感情，他日多一个帮手，是我们生活中不可或缺的素养；"勇"指的是"勇武"，古代多战事，勇武之势必不可少，而今日的勇，我认为是迎难而上的勇者气概，勇者的气势可以解决一半的困难；最后的"严"指的是"纪律严明"，古代一支队伍的军纪决定着这支队伍的战斗力，而现在一个人能否严格要求自己，决定着他未来的道路宽阔与否。

时代在变，这五个素养的具体含义也在不断变化，不变的是其重要的地位，这是一个人与生活抗争的终极武器，掌握其就可以演绎出独特精彩而拥有自己与众人皆满意的生活剧本。

纵观全文，《孙子兵法》在生活中的应用有着不可估量的重要地位与价值，大学生学习《孙子兵法》可以充实自己的思维，培养理性思维能力和创新精神，培养传统人文精神，提升人格、气质、修养、情感等基本素养，树立正确的世界观、人生观、价值观，从而提高人的综合素质，让自己在未来的社会竞争中拥有一席之地。

【教师点评】

生活千变万化,让人捉摸不透,正像是那风云莫测的战场一般。古代军事家孙子在其作品《孙子兵法》中总结了许多战略思想,经研读后不难发现其中蕴含着丰富的哲理,不少战略思想不仅仅可以应用到战场中,也可以解决生活中的许多问题。本文作者结合自己的学习体会,简要讲述了《孙子兵法》在生活中的一些应用。作者的视角和感受代表了不少同学的想法,很多同学反映通过这门课程,改变了他们对《孙子兵法》的固有印象,原来《孙子兵法》可以涉及许多领域,生活中不少案例都可用其来分析,完全可以拿来解决现实问题,是掌握人生幸福之门的一把钥匙。有的同学在课程收获中说:"明白了很多为人处世的道理,感受到了很多人生的智慧,对自己的心智以及对未来的人生规划等都产生了很积极的影响。"有的同学表示:"听着老师在线上联系历史、联系实际解读孙子的相关语句,忽然感觉生活中很多疑惑的事都是可以豁然开朗的,以前很多纠结的事、郁闷的事也在心里消散解决了。"

课后思考题

1.作者在《势篇》中怎样提炼出了"势"的概念?借此来说明军事活动中的什么问题?结合个人实际,谈谈对其引申含义的理解。

2.谈谈你对奇正说的理解。

3.联系实际,谈谈你对"致人而不致于人"的理解。

4.如何理解孙子提出的"能因敌变化而取胜者,谓之神"?

5.对形势、奇正、虚实等几个重要兵学范畴进行辨析与理解。

第七章

《军争篇》《九变篇》释义

第一节 《军争篇》释义

本篇主要论述如何先于敌人争取制胜条件,取得有利的作战地位问题,并提出了"避其锐气,击其惰归"的著名军事原则。军争,指两军争利争胜,即敌我双方争夺取胜的有利条件——有利的战地和战机。军争应掌握以下原则。

一、以迂为直,以患为利

孙武认为在作战过程中,如何先敌占领战场要地和掌握有利战机,是两军相争中最重要、最困难的问题。为了争取有利的地位,他认为,必须懂得"以迂为直,以患为利"的原则。原文这样说道:

> 军争之难者,以迂为直,以患为利。故迂其途,而诱之以利,后人发,先人至,此知迂直之计者也。

这段话的意思是说,两军争利最困难的地方,在于如何通过迂远曲折的途径达到近直的目的,化不利为有利。故意迂回绕道,并用小利引诱敌人转移方向,这样就能比敌人后出动而先于敌人到达必争之地,这就是懂得以迂为直的方法了。

军队的战斗行动要做到先一着,争取主动,关键就在于战争指导者能正确处理"迂"和"直"、"患"和"利"的辩证关系,达到"后人发,先人至"的目的。孙武、伍子胥指挥的吴楚柏举之战就是一个例证。公元前506年,吴王阖闾出兵攻楚,乘船沿淮水西进,过州来后,部队登陆,联合唐蔡两国,在其向导下,经豫章迅速通过楚国北部的三个要隘(冥厄、直辕、大隧),直趋汉水。

这是商周以来规模最大的一次战争,吴军实行战略大迂回,出其不意,从楚国守备薄弱的东北部长驱直入楚境内,行动果敢迅速,充分发挥了战略奇袭的作用。

以迂为直的战例举不胜举。又譬如四渡赤水,即1935年初中央红军长征中,在贵州、四川、云南三省交界的赤水河流域同国民党军进行的运动战战役。通过在赤水河流域多次的迂

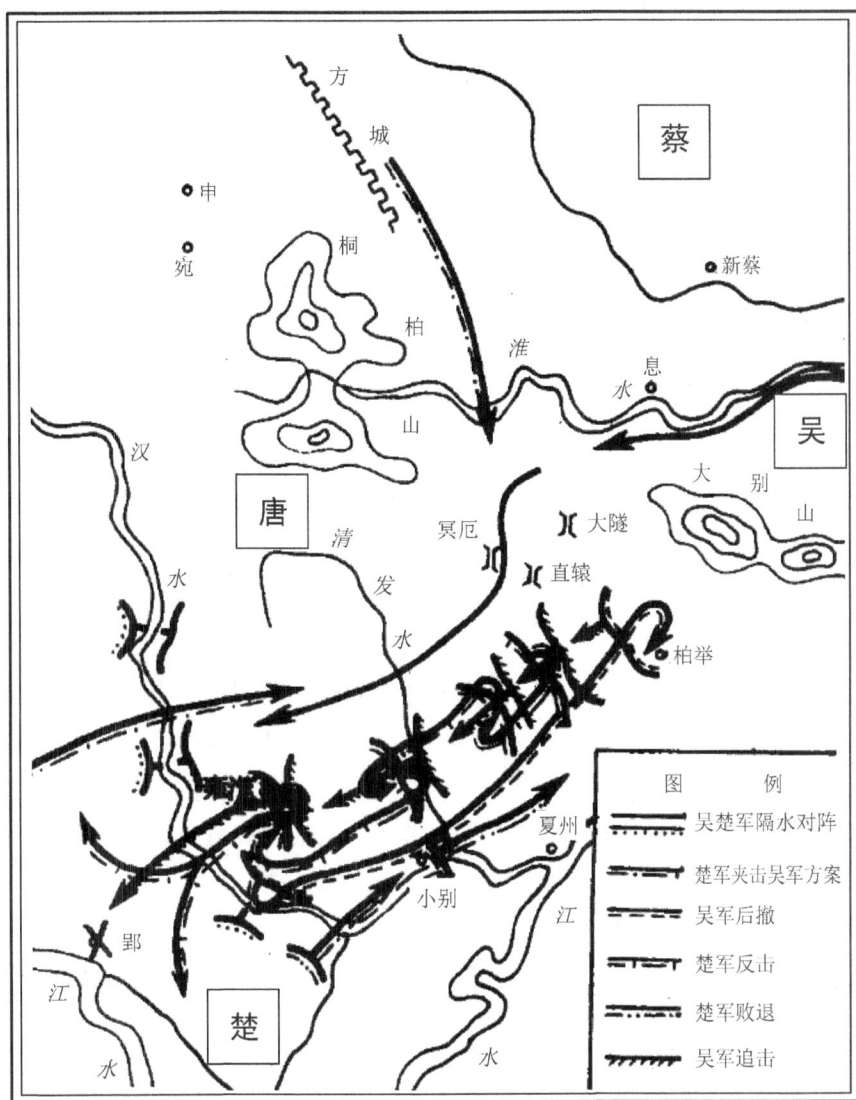

图 7-1 吴楚柏举之战作战经过示意图

回行军,最终摆脱了国民党军的围追堵截,破灭了蒋介石企图全歼红军的计划,取道金沙江渡过长江,赢得了战略的主动。

此处着重谈谈"以迂为直":用一种迂回曲折的道路来达到最终目的,尤其是不允许走直路的情况下,走迂回的路往往能更有效、更迅速地到达终点。

英国战略学家利德尔·哈特这样评价:"当我研究古往今来许许多多的战役时,首先产生出来的一个思想是,间接路线要比直接路线优越得多……在生活的所有一切领域之内,这种间接法可算是一条定律,也是哲学上的一个真理。情况表明,对于人生途径上的一切问题,使用这种方法都可以加以解决。"(利德尔·哈特《战略论》)据此,他提出了著名的"间接路线战略"。

再来看"以患为利",孙武此处本是指在军事领域,要善于把不利转化为有利,其实这句话

也可用到人生中。没有谁的人生是一帆风顺的,怎样正确看待人生的挫折和不利呢?来看明朝人家训中的一段话:

> 天欲祸人,必先以微福骄之,所以福来不必喜,要看他会受;天欲福人,必先以微祸儆之,所以祸来不必忧,要看他会救。(洪应明《菜根谭·评议》)

这段话告诫人们在社会生活中要理性辩证地看待祸福的关系。

我们以晚清名臣曾国藩为例。毛泽东年轻时代对他的这位同乡非常佩服,他曾说过,"余于近人,独服曾文正"。在曾国藩的身上,实践了儒家文化对士人的三不朽要求。梁启超这样评价曾氏:"曾文正者,岂惟近代,盖有史以来不一二睹之大人也已;岂惟我国,抑全世界不一二睹之大人也已。然而文正固非有超群绝伦之天才,在并时诸贤杰中称最钝拙;其所遭值事会,亦终身在拂逆之中。然乃立德、立功、立言,三并不朽,所成就震古烁今,而莫与京者,其一生得力在立志,自拔于流俗,而困而知,而勉而行,历百千艰阻而不挫屈。"(《〈曾文正公嘉言钞〉序》)

梁启超认为曾国藩是历史上难得一见的大人物,而与时人相比,他的资质非但不突出,而且还有些钝拙,其一生常处于逆境之中,然而其成就却震动古人,显耀当世,主要在于其志如磐石,经历百千险阻却从不屈服。曾国藩在给弟弟曾国荃的家信中说道:"谚云'吃一堑,长一智'。吾生平长进,全在受挫辱之时。务须咬牙厉志,蓄其气而长其智,切不荼然自馁也。"曾国藩平生崇尚坚忍二字,这方面的功夫他修炼到了极点,身处逆境时不要轻言放弃,这是曾氏的真知灼见。

再来看西方研究成功学的著名人物卡耐基的一段话:"我愈研究那些有成就者的事业,就愈加深刻地感觉到,他们之中有非常多的人之所以成功,是因为他们开始的时候有一些会阻碍他们的缺陷,促使他们加倍地努力而得到更多的报偿。"

我们认为这些都不是虚言,认真地咀嚼其中的道理和真谛,辩证地看待人生中的不如意与挫折,这是孙武以患为利带给我们的人生智慧。

二、军争为利,军争为危

孙子认为,军争是有利的,也是有危险的,强调在军争过程中还要处理好"举军而争利"与"委军而争利"的问题。

> 故军争为利,军争为危。举军而争利,则不及;委军而争利,则辎重捐。

举,全的意思。委,丢弃。捐,损失。全军带着所有辎重去争利,就会行动迟缓而赶不上;放下辎重去争利,辎重就会损失。因此既要行动迅速,又不能只顾轻装而丢弃辎重,只顾急进而把部队拖垮。

三、知诸侯之谋,知山林、险阻、沮泽之形

沮泽:指沼泽地带。这段话的意思是必须知道各诸侯国的动向,了解行军的道路和战场地

形,重视使用向导。

总的原则就是这句话:"故兵以诈立,以利动,以分合为变者也。"就是用兵打仗要奇诈多变才能成功,根据是否有利采取行动,分散或集中使用兵力,随情况而变。

做到了以诈立,以利动,以分合为变这三条,军队运动就可以实现"风林火山"的高标准,原文这样说道:

> 故其疾如风,其徐如林,侵掠如火,不动如山,难知如阴,动如雷震。

军队行动快速时,像狂风骤至;行动缓慢时,像严整的森林;进攻敌人时,像迅猛的烈火;驻守时,像山岳一样屹立不动;隐蔽时,像阴天看不见日月星辰那样;动作起来,就像万钧雷霆。这段话取喻于各种自然现象,描述军队在不同情况下的行动状态,非常生动传神,是《孙子兵法》中很经典的一段论述。

随后孙子提出了用兵八戒:

> 高陵勿向,背丘勿逆,佯北勿从,锐卒勿攻,饵兵勿食,归师勿遏,围师必阙,穷寇勿迫。

着重解释后三句:"归师勿遏"指对正向其本国撤退的敌军,不要去拦阻它。阙,通缺,"围师必阙"指包围敌军时要留缺口。"穷寇勿迫",对陷入绝境的敌人,不要过分地逼迫它。这几项原则历来为后世兵家所重视。

四、避其锐气,击其惰归

本篇中孙武还提出了四治之法,特别是他提出的"避其锐气,击其惰归"的军事名言,反映了战争指导中一些带规律性的东西。

> 故三军可夺气,将军可夺心。是故朝气锐,昼气惰,暮气归。故善用兵者,避其锐气,击其惰归,此治气者也。以治待乱,以静待哗,此治心者也。以近待远,以佚待劳,以饱待饥,此治力者也。无邀正正之旗,勿击堂堂之陈,此治变者也。

夺,是打击挫伤的意思,夺气,即挫伤士气。夺心,指动摇将军的决心。《吴子》说,用兵之害,犹豫最大,三军之灾,生于狐疑。古人用兵时,很重视扰乱和动摇敌将的决心。这两句的意思是说三军可以挫伤其锐气,将军可以动摇其决心。接下来,孙武指出了士气变化的规律:军队初战的时候,士气旺盛,经过一段时间,就逐渐懈怠,最后士气就衰竭了。所以善于用兵的人,要避开敌人初来的锐气,等到敌人士气懈怠衰竭时再去攻击它,这是掌握军队士气的方法。

此处先讲一讲对治气说的理解。众所周知的曹刿论战讲的是发生在公元前684年的齐鲁长勺之战,曹刿战后揭示取胜的秘诀时说道:"夫战,勇气也。一鼓作气,再而衰,三而竭。彼竭我盈,故克之。"曹刿抓住了对方士气衰竭、我方始盛这一战机,因而取胜。这是对士气运用得当而获胜的经典一战。这一战发生在春秋前期的公元前684年,比《孙子兵法》成书早了100多年。而前面讲过的城濮之战中的退避三舍也是善于运用士气的著名战例。可见我们的祖先很早就懂得这些原则的运用,这对《孙子兵法》都产生了重要影响。

接下来,讲到了治心、治力、治变的方法。以自己的严整来对待敌人的混乱,以自己的镇静来对待敌人的哗恐,这是掌握军心的方法。以自己的靠近战场来对待敌人长途跋涉,以自己的从容休整来对待敌人的奔走疲劳,以自己的粮足食饱来对待敌人的粮尽人饥,这是掌握军力的方法。不去迎击旗帜整齐、部署周密的敌人,不去攻击阵容严整、实力雄厚的敌人,这是掌握因敌而变的方法。

四治之法从四个不同的层次讲了用兵制胜的方法,言简意赅,概括性很强。

五、治心论与个人修养

此处着重说说治心。战场情况极其复杂多变,尔虞我诈,虚实莫辨,给将帅提出了极高的要求,将帅怎样应对复杂的环境?将帅是一个军队的灵魂,应当具有非凡的胆略和意志,孙武讲到,以自己的严整来对待敌人的混乱,以自己的镇静来对待敌人的哗恐。孙武还讲到:"将军之事,静以幽,正以治。"我们感觉到孙武在这里提出了为将者在心性修养方面应具备一些素质,但具体是什么,似乎又没说透。

宋代的苏洵对兵法颇有研究,在《权书·心术》篇开篇即云:"为将之道,当先治心,泰山崩于前而色不变,麋鹿兴于左而目不瞬,然后可以制利害,可以待敌。"

苏洵提出,为将之道,首在治心,即使泰山在面前崩塌,也要脸不改色;麋鹿在前面突然出现,也要眼睛一眨不眨,这样才可以控制战争形势有利与不利的变化,才可以应付敌人。苏洵不愧是古文大家,这个设喻很生动,人们对于治心说的认识顿时变得具体可感。

再以大家都熟悉的苏轼的《留侯论》为例。留侯指的是张良,此文没有讲张良在破咸阳、鸿门宴等重大场合中的事迹,而是从张良从前的一件小事说起。张良是韩国的贵族,在韩国灭亡后,张良收买刺客用铁锤在博浪沙狙击秦始皇,事发之后,隐居下邳。后有圯上拾履的故事,白胡子老者最后交给他一部《太公兵法》(即《六韬》),"读此则为王者师矣。后十年兴,十三年孺子见我济北,谷城山下黄石即我矣"。

该文的立论基础是开篇的一段话:"人情有所不能忍者,匹夫见辱,拔剑而起,挺身而斗,此不足为勇也。天下有大勇者,卒然临之而不惊,无故加之而不怒。此其所挟持者甚大,而其志甚远也。"这里说到两种人:一种是有过人之节的豪杰,一种是常见的匹夫。两者的不同表现取决于彼此的志向,志大者能忍,志小者不能忍,苏轼正是以此来考量张良行事的。

"夫老人者,以为子房才有余,而忧其度量之不足,故深折其少年刚锐之气,使之忍小忿而就大谋。"苏轼推测老人痛惜张良,所要做的正是要张良从不能忍到能忍的性情,完成从匹夫到豪杰的转化。"观夫高祖之所以胜,而项籍之所以败者,在能忍与不能忍之间而已矣。项籍唯不能忍,是以百战百胜而轻用其锋;高祖忍之,养其全锋而待其弊,此子房教之也。"在苏轼看来,张良把忍之道教给了刘邦,很多关键的时候,刘邦宁斗智、不斗力,有意回避项羽的锋芒,这是刘邦取胜的秘诀所在。

需要指出的是,苏轼此处的忍与长远的谋划紧密相连,没有后者,所谓的忍可能是单纯的懦弱退让,一无所成。

《留侯论》中,苏轼在开篇提到的那段千古名言值得大家反复吟咏,从中体会到了什么样的人生哲理呢?该文虽是在谈论政治方略,但其中也蕴含了深厚的生活道理。隔着千年的时光隧道,这段警言仍然散发着智慧之光。

刚才说了苏轼,再来说苏洵。苏洵一生虽然在科举道路上没有取得功名,但他不仅是古文大家、出色的教育家,还在兵学上颇富造诣,时人认为他有战国纵横家的风采。苏洵自认为:"《权书》,兵书也,孙武子所著常言也,《权书》为不得已而后言之。"苏洵对自己的著作深感自豪。《权书》的第一篇为《心术》,而首句就是:"为将之道,当先治心。"苏洵将其放在全书最醒目的位置上,无疑,代表了他的主要观点。为什么苏洵如此推崇此句呢?将帅又应当具备什么样的修养和素质?我想大家应当体会到了。战场的环境既险象环生,又复杂多变,为将者要有非凡的胆略和气魄,要能够沉着应对,虚怀若谷,即俗称的有定力,把持力、自制力,喜怒不形于色。苏洵此处所讲与苏轼有无相近的方面呢?其实二者都涉及同一个重要问题:所谓的大将或豪杰之士应当具备对自我情绪的非凡控制力,都应具备超强的心理素质。两人讲的是同一个问题,只不过是两人的表述方式有差异而已。苏轼的文字洋洋洒洒,将史例与论证结合起来;苏洵的语言高度浓缩,以警句的形式启发人深思。

《孙子兵法》研究的是将帅之道,有人认为它不适合一般的读者,认为这是对将帅提出的高标准,与我们普通人相去甚远。可我认为适合我们西安交大的学生,为什么?因为西安交大的学生都是各地前千分之一、百分之一的尖子生,西安交大的培养目标是对社会有影响力的精英人士,所以我们应该对自己高标准、严要求,懂得一些将帅修养论。人生亦如战场,社会生活纷繁复杂,人生道路上会遇到各种风雨的侵袭,我们要有意识地治心、炼心,炼自己的承受力,提升自己的修养和意志品质。人的一生会碰上很多事,许多事情,在当时人们觉得不得了,事后回头再看,可能完全不一样。关键是要把自己炼得心情平和、沉着老练些,炼心、治心是我们每一个人都应训练的功课,这是孙子的治心说带给我们的启示。

以上是我们对将帅修养的论述和阐发,有一些方面孙子讲到了,但或许还没有深刻展开,后人对此有进一步完善和丰富,每一位学习者在其中都可以有自己的发挥和理解,这是我们在学习《孙子兵法》时应当注意到的。

学生感悟与体会

一、《军争篇》感悟体会一

卒然临之而不惊,无故加之而不怒

——《孙子兵法》之静

钱学森81班 张逸炎

孙子著兵法十三篇,可谓词约而意丰,讲的全部都是如何克敌制胜的战略战术,全书构成

了一个严密用兵作战的理论体系。书中的内容指导了古往今来两千余年的战争之法。

时至今日，《孙子兵法》给我们又能带来什么呢？我们现在虽然处在和平的年代，但在我们现今的生活中遇到很多事情，或大或小，有时候会觉得很难处理解决，这不也都如同一场场的战争吗？当我们遇到这些"战争"时，如何"克敌制胜"呢？当我读到《孙子兵法》这本书，觉得透过全书，作者给我传达了一种冷静、客观、条理清楚、抓住问题关键本质来解决问题的思路。我认为，这样的思路对于现在我们解决问题是非常重要而且有效的。

我以前一直觉得行军作战的办法是一种不可名状的东西。比如说我以前玩过一些即时战略的游戏，当然离真实的打仗还相去甚远，但自己感觉，指挥战斗是一种这样的东西：心态影响指挥，指挥影响局势，局势又反过来影响心态。所以我会觉得指挥战斗更像是一种艺术，凭借经验指导的东西，是一种权变的思想，就是根据不同的局势和指挥官的思维方式来影响战略战术。如果要问我打仗应该怎么打，我说不出来，只能是根据当时的情况来做出决断。这就如同我这学期学的管理学，在19世纪末以前，人们管理都是凭经验的。而之后才出现了管理的理论体系，管理学作为一门学科才突飞猛进地发展。可见，光有经验是不行的，有科学理论的支持是非常重要的。

"如何用兵打仗？"同样的问题，孙武却给了我们一个臻于完美的回答。《孙子兵法》全书用一个非常"精美"的理论体系来描述作战之法。《军争篇》中有一段话：

> 故善用兵者，避其锐气，击其惰归，此治气者也。以治待乱，以静待哗，此治心者也。以近待远，以佚待劳，以饱待饥，此治力者也。无邀正正之旗，勿击堂堂之陈，此治变者也。

我觉得这段话很好地体现出了孙子解决问题的思路，面对作战这个问题，要解决的有治气、治心、治力、治变。孙子在面对两军对峙即将开战这个问题的时候，认为应当是这样的：首先，两军对峙，要保证我方是有战斗力的，此为根本，这是治力；其次，对于军队的指挥官，要以理性的心态观察大局，冷静判断情势，给出对我方最有利的指挥，这是治心；在临战之时，要使己方斗志昂扬，使敌军士气低落，使敌将决心动摇，这是治气；最后作战时，要依据情况采取措施，灵活多变，这是治变。这个原本是说不清道不明的东西，却被条理清楚、思路明确地论述了出来，不得不说孙武对于"兵者"的理解之深。

如果让一个不懂战争的人来指挥，那么临战必然会不知所措。他没有自己的对于战争的思路办法，那么只能处处处于被动。而《孙子兵法》中多处都论证了战争一定是要处于主动态势，牵制敌人，才能取得胜利。比如《虚实篇》中写道："善战者，致人而不致于人。"可见，要赢得战争，首先要了解战争，然后冷静思考，抓住重点，解决问题。所以说，作为指挥官，心态的"冷静"是第一要务。不冷静，就会慌乱、缺乏条理、无从应对，判断也会变得主观、有失偏颇，做出的决定就更加不可信任，无法引导战争走向胜利。

那孙武又是如何能够如此理智？《孙子兵法》开篇首句写到，"孙子曰：兵者，国之大事，死生之地，存亡之道，不可不察也"。足见孙武对于战争是极其重视的，而且通篇都充满了慎战的思想，如《火攻篇》中的"主不可以怒而兴师，将不可以愠而致战"。他对于这么重要的事情，为何能时时刻刻保持这样的处事冷静,思路如此清晰明了?《孙子兵法》中最著名的一句莫过于那句"知彼知己,百战不殆"。古往今来,人类历史就是一部战争史,一直处在不停息的战争之中。不计其数的将帅之中,有几个可以说出"百战也不会有危险"这样的话?那孙子何以得出这样的结论?

在《孙子兵法》中每一篇都能找到一些类似的句子:"凡战者,以正合,以奇胜。""昔之善战者,先为不可胜,以待敌之可胜。""故善战者,求之于势,不责于人,故能择人而任势。""善战者,致人而不致于人。""故善攻者,敌不知其所守;善守者,敌不知其所攻。""善守者,藏于九地之下,善攻者,动于九天之上,故能自保而全胜也。"由这样一些句子看出,孙武根据自己的认知和经历,总结出了所谓"善战者"的各种各样的特征来告诉读者,因而读者看到"善战者",就会想到自己是怎么做的,来对比得出与"善战者"之间的差距,最终知道自己应该怎么做。孙武对这些善战者是如此了解,作战之事于他自然也是胸有成竹。那他对"兵者"到底了解到什么程度呢?

在《形篇》中他写道:"昔之善战者,先为不可胜,以待敌之可胜。不可胜在己,可胜在敌。故善战者,能为不可胜,不能使敌之可胜。故曰:胜可知而不可为。"而到了《虚实篇》中却又写道:"以吾度之,越人之兵虽多,亦奚益于胜败哉?故曰:胜可为也。敌虽众,可使无斗。"在冷兵器作战的年代,军队的数量在很大程度上决定了胜败的走向,但孙武为什么说"越人之兵虽多,亦奚益于胜败哉"?孙武从昔之善战者中得出"胜可知而不可为",可为什么最后又说"胜可为也"?这两段话看上去不是前后互相矛盾吗?纵贯全书,我们再来仔细体会。《孙子兵法》中讲,用兵的最高境界是不战而屈人之兵,那么,不战怎么能屈人之兵呢?我认为,和敌人作战之前,孙武就对敌我情况、作战需要的各个条件等已经了如指掌,对于产生的变化也都筹划好了对策,而敌人对我则"深间不能窥,智者不能谋",那么不战(即还没有开战),敌人就已经输了,没有任何取胜的机会。就像书中写到的:"是故胜兵先胜而后求战,败兵先战而后求胜。善用兵者,修道而保法,故能为胜败之政。"开战之前,胜负已分,我觉得,这也算是另一种不战而屈人之兵的境界吧。

这也就是为什么《孙子兵法》全书写得这么冷静,孙武此人这么冷静,不战而胜,这才是《孙子兵法》通篇所要传达的一种战争的境界。人要去主宰战争的走向,而不是战争去主宰人的命运,"致人而不致于人"的思想展现得淋漓尽致,因此我在读《孙子兵法》之时,总有一种静定之感。像《军争篇》中"故其疾如风,其徐如林,侵掠如火,不动如山,难知如阴,动如雷霆"这句话,令我感受到孙武用兵的决绝,决绝中又现出从容不迫。《虚实篇》中又有"故兵无常势,水无常形,能因敌变化而取胜者,谓之神"。在孙武口中,用兵如神就是这么简单的一句,但这一句中又蕴含了无穷的变化。在书中的每一篇、每一段、每一句,甚至每个字,都透出了孙武的冷静,甚至冷静到冷酷,这才是《孙子兵法》所要传达的用兵之法,战争之事尽在掌握之中,从而百战不殆。

"顺,不妄喜;逆,不惶馁;安,不奢逸;危,不惊惧;胸有激雷而面如平湖者,可拜为上将。"这也似孙武所崇尚的为将之道的境界。他的冷静,使他能够抓住"用兵"的关键所在,能够理性客观地对待"用兵"这件事,这样才能有条不紊地按照自己的思路去解决问题,于是他总能占据主动,打败敌人。孙武对"兵者"的了解就如同了解自己一样,那么打仗这件事对于他来说并没有什么困难的,就像他一开篇就说的"将听吾计,用之必胜"。这就好比我们即将考试的时候,如果这门课是突击复习的,就算复习得很好也会从内心中感到害怕;可如果这门课好好学过了,不用太多的复习也是有条不紊的。

古往今来许许多多的先贤都曾经说过这样的道理,苏轼的一句"天下有大勇者,卒然临之而不惊,无故加之而不怒",让我感到了深深的震撼。所以我们面对困难、解决问题的时候,也应当学习孙武的思维、冷静与处变不惊的分析能力,以看透问题的本质,最后达到知彼知己,按照理性的思路和方法去解决问题,取得胜利。

【教师点评】

西谚有云:"有一千个读者,就有一千个哈姆雷特。"不同的读者,从《孙子兵法》收获的体悟不尽相同。在作者看来,对于如何用兵打仗,孙武给了人们一个臻于完美的回答,全书用一个非常"精美"的理论体系描述了作战之法。孙武总结出了所谓"善战者"的各种特征,在与敌人作战之前,孙武已经对敌我情况、作战需要的各个条件等方面了如指掌,对于产生的变化也都筹划好了对策。因此,在全书中的每一处都透露出了孙武的冷静,战争之事尽在掌握之中,从而百战不殆。作者独具慧眼,以"《孙子兵法》之静"作为论述的重点,并联系苏轼在《留侯论》中的名言"卒然临之而不惊,无故加之而不怒",以此为题,倡导人们学习孙武的思维,一种冷静、客观、条理清楚、抓住问题关键本质来解决问题的思路。

二、《军争篇》感悟体会二

"风林火山"对个人及团队发展的启示与现实意义

电信041班　韩岳林

《孙子兵法》六千言十三篇,洋洋洒洒,其中诸多名句依然光彩夺目,历久弥新。本文主要选取《孙子兵法·军争篇》中"其疾如风,其徐如林,侵略如火,不动如山"这四句进行重点分析。这四句话的世界影响不可谓不大,我国邻国日本便对此句情有独钟,古往今来产生了诸多文艺作品对其进行不同方面的解读。而其中颇负盛名的便是日本名将武田信玄所总结出的治军纲领:风林火山。总而言之,这段话的实用效益,十分重大。

此四句话大意为:部队行动迅速,如飞旋之飙风;行进从容时,如稳固之森林;攻城夺地时,如迅猛之烈火;驻守防御时,如峙然之大山。可以看出,这是对于行军指挥要素的高度概括。而笔者认为,《孙子兵法》流传千古未曾黯淡,很大程度上便是由于《孙子兵法》中诸多论述对于人们生产生活各个方面均有指导意义。所以,笔者主要分析"风林火山"对于我们自身处事及发展的重要作用。

（一）风林火山之我见

1.其疾如风：兵贵神速，快人一步

其疾如风，时不我待，只争朝夕，以速为胜。行军时速度的重要性不言而喻，在日常生活中，速度也是十分重要的一个因素。其实，关于速度重要性的讨论，爱因斯坦早就在质能方程中给出了答案。在物理问题中，一个物体的能量大小取决于他的质量与光速。其实，我们不妨把物理知识与日常生活结合起来，一个人行事的速度便可彰显此人处事能力的大小，而从一个军队行军的速度便能对战争的胜负略探一二，一个团队的办事效率很大程度上决定了这个团队的上限，对事情速战速决、不拖泥带水，无疑是一个人、一个团队十分重要的能力。

正如俗语所言："不是大鱼吃小鱼，而是快鱼吃慢鱼。"抢先战略，速度优势尤为重要。例如，美的在空调领域打赢翻身仗，就是抢先占领变频市场，才得以扭转局面，改变空调界的格局。而在当今这个快节奏的世界中，速度就是机会，速度有时便可决定成败，所以，兵之情主速，生之道、事之理亦是如此。

2.其徐如林：井然有序，有条不紊

对于个体而言，做事有条不紊，井井有条，才不会使自己陷入手忙脚乱、毫无头绪的境地，才可让自己的生活有规律。而对于一个群体、一个团队而言，"其徐如林"便是这个团队的组织纪律是否严明、要求是否严格的重要体现。古往今来，有无数这样的案例诠释着相同的道理：岳家军正是由于军纪严明，团队凝聚力强，才能在诸多大战中令敌人闻风丧胆，所向披靡；华为正是由于完备的战略布局才能抵抗外国的重压；IBM正是由于有效的团队管理理念才能让其能够抵抗时代的波涛，依旧十分强大。这也无时无刻不在告诫我们，让生活有规律，让处事有条理，让管理有层次，一个人、一个团队才能长久发展。

3.侵掠如火：把握机会，势不可当

侵掠如火，意思即为行动的阵势如火一般，或者我们可以这样认为：侵掠如火，就是快准狠的文艺性表达。机会来临时，不自乱阵脚，不畏首畏尾，不瞻前顾后，当机立断，一鼓作气，一步到位。行动快准狠，可以说是对于速度与力度的高层次、全方位的要求。

多少人，曾经因为无法把握机会而功亏一篑；多少人，也因犹豫不决而错失良机；多少人，因为能力不足而只能望洋兴叹。做事如熊熊烈火一般，这说起来十分容易，而执行起来则是对一个人、一个团队的真实实力的大考验。

所以，执行力的强弱，与成功有着极大的相关性。诸多企业战略性转型获得绝处逢生的机会，靠的便是高效的执行力。而执行力的高低，对于我们的人生，也有着极为深远的影响。

4.不动如山：韬光养晦，稳如泰山

静若处子，动若脱兔。不鸣则已，一鸣惊人。不动如山，动如雷震。任何平淡之后的厚积薄发，都是台上一分钟、台下十年功的再次呈现。现代人们的浮躁，或许正是缺少不动如山的稳重。现在的许多人，大都习惯了快节奏的生活，有时有些事没有准备就贸然行动，肯定会徒增诸多麻烦。不动如山便是要求你在风平浪静时不轻举妄动,但也要做好防范的万全之策,这既是定力的考验,也是告诫人们要稳扎稳打、脚踏实地。

在风平浪静之时,既要不动如山,以不变应万变,又要加强戒备,提高警惕,但也不能无动于衷。此时正是韬光养晦、厚积薄发之时,对于个人及团队都是如此。无数团队靠着这种时机弯道超车,后来居上,之后便一挥而就,占领高地。无论是掩人耳目的楚庄王,抑或是隐忍的李东阳,都彰显了"不动如山,动如雷震"的威力。又如华为,十几年前就已经预料到自身发展壮大后可能会遭受美国的封锁,所以一直在加大科研经费的投入,默默地进行操作系统及高性能芯片的研发。而那一刻真正来临时,鸿蒙问世,海思亮相,一定程度上缓解了压力,突破了美国的封锁。在相对稳定阶段,不轻举妄动,但又主动寻找破局之道,才能在关键时刻动如雷震,实现突围。这对我们,意义深远。

(二)总结与感悟

以上重点剖析了"其疾如风,其徐如林,侵掠如火,不动如山"的现实意义。我们可以看到,这四句话在实际生活中的应用,往往是互有补充。遇事不明时不动如山,胸有成熟时行疾如风。一个人如果同时做到这四点,那么这个人的行为效率与思想高度便已经达到了足够强大的境界;而一个团队如果能够做到这四点,那么这个团队即使不是坚不可摧,也可以说是百战不殆了。小而言之,这段话对于为人处事有着重要的指导意义与借鉴功用;大而言之,这段话对于自身人格的完善、对于团队凝聚力的形成,都有着潜移默化的影响。

如此而言,这原本战争的用兵之策、取胜之道,历经时间的打磨,让人们能够无数次地从其中找到深入人心的道理。《孙子兵法》之所以能够绵延至今,是因为其思想历久弥新,无论在各个领域,都有值得借鉴的意义。时机到来时疾如飙风,风平浪静时不动如山,天地清浊各有,我亦动静相合。如此说来,这些观念在战争的胜利、科学的探索、哲学的思考、文学的艺术、处事的道理等各方面均各有应用,亦各有千秋,让人不由得对《孙子兵法》这一无穷无尽的宝库感叹万分。

可以说《孙子兵法》就如一片幽静的山谷,里面充满着各色的云彩、各式的奇观,沉默不语,但只要你愿意去探索,那么,《孙子兵法》中的每一句话都是一个泉眼,背后的源头有多深、有多远,身后的支流有多少,都值得我们去发现。而《孙子兵法》对于我最大的影响便是这一点,它不仅能让你不断完善自我,还总能让你耳目一新。所以,当峨冠博带都已零落成泥,崇楼华堂也都沦为草泽之后,那流传千古的十三篇六千文,却能镌刻山河,雕镂人心,永不漫漶。其魅力,或许就在于此吧!

【教师点评】

"其疾如风,其徐如林,侵掠如火,不动如山"一句出自《孙子兵法·军争篇》,日本战国时期的名将武田信玄据此抽绎出了"风林火山"四个字。由于武田的推崇以及他本人的声望,"风林火山"四个字在日本的影响极大,经常出现在很多能体现日本特色文化的地方,由此可见《孙子兵法》在日本的影响力。一支优秀的军队在行军作战时应当具有何等精神风貌?孙子取喻于大自然,喻象简明生动,让人回味无穷。本文主要论述这几句话对于个人及团队发展的启示与指导意义,作者联系现实,条分缕析,深入辟里,不乏智慧与妙思。读者如果用心体会的话,一定能够从这四个字中收获到人生成长的感悟。

第二节 《九变篇》释义

本篇主要论述作战中识别和利用地形以及因情施变的机断处置问题。考虑问题要兼顾利害两个方面,并提出了有备无患的备战思想。

题解:九变,是指多变的意思。这个变着重强调不拘常法,临事而变,适宜而行,即视具体情况采取灵活应变的机断措施。

一、释义

本篇讲了以下四个问题。

(一)灵活用兵

孙子提出五个"有所不"。原文如下:

> 塗有所不由,军有所不击,城有所不攻,地有所不争,君命有所不受。

翻译成白话文:有的道路不要通过,有的敌军不要攻击,有的城邑不要攻占,有的地方不要争夺,有的国君的命令也可以不执行。下面举几个例子来进行阐述。

塗有所不由。塗,通"途",道路。公元前 154 年,汉将周亚夫率军自长安出发,东攻吴、楚叛军,传统上,从长安去洛阳最近便的路线是东出函谷关,经崤山、渑池直趋洛阳,当东行至霸上(西安东)时,有一个叫赵涉的士人建议,应当避开吴楚设置于崤山、渑池之间的间谍和伏兵,于是周亚夫改变原来路线,走蓝田、出武关(今陕西丹凤东南),绕道一二日的远路,结果顺利地会师洛阳,为平定七王之乱创造了有利条件。

城有所不攻。公元 617 年,李渊在占领霍邑之后,进军到龙门,以主力围攻河东,河东隋军守将屈突通凭坚固守,李渊屡攻不下,为贯彻其"乘虚入关,号令天下"的意图,便决定暂时绕过河东,直取长安,结果很快就攻下了长安,夺取了关中,河东守将屈突通被迫投降。

孙武为了防止将帅因死用原则而招致失败,明确地提出了五个"有所不"的主张,其中既包含要求将帅根据具体情况灵活处置,也包含有所不为才能有所为和要有所取就必须有所不取的朴素辩证观点。孙武认识到,为了达到预期的作战目的,对那些从全局看来无关紧要的目标,则应坚决不击、不攻、不争。只有这样,才能达成作战行动的主要目的。

(二)杂于利害

> 是故智者之虑,必杂于利害。杂于利,而务可信也;杂于害,而患可解也。

聪明的将帅考虑问题,必须兼顾到利害两个方面。在不利的条件下,要看到有利的因素,大事才可顺利完成;在顺利的条件下要看到不利的因素,祸患才能解除。

古人早就看到利害祸福之间相互转化的关系。《淮南子》:"塞翁失马,安知非福?"《道德经》:"祸兮福之所倚,福兮祸之所伏。"这些故事和警句蕴含了深刻的人生哲理,经久不衰。

（三）有备无患

> 故用兵之法,无恃其不来,恃吾有以待也;无恃其不攻,恃吾有所不可攻也。

用兵的法则是,不要寄希望于敌人不来,而要依靠自己做好的充分准备;不要寄希望于不进攻,而要依靠自己拥有力量使敌人无法进攻。在备战思想上,孙武提出的这一观点,强调任何时候都不要把希望寄托在敌人不来、不攻上面,而要充分准备,使自己无懈可击,使敌人无机可乘。

（四）克服"五危"

> 故将有五危:必死,可杀也;必生,可虏也;忿速,可侮也;廉洁,可辱也;爱民,可烦也。凡此五者,将之过也,用兵之灾也。覆军杀将,必以五危,不可不察也。

将帅有五种致命的弱点:只知道死拼可能被诱杀,贪生怕死可能被俘虏,急躁易怒可能中敌人轻侮的奸计,廉洁顾及名誉则不免受辱,一味爱民而不审度利害则会被动烦劳。以上五点,是将帅易犯的过错,也是用兵的大忌。军队覆灭,将帅被杀,必定是由于以上五种危险引起,不可不充分注意。

在本篇的结尾处,孙子语重心长地叮嘱作将帅的人:要防止自己性格上"必死""必生""忿速""廉洁""爱民"等五种缺陷,避免导致"覆军杀将"之祸。

二、举例

《九变篇》虽然在全书中篇幅最短,但其隽永的语句中蕴含着深刻的哲思,耐人寻味。下面着重对"有所不"和"智者之虑"两个观点进行分析。

（一）"塗有所不由,军有所不击"——在某些利益面前,要懂得舍弃,学会拒绝

孙武这段话启示了一个深刻的道理:指挥者在激烈的战争对抗当中,一定要懂得舍弃的艺术,要学会拒绝,敢于拒绝,善于拒绝。人们一般多看到的是有所为,有所取,忽略了有所不为,有所不取。其实,对于一个成熟的战略决策者而言,这是对他的战略定力的考验,放弃诱惑、学会拒绝,正是体现了他对主要战略目标坚定不移的追求。从辩证的角度看,割舍是另一种意义上的获得,拒绝意味着回报,这是战略决策、战略执行的艺术。如果总是舍不得丢掉一些东西,它就会变成负担,分散精力、人力和财力,就会形成那种无所不备、无所不寡的局面。

以企业战略决策为例。苹果公司首席执行官蒂姆·库克在清华大学的一个对话活动中,

有学生问到"在过去3年中哪些是你做的最困难的决策"时,库克回答说,最难的是"决定不做什么",因为苹果公司有太多伟大的、令人兴奋的想法。学生又问道,是不是要从好的想法中选择最好的想法,去掉次好的想法? 令人惊讶的是,库克说,我们所有的想法都是最好的想法,但苹果公司只能选择其中一种,并努力把它做到极致,其他的都会果断放弃。这个故事带给我们什么样的启发呢? 无独有偶,中国商界的传奇史玉柱在经营巨人大厦失败后,走了一段长征路,他讲了这样一段话:整个中国市场目前可以说到处都是机会,不怕没有机会,重要的是怎样去善于拒绝这些机会,对于争取机会和拒绝机会这两种不同选择,后者在战略上可能更难。以上举的两个例子是对企业的战略决策而言,拒绝意味着对某些机会的放弃,这对领导者是一个巨大的考验。

以上是对战略决策者而言。那么在人生的道路上,有无这样的时刻? 同学们有没有过相似的经历? 特别是处在青年学生的这个阶段,同学们面临着多种选择的可能性,当面临各种各样的机遇、诱惑时,经常会举棋不定,犹豫不决,到底该如何选择,何去何从? 有所不为方能有所为,有所舍弃方能终有所得,这应该成为我们选择时的一条依据。在20岁左右的青年阶段,很多人往往会有很大的野心,认为人生可以成就无限的事业,而到了中年阶段,方沮丧地发现人生苦短,可以成就的事业非常有限。人生如白驹过隙,选择最有价值、最有意义的事情,专心致志地做下去,才会终有收获。

(二)"智者之虑,必杂于利害"——孙子的大战略观教导人们考虑问题一定要利害兼顾

我们要特别注意孙子用的这个"杂"字。他告诉我们,利与害错综复杂地交织在一起,共同存在于一个事物内部,所以,我们必须把利与害作为一个统一体来看待。世间既没有绝对的利,也没有绝对的害,在看到一个事物的好处的同时,也得看到它的坏处;在接受它的利的同时,也要接受它的害。

正因为利害一体,不可分割,所以如何选择不是一件容易的事,人们往往为一时的利益所迷惑,趋利而避害,真正具有战略眼光的决策者会综合考虑各方面因素,不为一时利益所蒙蔽,而是着眼于长远和根本,看它到底是利还是害。下面我们以一个大型的水利工程为例。都江堰水利工程举世闻名,它造福了成都平原,其实,先秦时期,在我们关中地区也有一个水利工程同样很出名,那就是郑国渠。

郑国,战国末年韩国(今河南中西部一带)人,著名水工。公元前246年,秦王嬴政刚即位,郑国奉桓惠王之命西去秦国,劝说秦王兴修水利工程,企图使秦国把注意力放在国内,无暇东顾。施工中秦王发现郑国来秦是韩王的"疲秦"之计,怒而欲杀郑国。郑国辩解说:"始臣为间,然渠成亦秦之利也,臣为韩延数岁之命,而为秦建万世之功。"意思是说,我一开始确实是间谍,但渠成之后,对韩国不过苟延残喘几年而已,却为秦国建立万世之功。秦王认为有理,命他继续修渠,渠道终于建成。郑国渠的建成具有很好的经济效益和政治效益,《史记》这样说道:"渠就,用注填阏之水,溉泽卤之地四万馀顷,收皆亩一钟。于是关中为沃野,无凶年,秦以富强,卒

并诸侯,因命曰郑国渠。"渠修成之后,用含泥沙量较大的泾水进行灌溉,增加土质肥力,农业迅速发达起来,雨量稀少、土地贫瘠的关中,变得富庶甲天下,秦国因此而富强,最终统一了诸侯。为纪念郑国的功绩,时人遂称该渠为郑国渠。

郑国渠的作用不仅仅在于它发挥了 100 余年的灌溉效益,而且还在于它首开了引泾灌溉之先河,对后世引泾灌溉发生着深远的影响。秦以后,历代继续在这里完善其水利设施。至今,在陕西泾阳仍然保存着历代引泾渠首遗址。

还有一个相似的例子,工程浩繁、劳民伤财,然而一朝建成,却利在后世。大家肯定想到了,没错,就是京杭大运河,古称汴河。晚唐诗人皮日休有一首诗《汴河怀古》:"尽道隋亡为此河,至今千里赖通波。若无水殿龙舟事,共禹论功不较多。"人人都说修造汴河导致隋朝灭亡,可是至今南北通行还要依赖此河。如果没有打造龙舟纵情享乐之事,隋炀帝赫赫功绩几乎可比治水的大禹。这正是所谓"在隋之民不胜其害也,在唐之民不胜其利也"。

以上的例子告诫人们在面临这种重大选择时要着眼于长远利益,不能短视,但我们不要忽视还有一种情况,就是陷入了选择的困境中,犹豫不决,困步不前。这里举一个布利丹驴的故事。14 世纪,法国经院哲学家布利丹在一次讨论中讲了这样一个寓言故事:"一头饥饿至极的毛驴站在两捆完全相同的草料中间,可是它却始终犹豫不决,不知道应该先吃哪一捆才好,结果活活被饿死了。"大家听到这个故事可能会发笑,这真是一头蠢驴!这是一种夸张的比拟,但何尝又不是对那些执着于选择之中的一类人的嘲弄吗?这个故事提醒人们,很多时候选择的优劣高下利害都是相对而言,不必在此流连纠结太久。最可悲的是那种在选择的天平左右两端徘徊不前的人,白白地耗费了时间和精力。对青年学生而言,面临最大的选择是什么?高考填报志愿,考研报考学校、专业,毕业后的去向抉择,大家在选择时,总是慎之又慎,唯恐出差错,甚至不乏有人在做出选择之后,后悔不迭,一蹶不振,生出一失足成千古恨的叹息。大家想想,你身边有无这样的例子?正确的认知是什么?如果学弟学妹让你推荐最理想的专业,你会推荐哪个专业?你又有什么好的建议?

"智者之虑,必杂于利害"告诉我们,世上没有绝对的利,也没有绝对的害,利害相生,好坏都是相对而言,没有绝对的好专业,也没有绝对的差专业,选择固然需审慎,但更重要的是,一旦选择了自己要做的事情,就要一心一意、心无旁骛地坚持下去,这才是最重要的。《未选择的路》很多人都读过,它是美国现代诗人弗罗斯特创作的一首哲理诗:

> 黄色的树林里分出两条路,
> 可惜我不能同时去涉足,
> 我在那路口久久伫立,
> 我向着一条路极目望去,
> 直到它消失在丛林深处。
>
> 但我却选择了另外一条路,
> 它荒草萋萋,十分幽寂,

显得更诱人,更美丽;

虽然在这两条小路上,

都很少留下旅人的足迹。

…………

　　《未选择的路》创作于 1915 年。诗中说道:"黄色的树林里分出两条路,可惜我不能同时去涉足",诗人以此意象烘托人生歧途,引起了人们情感上的广泛共鸣,因而广为传诵。选择是我们每个人终其一生都会遇到的问题,《孙子兵法·九变篇》中的战略思维,在人生歧途上起到了指点迷津、醍醐灌顶的作用。

学生感悟与体会

一、《九变篇》感悟体会一

将有九变,麾指一方

信计 91 班　陈曦

　　"塗有所不由,军有所不击,城有所不攻,地有所不争,君命有所不受。"

——《孙子兵法·九变篇》

　　在孙子的作战理念中,"变"最能体现战场上的作战指挥艺术。战争没有固定的套路,不拘泥于常理而灵活变化地指挥军队,是成为一个优秀将领的基本要求。

　　船在茫茫的大海中航行,海浪会使它偏离航向,不知过了多久,人们才猛然醒悟,一次次微小的偏角已经把他们带向了一片陌生的海域。舵手需要不停地调整船头的方向,将帅需要根据时局来调动军队的部署,他们的目的都是为了少走弯路,达到既定的目标。因此,"九变"的军队并非改变了战略目标,相反,只有明确了自己的战略目标,才能在战场上作出最有利的战术调整。

　　那么,在战场上如何去变化呢?最关键的就是要做到明确目标,趋利避害。孙子说,塗有所不由,就是有的道路不要去走,其语言精练而简单。要体会出他的核心思想就应该这样翻译:没有必要走的险道不要去走。如果通过一条道路而把自己置身于危险之地,容易被敌人伏击,而敌方的要害却不在那边,收获不是很大,这样的道路不要去走。同样,"军有所不击"可以理解成:没有必要攻击的军队不要去攻击。如果战斗的目的已经达到,就不用再出兵了,穷途末路的敌人若是紧追不放,必会死战。例如,官渡之战后,曹操欲战袁绍的两个儿子,这时郭嘉力排众议,提出不进攻,而是南击刘表以待其变。原来袁绍的两个儿子尚和谭向来不和,如果进攻,他们就会合力反抗,战胜他们就要付出很大的代价,如果不进攻他们就会起内讧。果然,当曹操做出攻打刘表的样子后,二袁为争地盘而大打出手,曹操此时回去各个击破,大获全胜。

　　孙子说,没有必要占领的城池不要去攻打,没有必要争夺的地势不要去争。战争中不应被一些小得失而诱惑。哲学家主张,要把主要力量用于解决主要矛盾也是这个道理。路途中的一些小城,粮草充足,去攻打的话他们可以闭守好久,攻下就会花费很多的时间,而守城又会调用一部分的兵力。把兵力用在和战局关系不大的地方,这就是没有认清目标的结果。战斗时有些地方虽有"兵家必争之地"的说法,但也并非真的不能放弃。国内革命战争时期,国民党对中央革命根据地进行围剿,毛泽东主动放弃地势,诱敌深入,和蒋介石打起了游击,先后几次挫败了蒋的行动。这种"大步进退,诱敌深入,集中兵力,各个击破,运动战中歼灭敌人"的方法在抗日战争中十分有效地打击了敌人。

孙子还说,君主的命令若是不利于战势的不要去听从。在古代战争中,一直是将领在前线带兵打仗,正由于战场局势瞬息万变,君主的命令即使当时有效,传到军中时也未必是最佳的。作为将领,不能每做出一个决定都向君主汇报,更不能接受不当的命令而坑害了全军。从另一个角度讲,君王只有信任自己的将领,授以全权,才有可能使战争达到最有利于自己的结果。

一些在战争中看似理所当然的事,在《九变》中也不一定要去做。在孙子看来,做与不做关键看能否用最小的代价达成既定的目的。在商业博弈中,选择做与不做同样要冷静、全面地分析利弊。

奥卡姆剃刀定律告诉我们,事情不是越复杂越好,相反地,真正和事物相关的因素只有几个,剃除一些不必要的因素,把注意力集中在关键的地方,才能最有效率地完成任务。著名的惠普公司以前是单做打印机的,在2000年美国经济危机时以大量资金并购了第二大个人电脑制造公司康柏。当时,由于个人电脑没有打印机的利润大,而康柏"薄利多销"的公司理念也与惠普提倡创新的理念格格不入,因此公司内部很多人反对并购。可惜当时的总裁没有听取员工的建议,并购之后,每年要投入大量的资源用于个人电脑,使得惠普的原有优势不再明显,而个人电脑也在强大的市场竞争中举步维艰。戏剧性的是,几年后的IBM公司做出了与惠普完全相反的决定,卖掉了自己的个人电脑,把重点转向了超级计算机等领域。

一个公司要认清自己的目标才能做出最有利于发展的选择,同样,生活中也要认清前进的方向,才能变通地选择什么该做,什么没必要去做。有一个老板要招司机,很多人来应聘,经过多次淘汰,最后确定了4个经验丰富的人。但是这个老板只要一个司机,于是问他们:"你们能将车开到离悬崖边多近的地方呢?"第一个人说:"我能开到1米近的地方。"第二个人听了,怕自己表现得不如他,就说:"我能开到半米近的地方。"第三个人一听急了,说:"我能开到30厘米。"结果第四个人说:"我没试过,也不知道我能开得多近,但我一定会开得越远越好。"老板于是选了第四个人做他的司机。因为老板不会在意你能把车开得多么高难度,他最关心的是自己的安全,别的司机非要在"能将车开到离悬崖边多近"这个问题上争个高下是没有意义的。

孙子的兵法是战争的艺术,也是战争的哲学。人生中时常要做出一些选择,孙子告诉我们,在认清自己目标的前提下,应当选择去做最容易实现目标的那件事,而放弃做一些没那么容易实现或是不利于实现目标的事。所以在选择做不做一件事时,一定要仔细分析其中的利害关系,不能盲目地跟风从大流,而耗费了不必要的精力。每一次的选择,都是一次小小的变化,而梦想就像远方的小岛,只要不停地调整航向,保持大方向不变,就可以到达。

【教师点评】

该文论述精辟,思路清晰,从兵法艺术到人生艺术,体现出作者卓越的思考能力。作者虽然年轻,但文中涉及的人生智慧却值得终生体悟。战争没有固定套路,不拘泥于常理,灵活变化,是成为一个优秀将领的基本要求。在孙子的作战理念中,"变"最能体现战场上的作战指挥艺术。换句话说,兵法是一种思维方式,其最大的特点就是没有什么是不可以的。孙子用五个"有所不"来说明此一点,人们通常知晓和熟悉的是有所为,对有所不为却不大关注和了解。孙子的这一思想包含了一种方法论,提醒人们选择的艺术,在战争中把兵力用在和战局关系不大的地方,就是没有认清目标的结果。同样,在人生的道路中,人们常常也会陷入选择的困惑中,就像诗歌《未选择的路》中所烘托的意象一样,面临选择时会踟蹰犹豫、徘徊不定,这时,我们一定要仔细地分析其中的利害关系,不能盲目地跟风随大流,有所不为方能有所为。

二、《九变篇》感悟体会二

"杂于利害"之于生活

应数81班 郑宗焜

"是故智者之虑,必杂于利害。杂于利,而务可信也;杂于害,而患可解也。"这句千古名句出自《孙子兵法》中的《九变篇》。"九变"是指多变的意思。古有"九者,数之极"之说,"九"作为阳数之极,深受楚人崇敬。而在此"九"泛指多而非实数,"变"则是根据特殊情况和具体形式而采取灵活应变的机断措施。所以本篇主要讲述根据具体情况多次采取应变措施,以求克敌制胜。

"是故智者之虑,必杂于利害"意为聪明的将领在考虑问题、制定战略的时候,一定要兼顾利与害这两个方面。其重要性毋庸置疑。且看二战日本偷袭珍珠港事件,精心的计划和筹备使日本偷袭成功。一切都经过深思熟虑、精心策划,唯独没有考虑其中的"利害"。日军只看到偷袭珍珠港会使美军损失惨重,却没有考虑到偷袭后会唤醒一个沉睡的巨人。他们若能提早参透《九变篇》中这句名句的内涵,就能够知道此举无异于自取灭亡。

《孙子兵法》虽然是一部兵书,但是我们如果能够将其灵活运用于生活当中,却也能受到不少启发。孙子认为,凡世间之物,均有其两面性。所以战争也一样有利与害两个方面。只考虑战争之利,难免会导致盲目进攻;只考虑战争之害,又不免畏首畏尾,错失良机。同样,在生活当中,只看到利或者只考虑害都会误导我们做出错误的选择。

于生活当中,如果我们事事只见其利,轻者会让我们判断错误,重者将致使我们误入歧途。王安石笔下方仲永堪称世间奇才,其父却不认真培养孩子而带着孩子四处拜访,贪图蝇头小利,才有了后来的仲永"泯然众人矣"。现实生活中也不乏此类例子。设想,若股民只会在股票涨的时候看到其利益,必然导致全盘皆输,任他人谋利。只看到事物利的一面,而未看到其害,终会导致得不偿失。这种人可以说是急功近利,不计后果。

如果我们事事只见其害,那么我们遇到任何事情都不会有信心和勇气去做,从而坐失良机，平庸一生。有些父母看到从军之苦而反对孩子从军，殊不知误了多少有将才之人；又有多少人惧怕投资风险大而放手了一个又一个天赐良机；更不知有多少国家看到需要巨额经费之后放弃了对种种先进科技的研究。只看得到事情害的一面的人，往往做事扭扭捏捏、畏首畏尾，遇见良机更是投鼠忌器，迟疑不进，最后一事无成。

"祸兮福之所倚，福兮祸之所伏。"《道德经》第五十八章中也提到了福祸相依，凡事都有其两面性。眼前的利可能会导致最终的害，眼前的害也可能只是最终的利的前兆。只考虑眼前利害，贪图蝇头小利断不可取，而应该着眼于最终的胜利。那么如何在生活中处理好各个方面的矛盾，才能让我们"笑到最后"呢？一言以蔽之，即"杂于利害"。

正如《九变篇》所述："杂于利，而务可信也；杂于害，而患可解也。"孙子告诉我们既要充分考虑到有利的方面，从而坚定信心和勇气，即或在困难的情况下也要看到有利的因素；同时也要考虑到不利的一面，从而保持清醒的头脑，多发现些困难和可能遭受的挫折，把可能发生的祸患尽早消除。正所谓"人无远虑，必有近忧"。在生活中不论遇到什么事，我们都应该把眼光放远了看，以求长远的利益、最终的胜利。面对生活当中数不胜数的矛盾，"杂于利害"方为解决之道。譬如办案人员在办案的时候发现对象是自己的亲人，是秉公断案还是徇私舞弊？是故"自古忠孝难两全"，这便是生活当中一大难以解决的问题。但是如果我们能够联想起"是故智者之虑，必杂于利害"这句话，我们便能进行冷静的分析。如果我们选择了放亲人一马，也许我们能够受到亲人的感激，收获亲情。但再细想，私放有罪之人，一方面纵容了犯罪，另一方面自己以私废公更加是在触犯法律。如此考虑，我相信大部分人都会选择秉公执法，顾全大局。这种生活中鲜明的例子不胜枚举：如果我们能够"杂于利害"，考场上一个个作弊行为就断不会发生；如果我们能够"杂于利害"，就不会有一次次诈骗的得手；如果我们能够"杂于利害"，就不会有一桩桩骇人听闻的跳楼事件了……作为大学生，这些例子往往就发生在我们身边。其原因就是这些大学生在处理生活中的矛盾的时候只顾眼下而做出了错误的抉择。他们只看到了卷面分数之别而忘却了诚信，只见贷款之便而无视其后利息骗局，只贪图一时解脱而不见亲人的肝肠寸断。可见"杂于利害"至于我们生活中的点点滴滴，尤其是大学生活，可谓举足轻重。

然而，对于这句话，有不少人却只是知其然而不知如何为之。所谓"杂于利害"，即兼顾事情的利与害两个方面。在生活中遇到矛盾而想要做出决定之前，应该三思而后行。先考虑做这件事我能够收获什么，又会因此失去什么，再从长远的角度来考虑做这件事最终是利大于弊还是得不偿失。其关键之处就在于不能急功近利，只看眼下，也不应遇到难题就望而却步，知难而退，而应该放眼未来，看到最后的结局，方能做出最好的决定。

作为一名数学专业的学生，我也有一些其他看法。我认为"杂于利害"也好似数学中把一个个事件进行量化，也即求解数学期望。具体来说，就是量化得到的收益和获益的概率，再量化可能失败的概率和失败造成的亏损，进而求得最后的期望，其正负便决定了利弊孰多孰少。但须知世间万物并不可以如数学般具体量化，而且事情关系错综复杂，之间的联系也并非只是简单加和，所以并没有所谓的精准预测，我在此也只是借此浮想联翩。

此外，我认为，如果把"杂于利害"再稍微升华一下，便是"趋利避害"。如果我们只是杂于利害,可能只能够在做与不做之间作抉择,而无论做与不做都可能会有相应损失,要真正寻求最优解,"趋利避害"是必不可少的。这就是说我们在遇到矛盾时,不轻言是非,而是先"杂于利害",看清利害之处,再选择一条最正确的"弯路",避开害处而直取其利,两难问题便会迎刃而解。

综上所述,我们可以看到"杂于利害"不仅在军事上,还在生活当中的方方面面都给予我们启发。所以在生活中遇到矛盾的时候,如果能想到《孙子兵法》中的名言并能够付诸行动,就能解决难题。

【教师点评】

《孙子兵法》虽然是一部兵书,但是如果能够将其灵活运用于生活当中,也能受到不少启发。该文聚焦于"杂于利害"的主题,联系现实。首先,列举了单纯的看到利或者害会误导人们做出错误的选择。其次,讲到如何在生活中处理好各个方面的矛盾,才能让人们"笑到最后"呢? 一言以蔽之,即"杂于利害"。最后,作者指出,不仅要知其然,而且还要知如何为之。作者是数学专业的学生,运用数学思维对其进行类比,这种跨界思维令人觉得颇有新意。该文认为"杂于利害"至于生活中的点点滴滴,尤其是大学生活,可谓举足轻重。认真阅读体会该文,对年轻人心智和思维的健康成长很有帮助。

课后思考题

1.联系现实,谈谈对"以迂为直,以患为利"的理解。

2.将帅修养论散见于《孙子兵法》一书中,结合苏轼在《留侯论》中提出的"大勇"说与苏洵在《权书》中提出的"治心"说,谈谈你对个人修养的认识。

3.结合《九变篇》中的"杂于利害"及五个"有所不",思考"利害观"及"选择"的议题。

4.孙子的"将有五危"论对个人有何启示?

5.五个"有所不"体现了孙子在考虑问题时,思维方式上有什么样的特点? 由此可以引发哪些思考? 这种思考不只是在军事上,还可以延伸到日常的生活当中,请结合实例说明。

第八章

《行军篇》《地形篇》释义

第一节 《行军篇》释义

本篇主要论述了军队在各种地形上的处置,观察判断敌情的方法和对军队的教育管理问题,并提出了"令之以文,齐之以武"的治军名言。

题解:行,此处读 háng,行列、军阵,指战场上的战斗序列。行,在此处是布阵的意思;军,屯驻,即军队的宿营、驻扎,称之为"处军"。战场观察,称之为"相敌"。

一、处军原则

凡军好高而恶下,贵阳而贱阴,养生而处实,军无百疾,是谓必胜。

这句话意思是说,大凡驻军,总是喜好高处而厌恶低洼的地方,要求向阳,回避阴湿,驻扎在便于生活和地势高的地方,将士就不至于发生各种疾病,这是军队必胜的一个重要条件。这里的养生,是指物产丰富、便于生活的地区。

孙子分析了军队在山地、江河、盐碱地、平原地行动时的具体处置方法。

绝山依谷,视生处高,战隆无登,此处山之军也。

在山地部署军队的原则:通过山地,必须沿着山谷行进,驻扎时应在居高向阳的地方;敌人占领高地时,不要去正面仰攻。

绝水必远水;客绝水而来,勿迎之于水内,令半济而击之,利;欲战者,无附于水而迎客;视生处高,无迎水流,此处水上之军也。

在江河地带部署处置军队的原则:横渡江河,必须在远离江河处驻扎;敌人渡水来战,不要在江河中予以迎击,而要等它渡过一半人马时再实施攻击,这样才比较有利。

绝斥泽,惟亟去无留;若交军于斥泽之中,必依水草而背众树,此处斥泽之军也。

通过盐碱沼泽地带,应该迅速离开,不要停留;如同敌人相遇于盐碱沼泽地带,应要占领有水草而靠树木的地方。

> 平陆处易而右背高，前死后生，此处平陆之军也。

这是在平原地带驻军的原则，首先我们来解释几个字的含义：右，上的意思，古时以右为上，右背高，以背靠高地为上；死，这里是低的意思；生，这里是高的意思；前死后生，意思是前低后高。这句话的意思是说，要选择地势平坦的地方，最好背靠高处，前低后高。

举几例来说明，前面讲到的公元前 638 年的泓之战，宋国占先机之利，司马子鱼建议乘楚人半渡而击之，被宋襄公拒绝。下面再举一例，《左传·僖公三十三年》记载了晋楚之间的一次冲突：

> 晋阳处父侵蔡，楚子上救之，与晋师夹泜而军。阳子患之，使谓子上曰："吾闻之：'文不犯顺，武不违敌。'子若欲战，则吾退舍，子济而陈，迟速唯命。不然，纾我。老师费财，亦无益也。"乃驾以待。子上欲涉，大孙伯曰："不可。晋人无信，半涉而薄我，悔败何及，不如纾之。"乃退舍。阳子宣言曰："楚师遁矣。"遂归。楚师亦归。

这次冲突的起因是晋侵蔡，楚子上救之。晋阳子欲速战，故派遣使者诱楚出兵以战，使者言道：您如果想打，那么我就后退三十里，您渡河再摆开阵势，早打晚打都听您的。不然的话，您退三十里，我渡河而布阵。子上听罢此言，欲渡河，一旁有人劝他，不行。晋人不讲信用，如果乘我们渡过一半而追击，那时战败而后悔，哪里还来得及？不如我们退三十里。楚人退撤，欲等晋人渡河而战，没料到晋人竟趁此班师回朝。楚人也撤兵回国。这一战发生在公元前 627 年，从中可以看出，约战、期而后战等传统正趋于坍塌，这些原则非但弃之不用，反倒成为了诱敌的手段，乘敌半渡而击之已成为现实中沿用较广的作战方式。

二、相敌之法

在如何观察判断敌情方面，孙武总结了 32 条经验，大致可分为两种类型，依自然景象的特征和变化来观察判断敌情有 8 条，依敌人行动来观察判断敌情的有 24 条。我们来举几例。

> 敌近而静者，恃其险也；远而挑战者，欲人之进也；其所居者易，利也。

敌军离我很近而仍保持镇静的，是倚仗它据有险要的地形；敌军离我很远而又来挑战的，是企图诱我前进；敌军之所以驻扎在平坦地带，定有它的好处和用意。

> 众树动者，来也。

曹注："斩伐树木，除道进来，故动。"如晋楚城濮之战前，晋军"伐其木以益其兵"，为了增加作战的器材。

> 尘高而锐者，车来也。

晋楚邲之战时，楚将潘党观察到晋军战车奔驰扬起的尘土，便把情况报告了主将，楚军得以迅速调整部署，争得主动。

"辞卑而益备者,进也;辞强而进驱者,退也。

这是指:敌人派来的使者言词谦卑,而实际上却加紧备战;敌人派来的使者言辞强硬,并在行动上摆出进逼的架势,这往往是撤退的征兆。公元前615年秦国攻打晋国,晋派赵盾为中军统帅,到河曲迎战。晋军针对秦军出国远征,难以持久的弱点,采取深垒固军,待其撤退而击之的方针。秦军因久战不胜,决定撤退,为了掩饰其意图,派使者以强硬言辞约晋军第二天再战。秦军的这一企图被晋上军的一个副将臾骈识破:"使者目动而言肆,惧我也,将遁矣。"他从秦使的眼神和口气中察觉到秦军要撤退,建议乘其撤退时予以截击。但这个建议由于上大夫赵穿等人的反对而未能实施,致使秦军在当晚得以安全撤退。

孙武详细列举了32种相敌之法,这是那个时代通过肉眼对阵地前沿敌情进行观察的方法,非常生动具体,他要求对敌情必须进行周密、细致的观察,而且要善于对各种征候作出正确判断。他从实际经验中概括出一些如何判断敌情的方法,如"敌近而静者,恃其险也","辞卑而益备者,进也;辞强而进驱者,退也"等方法,虽古老而简单,但含有透过现象判明敌军企图的唯物辩证的因素。

三、兵非益多

兵非益多也,惟无武进,足以并力、料敌、取人而已。夫惟无虑而易敌者,必擒于人。

打仗不在于兵力愈多愈好,只要不轻敌冒进,并能集中兵力,判明敌情,取得部下的信任和支持,也就足够了。那种无深谋远虑而又轻敌妄动的人,势必成为敌人的俘虏。这是我国最早的精兵思想,孙武的这些思想是积极的、有价值的,至今仍有生命力。

四、令之以文,齐之以武

卒未亲附而罚之则不服,不服则难用也;卒已亲附而罚不行,则不可用也。故令之以文,齐之以武,是谓必取。令素行以教其民,则民服;令不素行以教其民,则民不服。令素行者,与众相得也。

将帅在士卒尚未亲近依附时,就贸然处罚士卒,那士卒一定不服,这样就难以利用他们去打仗了;如果士卒对将帅已经亲近依附,仍不执行军纪军法,那这样的军队也是不能打仗的。所以,要用政治道义教育士卒,用军纪军法管束、规范他们,这样的军队打起仗来就必定胜利。孙子接下来又说道令素行的问题:平素能认真执行命令、教育士卒,士卒就会服从;平素不认真执行命令、教育士卒,士卒就不会服从。平素所以能认真执行命令,是由于将帅与士卒相互取得信任的缘故。

这一段讲到军队建设,孙武在此对军队管理问题提出了一个重要指导思想:"令之以文,齐之以武,是谓必取。"他看到要使士卒做到令行禁止,自愿服从,就必须处理好文与武的关系、赏与罚的关系、令素行与令不素行的关系。孙子主张教罚并用,宽严结合,以求"与众相得",夺取战争的胜利,这是历史上治理军队的基本手法。而此处讲的"令素行"类似于现在所说的养成教育,即平时一定要严格管理、严格要求,战时才可能很好地执行命令,完成任务。

学生感悟与体会

一、《行军篇》感悟体会一

《孙子兵法》与纸上谈兵

机类720班 杨国霄

在学习《孙子兵法》之前以及学习的初期,心中一直有这样的困惑:为什么同样是谈论兵法,孙武先生就能以"兵圣"之名,留下十三篇不朽之作,登顶中外军事史;而赵括、马谡之流,却弄得伤亡惨重,直接导致战略严重受挫,让自己身败名裂,为后人叹息耻笑?《孙子兵法》的学习已基本告一段落,笔者尝试用课堂所学所思及课外所想所感试着回答这一问题。

也许会有人以简单的"实践"问题来回答,但笔者认为这是欠妥的。纵观东周时期名将:曹刿在论战之前,算是一位隐士。司马错仅为函谷关守将,却能将长途奔袭作战发挥得淋漓尽致。田单只是一位商人,不得已组织军民抵抗时,意外发现自己强大的军事才能。孙膑、庞涓在出山之前没有任何作战经历(这个确实有点科幻)。还有诸多例子,数不胜数。

与之相比,赵括,赵国名将马服君赵奢——曾在强秦如日中天时给予其当头一棒——之子,即使没有跟随自己父亲亲自上战场,也必然得到了名将父亲的言传身教;马谡,丞相诸葛亮的心腹,甚至一度将其作为兴复大业的接班人培养,屡屡为丞相献上精彩的计策。然而结果却完全不同,看似没有经验、缺乏实践的人站得更高,而两位熟读兵书阅历丰富的将领却成了敌人的垫脚石。乍看,仿佛是《孙子兵法》让他们思维僵化、不懂变通。这个"锅"该孙武先生背吗?

学习《孙子兵法》后,知道了这是一本几乎句句是陈述性语句、纯理论的著作。既然是几乎没有实例的"纯"理论著作,那么,与其说它讲的是些原则,不如说它只是提供了一种思考方式:与其说《孙子兵法》是军事著作,不如说它是思维总结。而在开篇第一句已点出:"兵者,国之大事,死生之地,存亡之道,不可不察也。"因此,不妨将这种思维方式称为"兵家思维"。而后面十三篇的内容,正是解释兵家该怎样去思维。

看《孙子兵法》的题目,会发现这就是一个层层递进的思考过程。前三篇《计篇》《作战篇》《谋攻篇》,谈的便是战略的思考;《形篇》《势篇》《虚实篇》,是作战指挥时的思考;《军争篇》《九变篇》《行军篇》,依然可以算作战指挥的思考,但侧重于机变;《地形篇》《九地篇》,对地理的思考;《火攻篇》《用间篇》,相对比较具体,但仍能单独归为一种特殊形式下的思考。而《孙子兵法》中名句很多,成语很多,著名的原则与思想也很多,这些种种,都可以当作"兵家思维方式"下产生的一些重大成果,或是符合"兵家思维方式"的具体行动指南。

笔者没有上过战场,更没有带过兵,但从听过的、学过的种种具体战争实例中,可以大致揣测出孙武先生的意图。也许他正是想通过自己的思想著作（而非兵书），帮助战争的指挥者养成这样一个习惯：在每一次作出决定之前，都应顺着这十三篇的思考顺序：战略—作战—机变—地理—用计，认真进行分析。这种分析应该是综合性、全方位、统筹全局的，应该是有明确顺序与逻辑的，而不应该是那种针对性很强、点对点的分析，更不是有某个地方存在疑惑，就将这部思想著作当作字典一样，单独割裂开，翻出某个看似符合的解释，就高兴地拍手："兵法上有言……"

如果这样将《孙子兵法》作为一部教你如何像将军、指挥官一样思考的思想著作，而不将它作为告诉你"遇到战争怎样做"的功能性兵书，那么之前提到的"纸上谈兵"的问题就非常容易解释。显然，那些经历过大战洗礼（历史上多数名将）和受过高人"系统全方位"指点（如孙膑、庞涓）的名将，自然受到了"兵家思维方式"的改造，在此基础上又学习了具体的操作方法，因此带兵打仗对他们来说就是水到渠成的；一些没有军旅生涯的军事家（如曹刿、田单等）和一些只有基层军事经验、从未进行过上层指挥的大将（如司马错、韩信等），因为阅历丰富、勤于思考，再加上军事天赋异禀，在没有经历大型作战指挥的情况下就锻炼出了"兵家思维方式"。当这种思维方式一经激活，并正式投入实际应用，那么兵法中的每一条原则，自然而然就迸发出来，那些应用法则也定是信手拈来。

再说那些纸上谈兵的人们。赵奢曾评价自己儿子赵括：战争，是关系将士生死存亡的大事，而括儿竟说得如此轻松容易。将来赵国不用括儿为将则已，如果真用了他，使赵国惨败的，一定是他了。赵奢的话将赵括没有培养成"兵家思维方式"的问题完全点透，而这个思维又可以用《孙子兵法》开篇第一句话解释了"国之大事"，这个大事，可不仅是单纯的"打仗"那么简单。再看马谡。刘备称马谡"言语浮夸，超过实际才能"。守街亭时，仅凭印象中几句兵书中的原话，就早早地定下防御战略。且不谈他是否断章取义，这种对兵事未进行固定顺序、全方位的思考，而只简单考虑其中一两个方面的思考方式就是完全错误的。

而兵法的作者孙武，自然拥有这样的思维方式了。这个难题也因此迎刃而解。笔者认为，将《孙子兵法》作为一部思想著作，去学习其中的"兵家思维方式"，而不是去钻研某个具体原则、某条具体思想，也许更能看清古今中外的各类战争，也更能体会到学习《孙子兵法》的乐趣，并更好地挖掘其中的财富。

【教师点评】

本篇篇题为《〈孙子兵法〉与纸上谈兵》，作者独出机杼，角度新颖，体现出的问题意识非常可贵，即：同样是谈论兵法，为什么有人能留下不朽之作，有人却身败名裂，为人耻笑？带着这个问题，经过深入思索后，作者得出了结论：看似都是普通的谈论兵法，其实谈论时，大脑中的思维方式有着巨大的差别。《孙子兵法》蕴含的"兵家思维方式"正是这部书中最大的财富，整个十三篇的顺序：战略—作战—机变—地理—用计，是一个层层递进的思考过程。对《孙子兵法》的正确接受，是应该去学习其中的"兵家思维方式"，而不是去钻研某个具体原则、某条具体思想，如此，方能更好地挖掘其中的财富。

二、《行军篇》感悟体会二

文武兼施之道
——"令之以文,齐之以武"思想在现代社会的应用

计算机71班　李非默

"令之以文,齐之以武"出自《孙子·行军篇》。孙子在讲这一句话时,其背景是战争;这句话的意义及适用范围也绝不限于战争之中,《行军篇》讲述的是将领如何带领军队的篇章,而现代的企业管理完全可以对古代将领指挥军队的思路有所借鉴。企业的经营和打仗在经营上有几分相似,企业的目标是为了创造更多的社会价值以及获取更多的利润,而为了做到这一点则需要管理者调动员工、分配任务来进行合作,以达到期望的目标及效益,这和战争中将领指挥士兵分配任务相似。

有人说企业老板可以"令之以文",把企业规章制度、员工手册、规范条约等等印在合同上;但不可以"齐之以武",下属没有做完工作便叫人动用武力,老板就会被抓走了。这首先是对这句话本身的一个曲解:"令之以文"是指用道义道德的方式去教育下属,而"齐之以武"是指用严格的条令来管理下属。这两句话合在一起,是要体现"文武兼施"的思想在里面。由于管理的对象是人,对于人的管理可以通过弹性的手段,即企业文化的培养、员工团建等方式来进行,也可以通过硬性的手段,即依靠管理条约来强制执行。显然,这两种方法需要兼并使用,而现代科学管理的关键在于如何有效的结合这两点来进行,通常会以规章制度为主体进行规范化的硬性管理,在这之外会培养员工的集体意识等来推行弹性管理,真正做到人性化且严格的管理机制。

如果说"齐之以武"的"武"指条令,那么可不可以将文武兼施的思想应用在执法当中呢?乍一看这似乎是不可能的,我国是法治社会,能够做到有法可依、有法必依、执法必严、违法必究,这是所有中国人都为之自豪的一点,它保障了所有中国公民的基本权利。但是法律同时也是为人服务的,就和上文提及的企业管理一样,它的对象是人,我们就无法做到完全意义上的硬性管理。那么我们把"令之以文"中可以适用的地方分开来看:首先,法律本身必须严格执行,这一点毋庸置疑;但是如何在严格的法律当中存在人性化的地方? 也就只能体现在法律条文本身了。

事实上,我国的法律中已经有了不少体现人性化的条文。举个例子,《中华人民共和国道路安全交通法(2011修正)》第七十六条规定:

> 机机动车发生交通事故造成人身伤亡、财产损失的,由保险公司在机动车第三者责任强制保险责任限额范围内予以赔偿;不足的部分,按照下列规定承担赔偿责任:
>
> ⋯⋯⋯⋯⋯
>
> (二)机动车与非机动车驾驶人、行人之间发生交通事故,非机动车驾驶人、行人没有

过错的,由机动车一方承担赔偿责任;有证据证明非机动车驾驶人、行人有过错的,根据过错程度适当减轻机动车一方的赔偿责任;机动车一方没有过错的,承担不超过百分之十的赔偿责任。

为什么机动车一方没有过错,却仍然要承担部分赔偿责任?这就是法律中人性化的地方,由于在交通事故中,非机动车和行人相对于机动车来说,在物理意义上一定是弱势的一方,无论是哪一方的过错造成了交通事故,非机动车和行人的损伤一般都会比机动车更大,故交通法对行人多有"偏袒"的意味,但这种"偏袒"又在合理的范围之内,严格地界定了双方的责任,也能做到执法必严,同时也使得法律有了"温度",这便是法律中人性化的体现。

同时,法律的意义在于保护人的基本权利,这一点在近年来越来越多的正当防卫案中体现的次数也越来越多。由于正当防卫的界限标准非常难以明确,故很多相关案例的判决都会引起社会的广泛讨论,其中主流的声音都是表示防卫者不应受到指控,且绝大多数判明为正当防卫的行为都建立在本人已经受到实质上的伤害的基础上,这样并不能让人们在受到侵害时能有足够的理由和勇气去对抗恶势力。而在 2018 年 12 月 19 日,最高人民检察院印发了第十二批指导性案例,涉及的四个案例均为正当防卫或者防卫过当的案件,社会普遍关注的昆山"反杀案"入选其中。最高检副检察长孙谦表示,正当防卫是法律鼓励和保护的正当合法行为,允许防卫人对不法侵害人造成一定损害,甚至可以致伤、致死。如果行凶已经造成严重危及人身安全的紧迫危险,即使没有发生严重的实害后果,也不影响正当防卫的成立①。这是我国法律人性化非常重要的一个事件,它激活了正当防卫制度,最显著的一点就是让受害方可以在未受到实质伤害的情况下反击,让"正当防卫"不再是"亡羊补牢",使得人们在受到侵害时有防卫的底气。

其实这门课对于我来说还是很熟悉的,因为某种原因,我是第二次学习该课程。此次遇到疫情,只能在家线上上课。这两次学习"孙子兵法的智慧"给我的感受也略有不同,同一门课以不同的形式来听和互动区别确实比较大,通过弹幕感受到的班级氛围比见面课感受到的会看着情绪更高涨一点,但又没有足够的实感。两次学到的东西对我来说,只能说是第二次比第一次了解了更多方面的知识,说有如何深入确实谈不上;但是这门课无疑使我对一些道理有了比以往更加深入的理解,比如为了撰写这篇小论文,我在查询条文时顺便了解了不少法律相关知识,这也让我对我国法律有了新的理解,结合着"孙子兵法的智慧"中的一些哲学理念来看,不禁感叹古人智慧流传数千年的伟大。感谢问老师与徐老师这十六周的教学!

【教师点评】

"令之以文,齐之以武"出自《孙子兵法·行军篇》,反映了基本的管理之道,其不仅在军事,还在管理领域被广泛借鉴。本文作者另辟蹊径,重点探讨"令之以文,齐之以武"在法律层面上的意义。作者在撰写该文时,通过查询有关法律条文,了解了不少法律的相关知识,对我国法律有了新的理解。《孙子兵法》的哲理性极强,书中总结出的一些道理具有很强的普适性,这些

---

① 最高人民检察院网上发布厅:正确理解和适用正当防卫的法律规定——最高检副检察长孙谦就第十二批指导性案例答记者问,发布时间:2018 年 12 月 19 日。

在人类文明之初形成的朴素的道理,犹如植物的种子,很容易找到适合生长的土壤,也很容易形成思考的契机。虽是一篇小文,但作者举一反三,融会贯通的学习态度值得赞赏。

第二节　《地形篇》释义

本篇主要论述军队在不同地形条件下的行动原则,强调将帅要重视地形的研究和利用。

题解:《孙子兵法》中多处论及军事地形,既有战略地形,也有战术地形,本篇专论战术地形及其在战斗中的地位。

一、释义

本篇主要讲了以下四个问题。

(一)地形者,兵之助也

"地形者,兵之助也"讲了三层意思,首先讲地有六形:

> 地形有通者,有挂者,有支者,有隘者,有险者,有远者。

一通形:

> 我可以往,彼可以来,曰通;通形者,先居高阳,利粮道,以战则利。

通形即畅通无阻的平原地形,这种地形最利于部队机动。在通形地域上,应抢占地势高而向阳的地方,保持粮道畅通,这样对作战就有利。

二挂形:

> 可以往,难以返,曰挂;挂形者,敌无备,出而胜之;敌若有备,出而不胜,难以返,不利。

挂,本意为悬挂,这里指可以往、难以返的山高坡陡的挂碍地形。在挂形地域,如敌人没有防备,就可以出奇制胜;如果敌人有备,便不能取胜,而且难以回师。

三支形:

> 我出而不利,彼出而不利,曰支;支形者,敌虽利我,我无出也;引而去之,令敌半出而击之,利。

这里指敌我均可据险对峙,不易发动进攻的地区。在支形地域上,敌人虽然以利相诱,我们也不可出击,而应该率军假装退却,诱使敌人前出一半时再回师反击。

四隘形:

> 我先居之,必盈之以待敌;若敌先居之,盈而勿从,不盈而从之。

隘形,指两山之间狭窄的通谷、谷道。在隘形地域上,我们先敌占领,并用重兵封锁隘口,以等待敌人进犯;如果敌人已先据了隘口,一定会用重兵严加据守,这时就不要去攻击;如果敌人没有用重兵封锁住隘口，那么就可以进攻。

五险形：

> 我先居之，必居高阳以待敌；若敌先居之，引而去之，勿从之。

这里指形势险要的地形。在险形地域上，如我方先敌占领，要占据地势高而向阳的地方待击敌人；如果敌人已占领，那我方就主动撤退，不要进攻它。

六远形：

> 势均，难以挑战，战而不利。

这里指敌我相距很远。在远形地域上，双方势均力敌，不宜挑战，勉强求战，于我不利。

其次，讲地形与作战有密切关系，将帅要重视对地形的研究。原文这样说道：

> 夫地形者，兵之助也。料敌制胜，计险厄远近，上将之道也。知此而用战者必胜，不知此而用战者必败。

地形是用兵的辅助条件。正确判明敌情，制订取胜计划，研究地形的险易，计算道路的远近，这些都是将帅必须做到的。懂得这些道理去指挥作战，必然会取得胜利，不懂得这些道理去指挥作战的，就必然会失败。

最后，讲了解地形的重要性，不仅要知彼知己，还要知天知地。

> 知吾卒之可以击，而不知敌之不可击，胜之半也；知敌之可击，而不知吾卒之不可击，胜之半也；知敌之可击，知吾卒之可以击，而不知地形之不可以战，胜之半也。故知兵者，动而不迷，举而不穷。故曰：知彼知己，胜乃不殆；知天知地，胜乃不穷。

作者分析了三种情况：只了解自己的部队可以打，而不了解敌人不可以打，取胜的可能性只有一半；只了解敌人可以打，而不了解自己的部队不可以打，取胜的可能性也只有一半；既了解敌人可以打，也了解自己的部队能够打，但是不了解地形条件不可以打，取胜的可能性同样也只有一半。所以说，懂得用兵的将帅，他行动起来不会迷惑，采取的作战措施变化无穷。最后说：

> 知彼知己，胜乃不殆；知天知地，胜乃不穷。

了解对方，了解自己，争取胜利就不会有危险。懂得天时，懂得地利，克敌制胜就会永无穷尽。

（二）兵有六败

"兵有六败"主要是关于作战中的带兵问题和兵力使用问题。这里讲述了军队失败的六种情况：

> 故兵有走者，有驰者，有陷者，有崩者，有乱者，有北者。凡此六者，非天之灾，将之过也。夫势均，以一击十，曰走。卒强吏弱，曰弛。吏强卒弱，曰陷。大吏怒而不服，遇敌怼

而自战,将不知其能,曰崩。将弱不严,教道不明,吏卒无常,陈兵纵横,曰乱。将不能料敌,以少合众,以弱击强,兵无选锋,曰北。

首先指出这六种情况,都不是天灾,而是由将帅自身的过错造成。

一曰走,在势均力敌情况下,以一击十而导致失败的,叫作"走"。

二曰驰,士卒强悍,将吏懦弱而造成败北的,叫作"驰"。

三曰陷,将帅强悍,士卒懦弱而溃败的,叫作"陷"。

四曰崩,偏将怨怼而不服从指挥,遇到敌人擅自率军出战,主将又不了解他们的能力,因而失败的,叫作"崩"。

五曰乱,将帅懦弱缺乏威严,训练教育没有章法,官兵关系混乱紧张,列兵布阵杂乱无常,因此而致败的,叫作"乱"。

六曰北,将帅不能正确判断敌情,以少击众,以弱击强,作战又没有精锐先锋分队,因而落败的,叫作"北"。

> 凡此六者,败之道也,将之至任,不可不察也。

这几种情况,既有将帅不懂得正确运用兵力,也有将吏治军不严,统军无方,不能处理好与下属关系,而导致失败。关键在于,此乃"将之至任,不可不察也"。由此,我们可以体会到将帅肩负的责任之重大,以及作者寄予的期望之高。

(三)对将帅的要求

> 故战道必胜,主曰无战,必战可也;战道不胜,主曰必战,无战可也。故进不求名,退不避罪,唯人是保,而利合于主,国之宝也。

如果根据战场实情确有必胜把握,即使国君不要打,也可以坚决地打;如果根据战场实情不能取胜,即使国君命令打,也可不打。作为一个将帅,应该进不贪求战胜的功名,退不回避违抗君命的罪责,只求使民众和士卒得以保全,符合于国君的根本利益,这样的将帅才算是国家最宝贵的人才。此处所讲"进不求名,退不避罪"是对将帅提出的严格的道德要求,也是修身的高标准,经常为人们所引用。

(四)爱兵思想

> 视卒如婴儿,故可与之赴深谿;视卒如爱子,故可与之俱死。厚而不能使,爱而不能令,乱而不能治,譬若骄子,不可用也。

在提出"视卒如爱子"的同时,还特别强调对士卒必须严格要求,不可过分地"厚""爱",以免把军队培养成骄子一般而不能打仗。提倡爱与严、赏与罚相结合,这也是孙武等古代著名军事家治军思想的一个共同特点。

二、举例

魏灭蜀汉之战是三国末期强大的魏国对弱小的蜀汉政权进行的一次战争,是完成全国统一的前奏。曹魏政权后期,司马家族实际夺取了军政大权。到司马昭时期,魏国的力量相对于其他两个独立政权蜀汉、东吴来说,已经占有了绝对的优势。

蜀汉是三国中疆土最小、人口最少、实力最弱的国家。在蜀汉后期,后主刘禅昏庸无能,重用宦官黄皓,政治腐败,政权处于风雨飘摇之中。大将军姜维主持蜀国军政,由于与黄皓矛盾激化,率蜀军主力远驻沓中(今甘肃舟曲西、岷县西南一带)避祸屯田,使战略要地汉中正面防

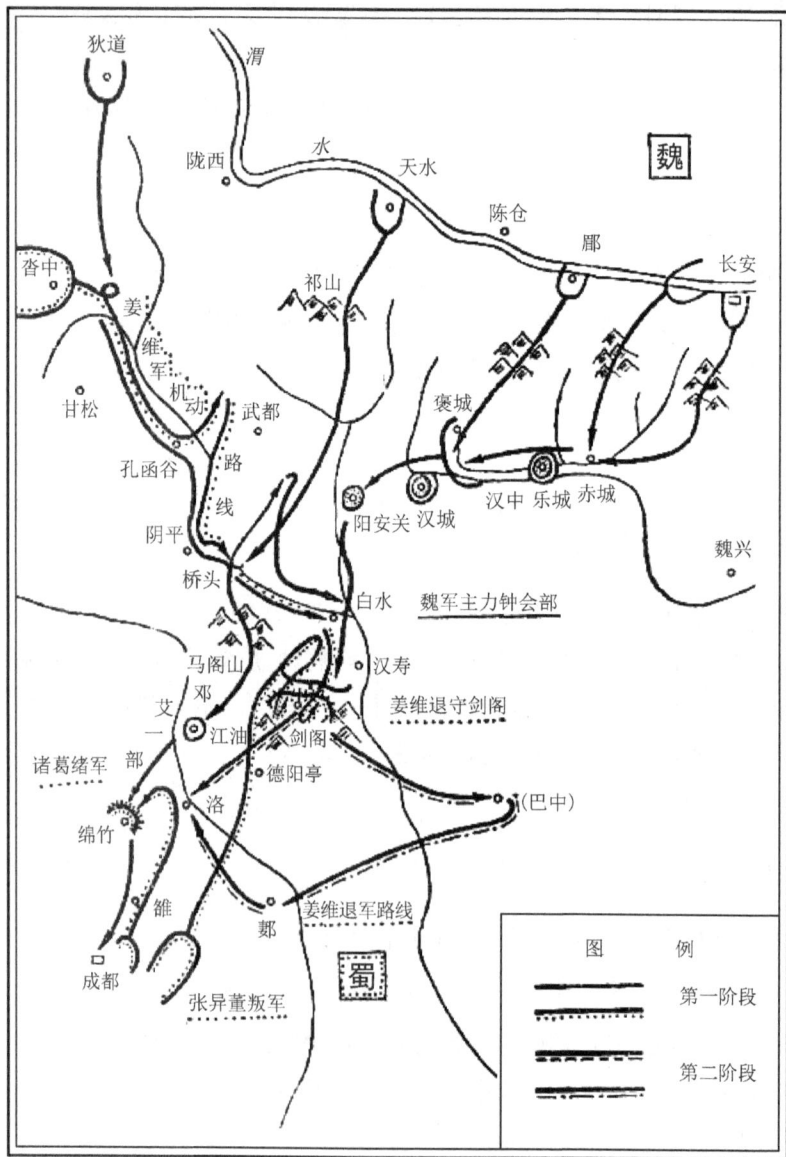

图 8-1　魏灭蜀之战示意图

御薄弱,为魏军的大举进攻提供了虚隙。

公元262年冬,司马昭定下了灭蜀的计划。他指出:姜维率蜀军主力正远离汉中驻在沓中。我们只要把姜维牵制在沓中,使其不得东顾,用大军直捣汉中、骆谷,蜀汉方面一定会失去战斗力。

为此,他不顾群臣的反对积极进行灭蜀战争的准备,具体部署如下:以征西将军邓艾率兵三万余向甘松、沓中进军,牵制姜维;雍州刺史诸葛绪率兵三万余切断姜维向东、南方向退兵的归路;镇西将军钟会率主力十余万人分从斜谷、骆谷、子午谷直趋汉中(斜谷也叫褒斜道,骆谷道也叫傥骆道)。

图8-2 秦岭古道地缘示意图

汉中北瞰关中,南蔽巴蜀,是魏蜀必争之地,亦为蜀汉北方的边防要地。蜀汉方面历来重视对它的防御,早在刘备时期,都是充实兵力坚守汉中外围秦岭各要隘,以御外敌。敌人前来进攻,使其不得入。后来,又修建了汉(今陕西勉县东)、乐(今陕西城固东)二城屯兵。这些措施在对魏作战中都起到了很好的效果。但自姜维将蜀汉主力调往沓中后,汉中的蜀军人数不到3万,兵力薄弱。姜维还改变了汉中历来的防御方针,采取了收缩兵力,防守要城,诱敌深入,然后乘敌疲惫而出击的方针。在蜀汉国力不济的情况下,充实兵力,坚守汉中外围各要隘,抵御魏军,是较为稳妥的方策。姜维的兵力部署与他的作战方案的战略意图是不协调的。他率蜀军主力远屯沓中,在汉中这个主要防御方向上未控制有强大的机动部队。这样,放弃汉中外围各要点,让敌进入平地,如此诱敌深入,等于开门揖盗,通俗话讲就是引狼入室,是不恰当的。

当姜维探知"钟会治兵关中,欲窥进取"(欲进取汉中)的消息后,就应当立即变更部署,把沓中的蜀军主力转移到汉中,扼守各个险隘,以抗击魏军的进犯才是妥善的部署。而姜维仅仅是上表刘禅,建议派遣张翼、廖化率军守卫阳安关口(陕西阳平关)、阴平桥头(今甘肃文县东南),但这一建议也受黄皓的阻挠而未得实施。

263年9月初,魏分三路大军共18万人按预定计划,向汉中、沓中、武街与桥头发起进攻。这时,刘禅才急忙调廖化率军去沓中支援姜维,调张翼和董厥率军去防守阳安关口。同时命令汉中部队退守汉、乐两城。在魏强蜀弱、实力悬殊的情况下,蜀汉的弃险不守之策,恰为魏军的进兵提供了极好的机会。

廖化进兵到阴平时,没有及时占领桥头孔道(阴平桥位于文县东30公里处,横跨在两座对峙的山头之上。玉垒关就坐落在阴平桥头,桥下是万丈深谷,桥头是险关要隘,因而在历史上被称为"陇蜀咽喉"),结果该要地为诸葛绪抢占,这样就阻断了沓中姜维的归路。而张翼、董厥的行动也过于迟缓,未能及时赶到阳安关。

钟会乘此机会,迅速突入汉中平川,袭占阳安关,然后派兵进围汉、乐两城,自己率主力长驱而前,企图一举夺取剑阁,进逼成都。

与此同时,姜维率领沓中的蜀军主力向汉中方向移动,在东移过程中,受到邓艾军的追击骚扰,损失很大,数日后,进抵阴平一带。

这时,魏军将领诸葛绪犯一个重大错误。当时诸葛绪已占领了阴平桥头,姜维的归路实际已被切断。姜维见此情况,故意北向诸葛绪侧后迂回,诸葛绪果然中计,把军队后撤30里驰救,让出了桥头要道。姜维立即回军通过桥头隘道,会合廖化、张翼、董厥等部阻守剑阁。剑阁地势险峻,易守难攻,是汉中通往成都的咽喉。姜维凭险据守,钟会大军久攻不克,粮道险远,军食匮乏,不得不考虑引兵回国。

已抵达阴平路口的邓艾向钟会提出偷渡阴平的奇袭方案。邓艾选精锐一万人,轻装从阴平出发,沿山谷小路行无人之地七百里,凿山开道,越过马阁山天险,直奔江油。江油守将马邈毫无准备,不战而降。刘禅急忙派诸葛瞻率军迎击,诸葛瞻到涪城(今四川绵阳)后,其部属黄崇再三劝谏:"宜速行据险,无令敌得入平地"(现在要加速行军,据险而守,不要让敌人进入平川),但他迟疑不决。邓艾乘机长驱直入,逾越险阻,攻克了绵竹(今四川德阳)。刘禅得知绵竹兵败,成都难守,遂自缚请降。邓艾大军进占成都,立国43年的蜀汉政权就此覆灭。

纵观魏灭蜀之战,双方对地形的认识和利用上的优劣高低,对战争的进程产生了重要的影响。蜀军对险形地域、隘形地域的汉中地区,疏于防备,违背了孙子所说的"隘形者,我先居之,必盈之以待敌","险形者,我先居之,必居高阳以待敌"等原则,而让主力远驻沓中,给魏军的进军提供了极大的可乘之机。当占据剑阁成功,遏制了魏军攻势之后,蜀军处境转危为安,却又忽视了其他谷道空隙的防守,于是新的漏洞又被邓艾找到了。而诸葛瞻的军队未能及时进兵据守要地,则使偷渡阴平成功的邓艾得以长驱直入,终于导致国家灭亡。

魏军方面筹划周密,部署适当,充分利用地形,避实击虚,尤其是邓艾翻越天险,袭取成都,是古往今来出奇制胜的典范。而魏军在此战中一度兵顿于剑阁之下,几乎功败垂成,其原因在于诸葛绪不守阴平桥头这一险阻。这两方面的得失,都证明了战争中善于运用地形条件,出奇制胜的必要性。

学生感悟与体会

一、《地形篇》感悟体会一

将在外,军命究竟受不受?

文试91班　程莫然

《孙子兵法·地形篇》中有云:"故进不求名,退不避罪,唯人是保,而利合于主,国之宝也。"这是将帅修养的至高准则。《孙子兵法·九变篇》中又言:"城有所不攻,地有所不争,君命有所不受。"将在外,军命究竟受不受,受什么,怎么受,这不仅影响战争的走势,更体现军人的素质。本文灵感诞生于"孙子兵法的智慧"选修课,所探讨的,就是军令如山的战场上,将帅个人的危机应对能力以及战争中的灵活与变通。

(一)君命有所不受,战场拒绝一根筋

令出必行,令行禁止,军令如山,军人的天职是服从命令,这是任何一支军队、任何一个军人都必须遵行的军规。但是在战争时期,兵无常势,情况瞬息万变,敢不敢坚持己见,敢不敢承担风险,提出并实施与上级"相反"的决策,这对于一个前线指挥员来说,是一种极大的考验。一个优秀的军人,除了服从命令,还必须具有最基本的决断和最勇敢的担当,能够在非常之时行非常之事,做到"将在外,君命有所不受"。然而在封建时代,君王是最高统治者,君王拥有至高无上的权利,怎么做到君命有所不受,也是对将帅的严峻考验。

唐末梁初,山东诸城有一名将,名叫刘鄩。他打仗可不像赵括那样拿着兵书找答案,纯粹一个书呆子,而是如《孙子兵法》中所说"水因地而制流,兵因敌而制胜"。在他的戎马生涯中,为了打赢一场形式恶劣的战役,他甚至不惜抗拒皇上的命令。公元914年,在今天山西一带的晋王李存勖,派军不断地侵犯梁朝。这一年的六月,李存勖率兵进入了魏州,刘鄩领兵一万前去厮杀,李存勖大败而逃。紧接着,刘鄩率领的梁军又北上,企图偷袭李存勖的老巢太原。当他的军队走到乐平县时,天降大雨,连绵不断,没法继续偷袭太原,刘鄩就带兵返回,驻扎到了莘县,准备水灾过去,继续作战。这一待,就待了一个月。到了8月份,梁末帝眼见久战不进,久战不胜,不免心浮气躁,给刘鄩写了一封信,信上写道:"将军与国同休,当思良策,如闻寇敌兵数不多,宜设备机权,以时剪扑,则与之负荷,无累先人。"刘鄩不但没有听从皇帝的指示,反而向皇帝要起了粮食。皇帝极为恼火,又下诏立即歼敌,并派人去前线督战。中部将劝他,皇上的圣旨不可违背,还是出征吧!刘鄩于是对众部下说:"大将出征,君命有所不受,临机制变,安可预谋,今揣敌人,未可轻动。"众部将这才明白刘鄩的意思,心急吃不了热豆腐,办事要有轻重缓急,慢慢积蓄力量。过了一段时间,刘鄩见自己的官兵恢复过来,于是登座升帐,下令反击,打得敌人全军上下狼狈逃窜,梁军大获全胜。

孙子认为,君命有所不受,是战场指挥非常重要的一条原则。战场指挥员如果机械地执行

上级的命令,而不考虑战场的形式,只能白白错失良机。而上级如果过度干涉指挥员的决策,同样会带来不好的结果。

类似的情况在古今中外都有很好的例证。比如在二战期间,驻守东南亚马来半岛的十三万英军,就是在英国国内不顾实情的指挥下陷入瘫痪,最终败给了只有四万人的日本侵略军,十三万英军全部被俘,成为英国历史上规模最大的降军,马来半岛从此陷入了三年多的日本统治时期。按道理讲,在军队规模差距悬殊的情况下,英军就算打得不顺利,也不可能败得这么惨。但是,正是因为英军未能做到及时判断形式,军令有所不受,让日军的冒险竟然成功了。日军前期切断英国的海上运输通道,正面牵制,迂回包围,大胆穿插,占领了重镇吉隆坡,大量英军投降。最高指挥官亚瑟·帕西瓦尔不知所措,尽管他手中的兵力不少,但他缺乏统帅的意志,无法把来自各个英联邦的军队拧成一股绳,形成一个拳头,抗击日军的进攻。对英军来讲,此时英军最好的选择是渡过柔佛海峡,退守新加坡。然而这时,远在伦敦的丘吉尔却不这么想。丘吉尔是一个伟大的政治家,但论军事指挥,确有些拙劣。他和希特勒都有一个共同的习惯,那就是越过正常的军事决策程序,直接给前线派电报。他们的电报都有一个共同的特点,就是电报里总有"不许后撤""战斗到最后一个人""打光最后一发子弹"。当太平洋战争爆发时,时任内阁首相的温斯顿·丘吉尔越过英国统帅部,直接给英印联军总司令韦维尔将军打电报,训令他不惜一切代价,不准后撤,消灭日军。然而此时在万里之外的丘吉尔,哪知道英国军队已是惊弓之鸟,大批的技术装备都丢失了,并且在日军的打击下毫无斗志可言。此时唯一的后路就是退守新加坡,进行登陆作战,可他还是不让后撤,导致本来应该有秩序的后撤变成溃逃。帕西瓦尔听从丘吉尔的瞎指挥,使得英军覆灭。

《周易·系辞》有言:"易穷则变,变则通,通则久。"若还是按图索骥,抱残守缺,唯命是从,那就不要怪战场无情了。

(二)"人既专一"与"军命有所不受"矛盾吗?

1938年,在河南开封由蒋介石亲自主持召开的华北军事会议上将山东省主席兼第三集团军上将总司令韩复榘扣押,并以"违抗命令,擅自撤退"等十大罪名处决。

韩复榘是冯玉祥手下的十三太保之一,出身于书香门第,后被蒋介石任命韩复榘为山东省主席,从此开始了他对山东长达八年的统治,1937年11月,日军进犯山东。韩复榘不顾第五战区司令长官李宗仁和蒋介石等人的"死守济南"命令,临阵脱逃,从济南一路逃到济宁,甚至还一度打算撤退到陕西,直接导致山东省迅速陷落。韩复榘的行为使得蒋介石大发雷霆!而后在审讯中,韩复榘拒不认罪,只昂头微笑,一句话也不答复,也不请求宽恕。1938年1月24日,韩复榘被军统的特务枪杀,时年48岁。的确,蒋介石杀了韩复榘,有排除异己之动因。因为韩复榘非黄埔,非嫡系,非中央军。但是,"三非"身份的人多了去了。就拿冯玉祥十三太保来说,孙良诚、孙连仲、佟麟阁、刘汝明等,都是"十三太保",那么为什么单单韩复榘被杀了呢?所以说,韩复榘之死,死就死在他没有一切行动听指挥。

《孙子兵法·军争篇》有言:"人既专一,则勇者不得独进,怯者不得独退,此用众之法也。"

在《孙子兵法》中,对战场指挥权的运用很是重视,说白了,就是一切行动听指挥。只有一切行动听指挥,才能步调一致,才能做到全军一盘棋。中国人民解放军《三大纪律八项注意》中的第一条,就是一切行动听指挥。

这就有了可以探讨之处。孙子前脚说"人既专一",一切行动听指挥,后脚又说"君命有所不受",这不是矛盾吗?其实,这并不矛盾。统一指挥,令行禁止,是反映了战争的规律和特点。同样,君命有所不受也是战争特点所决定的。打仗,打得赢才是硬道理。战争不是演戏,指挥官不是导演,官兵不是演员。戏演砸了,大不了从头再来;战争打输了呢,那可是生死之代价。在这种千钧一发的状态下,最有发言权的,是战场上身临其境的指挥官。将帅在战场上直接的感受,就决定了他的战略布局以及战法的运用。如果设想一个军事指挥官在战场上还不时受制于他的上级,他又怎么能施展自己的指挥艺术呢?

古代,哪怕是现代,前线的战况不是后方能及时准确了解的。很多时候要依靠为将帅者的直觉,军命在这个时候未必有利于打仗。正如战争题材作品《亮剑》中李云龙所说:"不能靠请示来打仗,等请示回来,黄花菜都凉了,哪道菜你也甭想赶上。"

(三)"孙子兵法的智慧"课堂的收获及建议

之前看过一篇文章,大意是在当代社会,武力将成为越来越无用的事物。正如《孙子兵法》里的全胜思想:"百战百胜,非善之善者也;不战而屈人之兵,善之善者也。"对该"全胜"思想的论述过去大部分人都认为就是不用战争、不用流血的斗争方式,迫使敌方屈从于我方的意志,以不损己方的兵力、物力、财力,不破坏敌方的兵力、物力、财力并将被屈从者的兵力、物力、财力化为己有,从而达到"胜敌而益强"的结果。战争如果能以这样的方式取胜,比起流血战斗而取胜,当然是用兵取胜的上策。

这次听"孙子兵法的智慧"这门课,我突然明白了,原来,《孙子兵法》全文6075个字,大部分文字都在告诉我们,怎么管理自己的注意力,要把它放在自己身上,而不是放在敌人身上。怎么样通过放弃竞争的方式,获取真正的竞争力。克劳塞维茨有句名言"战争是政治的延续"。打仗是要解决政治解决不了的问题的。你老打,但是不解决问题,说到底还是失败。用战争的方法解决问题,解决问题的过程其实是在制造更大的问题,最终会把你压垮。

所以这就是为什么《孙子兵法》说"百战百胜,非善之善者也;不战而屈人之兵,善之善者也"。把注意力从竞争对手身上拿开,回到自己的竞争力本身,就是最好的竞争方式。为什么?因为,只有这样,你才能发现真正的机会和真正的风险。

【教师点评】

唐末五代将领刘郡怎敢抗旨不战?二战时期驻守马来半岛的英国守军为何打不过日本的侵略军?平步青云的民国时期山东省政府主席韩复榘为何被蒋介石军法处置?唐朝名将张仁愿为何跨越四百余年获得宋徽宗的宗庙祭祀?希特勒的隐秘心理又如何影响了二战战局?作者喜爱军事,对中外战争史有相当了解,浸润其中,勤于思考,以上的战争谜题在其心中萦绕已久,却始终没有完全解开。《孙子兵法》中的几段论述犹如醍醐灌顶,令其茅塞顿开。该文作者熟悉军事史,纵论古今,其思辨精神和问题意识值得称赞。

二、《地形篇》感悟体会二

《孙子兵法》中的五德与人生成长的关系辨析

ACCA91 班　周潜

(一)前言

《孙子兵法》在第一篇《计篇》中就指明将帅需要具备的五种品德——智、信、仁、勇、严,这五种品德虽然是针对将帅治兵而提出来的,为一种针对特殊领域的修养品质,但是由于五德的高度总结性使得它还适用于更加广泛的修养治理系统当中。《礼记》有言:"古之欲明明德于天下者,先治其国;欲治其国者,先齐其家;欲齐其家者,先修其身。"古代圣贤将人生的成长划分为多个阶段:从管好自己到管好家庭,最后甚至可以管理好一个国家。不难看出成长实际上就是一个自我管理与修养的过程,拥有这五种品质自然对人生的成长与发展能起到至关重要的作用。

智、信、仁、勇、严五种品德不是孤立存在的,放入《孙子兵法》的具体语境当中,"智"强调将帅的指挥才能,"信""严"是根本的军队管理能力的要求,"勇""仁"代表优秀将领的带兵作风。五德浑然一体,内外统一。而将这五种品德投射到人生的成长过程中,同样是互相自治的人格要求:"智"引领方向,"信""严"主导内在为人,"勇""仁"兼修外在处世。虽然将帅五德总体塑造的人格倾向于领导型人格,但是每一种品德如果能够深刻掌握,并灵活运用,一定能为解决人生道路上的各种问题提供行之有效的方案。当然,我们也要理性客观地看待将帅的五德对人品质的投影,切不可将其神秘化或者神圣化。

(二)"智"奠定人生基础,引领成长方向

每个人的成长都是一个伟大而漫长的工程,就像在时间的河流上架起一道由生到死的桥梁。架桥首先要有方向,方向选择的错误可能会导致工程费时费力,甚至最终达不到目的地。不仅在成长的开始阶段要选择正确的方向,成长的每个阶段我们都面临着方方面面的抉择,比如选择合适的朋友、合适的大学、合适的城市工作、合适的伴侣……这背后暗藏的最基本的条件就是一个人的认识能力、思考能力和判断能力,即"智"。现在常说的"哲学"一词来源于古希腊,本意就是"爱智慧"。正是不断追求智慧、不断发展自己的智力,才使得人类从地球的芸芸众生之中脱颖而出,站在了食物链的顶端。从人类的整体看,我们能具体而直观地感受到智慧的巨大力量——它给人类提供了一条光明的出路;进一步地,从具体个人看,智慧同样起到十分重要的作用。

"智"的第一内涵就是认识能力。现代教育成功之处不可不谓是"义务教育的胜利",义务教育的发源地德国,在实行现代化知识体系下的义务教育后国家得到了迅速的发展。义务教育为什么能起到如此神奇的作用?归根结底是义务教育给了每个人更加广阔的认识平台,教

给了人们科学的认识方法以及认识世界的知识储备,即为提高人的认识能力提供了客观的物质基础。认识能力对人的发展作用不言而喻,《孙子兵法》里一共出现了 79 次"知"字,可见孙子对将领"认识"能力的重视程度。能够清楚认识自己兵力状况、敌方情况、作战的一系列客观条件,将领才能把握先机克敌制胜。人的成长同样如此,我们首先要清楚地认识自己、认识他人、认识世界,把握最基本的元素,才可能利用这些元素,实现人生的理想。

但是仅仅做到认识还不能称之为智慧,接下来还要会思考。《孙子兵法·九变篇》有言:"智者之虑,必杂于利害。杂于利,而务可信也;杂于害,而患可解也。"在认识事物之后必须对事物进行分析和思考,不但要看到事物有利的一面,还要看到事物不利的一面,并且把握事物有利和不利背后的主要矛盾,那么我们就可以做到将"利"和"害"进行相互转化和配置,以达到自己的目的。《孙子兵法·九地篇》中言:"投之亡地然后存,陷之死地然后生。"巨鹿之战、官渡之战、赤壁之战都是著名的以少胜多的战役,它们的胜利莫不在于将领抓住了"道天地将法"中利于己方的因素,并采取合适手段,将有利因素转化为战场较量的主要因素,故取得最后的胜利。人生更应该有这种辩证的思考能力,才能在逆境中克服心理畏惧做到"利中取大,害中取小",实现利益的最大化,保障自己立于不败之地,同时也能在顺境当中看到不利因素而做到见微知著、居安思危。

智慧还集中表现在其第三内涵:判断能力。对事物进行了全方位的认识和思考,还要学会判断,才能将智慧投射到具体的实践活动当中。优秀的将领能在权衡之下对未来的导向进行预测,根据这些对现在的一系列措施做出正确判断。在个人的成长过程,我们同样要养成敢于判断、善于判断、判断准确的素质,这些素质能帮助我们成为杀伐果断、雷厉风行的人。人生的岔路口有很多,但是关键的就几个,在这些重要的岔路口,必须拥有强大的判断力来支撑我们选择一条正确的道路。判断的关注点有两个:一是如果我们做出了这个判断,我们会失去什么(即付出的机会成本);二是如果我们选择了这个判断,是为了得到些什么。蒂姆·库克谈及苹果公司时,说道:我们所有的想法都是最好的,但苹果公司只选择其中一种,并努力把它做到极致,其他的都会果断放弃。很多时候我们需要判断的情况错综复杂,不但要在利害之间权衡,还要在利利、害害间权衡,我们做出一个判断就会有得失,得失的平衡正是判断所拥有的智慧魅力之处。

拥有三位一体的"智慧",我们在成长的道路上才能少走弯路,向着通往理想的大道前进。

(三)"信""严"向内寻求力量

《论语·颜渊》中说"自古皆有死,民无信不立"。一个优秀的将帅,善于用分明公正的赏罚树立威信。如果说士兵的纪律严明是将帅克敌制胜的保障,那么将帅的言而有信就是士兵奋勇杀敌的保证。历史上,孙武吴宫教战,商鞅立木建信,他们都通过建立威信迅速达到目的,而对比周幽王的烽火戏诸侯,失信于民便落得亡国的下场。个人的信用能使他人亲附依靠,而国家的信用使得行政通达流畅,信用无疑对任何个人和集体都是一份宝贵的财富。

"信"的力量发于己而施于人。一个人的信誉需要自己的真实行动作为支撑,如果是沽名钓誉，总是开空头支票抑或言过其实，不但不会使信誉增加，反而会大打折扣。我认为信誉度可以用一个抽象的公式进行简单的衡量，兑现已承诺的事实除以承诺的事实，得出的结果就是信誉度。而信誉度高还不能说明信誉的力量够强大，还有一个重要的参数就是信誉量，承诺的事实乘以信誉度，即兑现已承诺事实的数量，这个参数也需要足够的大，才能支撑起足够的信誉力量。从这个简单的公式中我们不难看出，树立信誉，不但要言而有信，还要敢于承诺、勇于担当，如果一个人言出必行但是很少承诺，大家也不会十分依赖于他；反之一个人如果喜欢随便承诺却又少有兑现的话，会给人留下信口开河的印象。在这里我们还应注意到公式没有包含的对象，即没有承诺但是实践了的事实，这一部分的性质是很难定义的，有时候它甚至能对信誉建立起到负的作用。如果事先没有声明而进行了实践，就很难归结到信用上面。更极端来看，如果一个人全无承诺而只是埋头处理别人的要求，很有可能给人留下好好先生的印象，形成有求必应的恶性循环，最终将会拖垮自己的信誉；再者，一个人事先不声明而替别人进行了安排，这并不能建立信用，却有霸道随意的倾向，比如为将方面，将军必须先制定一个赏罚的原则，这就是做出了承诺，然后按原则赏罚，信用慢慢就建立了，如果只是将军"心里有数"，那么大家摸不着边际，任何赏罚都可能存在争议，信誉便大打折扣。

总而言之，信誉的建立必须经历"承诺—兑现"这样一个完整的过程，承诺环节要做到敢于承诺但又不随便承诺；兑现的时候要有执行力度但又不失弹性。还应该注意到"信"的建立是一个灵活且充满智慧的过程，《左传·哀公十六年》中叶公说道："复言，非信也。"把什么话都兑现绝对不是"信"，信用必须建立在"承诺"之上。

"严"在军队当中体现为铁血纪律，而个人品德上它将化身为人生最重要的品质之一——自律，某著名健身软件的宣传标语"自律给我自由"就紧紧抓住了人们对自律的渴望，人的性格和行为不能像原始森林当中的树木那样随意生长，人必须要会修剪自己，"严"就是人性的边框。人生的成长道路上要想成就一番事业，就必须对自己进行塑造，不但要有目标和方法，还应该去坚定不移地执行它，"严"的品质显得尤为重要。实际上，"严"的品质早在千年前就已经被纳入个人修养的范畴，《礼记·中庸》有言"君子慎其独也"，一个君子，在面临诸多为恶的可能性时能坚定自己。"严"划定了善恶、利弊、得失的界限，使人在成长的道路上棱角分明、与众不同。

"信""严"的品质都是发于己然后动于人，想要得到这两种品格的力量一定要对自己进行修养，然后才能起到协同的作用。

(四)"仁""勇"兼修外在处世

有了"智""信""严"这三种核心力量，能保证我们在人生的道路上，向着目标前进，并且走得快、走得远，但是到达目标的路有很多，不是哪一条都可以走，做人必须光明磊落走正道，所以"仁"和"勇"的出现是必然的，仁人勇士不会走歪路、走邪道。

"仁"和"勇"是一种目的下的两个方面，互为表里："仁"必须是勇仁、大仁，不能是怯仁、小仁；"勇"也必须是仁勇而不是害勇。兵家谈的将帅之"仁"提倡的是将帅要心怀仁爱之心，爱护士卒,才能让士卒奋勇杀敌,这种"仁"帮助将帅树立良好形象,但同时也带有一定的权术色彩。而其谈到的"勇"特指将帅能够果断勇敢,作战时拥有良好的心理素质,将帅的良好心理素质能够有效地激励士卒。不难看出,兵家提倡的"勇"和"仁"带有一定的局域性,要让这个概念覆盖到人生的领域必须进行一定程度的扩充,当然《孙子兵法》当中的"仁""勇"的内涵本身就具有一定的广泛性。

《孙子兵法》中除了在《计篇》说明将帅五德时提到了"仁",剩下的两次全部集中在《用间篇》,除了直接的"仁",其中他的仁爱思想还集中在对待战争审慎的态度,尽可能地减少战争来达到目的,提出了"不战而屈人之兵"的重要战略思想。仁的核心思想就是爱人,不但要爱队友,还要爱敌人,这种关爱不是盲目和狭隘的,而是站在整个局势上,甚至是人类全体上发出的。在成长的道路上,我们更要学会这种"仁":爱自己的长辈,谓之"孝",爱自己的同辈谓之"和",爱自己的晚辈谓之"慈"。我们不断成长、通往理想的道路上,这些都是做人最基本的品德,"仁"不但能使与自己相处的人们感到幸福,还能使自己获得实现感以及安全感。

"勇"的品质在一切对外活动当中占据重要的地位,基辛格在《论中国》当中说,"中国总被他们最勇敢的人保护得很好",从这句话中我们不难看出勇敢是有清楚的指向的,并且这个指向是基于理性的认识,从这个层面我们很容易区分勇敢和莽撞的区别。将帅敢于冲锋杀敌,这背后我们不得不说与一定的利益相关,但是也必定存在着另外一个非常重要的原因,那就是有所保护——国家、亲人、朋友;我们在人生路途中在追求人生目标的同时还应该有所持,敢于担当,敢于在灾难面前挺身而出,在这个过程中我们个人的价值才会被放大。

【教师点评】

《孙子兵法》对将帅提出了五种素质要求:智、信、仁、勇、严。人生亦如战场,需要好好思考,细细打量,这五种要求不但适用于将帅治兵杀敌,同样适用于个人的人生成长,以"智"引领人生方向,以"信""严"主导内在为人,以"仁""勇"兼修外在处世,将帅五德的确能有效助力人生理想。作者对"智"的三重内涵的阐释,对"信""严"的内涵的理解分析,对信誉度的定性公式等都非常精彩。该文条分缕析,逻辑清晰,行文流畅,读来不无裨益。

课后思考题

1.孙子讲的"相敌32法"古老而质朴,这在方法论上对人们有什么样的启示?

2.联系现实,谈谈对"令之以文,齐之以武"的理解和认识。

3.孙子认为"夫地形者,兵之助也",请举出古代战争中善于运用地形而取胜的例证。

4.为什么说三国末期邓艾的偷渡阴平是古往今来出奇制胜的典范?

第九章

《九地篇》《火攻篇》《用间篇》释义

第一节 《九地篇》释义

本篇在全书中篇幅最长，是十分重要的一篇。本篇主要论述在九种不同作战地区的用兵原则，并阐述了"兵之情主速""并敌一向，千里杀将"等问题。

本篇讲的九种地形和前篇讲的六种地形，同为"地形"，但不相同。本篇讲的九种地形，不完全是军事地形学的问题，而是指军队远征进入敌境后，在作战中可能遇到的地理环境和士兵的心理状况，兼就人情而说。本篇集中反映了孙子进攻速胜的战略思想。

一、"九地"之名与"九地"战法

> 九地之变，屈伸之利，人情之理，不可不察。

九种地形的不同处置，攻防进退和利害得失，官兵上下的不同心理，这些都不能不认真考察研究。

> 用兵之法，有散地，有轻地，有争地，有交地，有衢地，有重地，有圮地，有围地，有死地。

按照用兵的原则，兵要地理可分为散地、轻地、争地、交地、衢地、重地、圮地、围地、死地等九类。本篇提出九地之名后，随即界定了九地之义，并规定了九地的不同战法。

一为散地：

> 诸侯自战其地，为散地。
>
> 是故散地，吾将一其志。

散，读 sàn，离散、逃散，指诸侯在自己的领地内与敌作战，士卒在危急时很容易逃散，因此散地不宜作战，散地指导原则是要统一部队的意志。

二为轻地：

> 入人之地而不深者，为轻地。

轻地,吾将使之属。

进入敌境不深的地区,叫作轻地。属,读 zhǔ,连接,轻地要使部队相连接,这时军心尚在进退犹豫之间。

三为争地:

> 我得则利,彼得亦利者,为争地。
>
> 争地,吾将趋其后。

我先占领对我有利,敌先占领对敌有利的地区,称为争地。遇到争地,我要迅速前出到争地的后面。如果敌人尚未占领,我军应抢先占领,如果敌人已经占领,那么我军不要强攻。

四为交地:

> 我可以往,彼可以来者,为交地。
>
> 交地,吾将谨其守。

交地是指地势平坦,道路交错,敌我都可以往来的地区,要谨慎防守,防止敌人阻绝我军。

五为衢地:

> 诸侯之地三属,先至而得天下之众者,为衢地。
>
> 衢地,吾将固其结。

同几个诸侯国相毗邻,先期到达就可以获得诸侯列国援助的地区,叫作衢地。在衢地,我要巩固与诸侯国的结盟。

六为重地:

> 入人之地深,背城邑多者,为重地。
>
> 重地,吾将继其食。

深入敌境,越过许多敌人城邑的地区,叫作重地。重地要保证粮食的不断供应,一旦供应不上,只有掠夺才能解决粮秣供应。

七为圮地:

> 行山林、险阻、沮泽,凡难行之道者,为圮地。
>
> 圮地,吾将进其涂。

山林、险阻、沼泽等道路难行的地区,叫作圮地。在圮地要迅速通过。

八为围地:

> 所由入者隘,所从归者迂,彼寡可以击吾之众者,为围地。
>
> 围地,吾将塞其阙。

进军的道路狭窄,退兵的道路迂远,敌人可以以少击众的地区,叫作围地。在围地,我就要堵塞缺口。

九为死地：

> 疾战则存，不疾战则亡者，为死地。
> 死地，吾将示之以不活。

迅速奋战就能够生存，不迅速奋战就会全军覆灭的地区，叫作死地。死地，我就要表示必死的决心。

二、为客之道，深入则专，投入无所往，激发士气

先来解释一个范畴，古代兵法有所谓的主客之说，防御的一方为主，进攻的一方为客，本篇论述战略进攻问题，属远程奔袭的"为客之道"。原文这样说道：

> 凡为客之道：深入则专，主人不克；掠于饶野，三军足食；谨养而勿劳，并气积力；运兵计谋，为不可测。投之无所往，死且不北，死焉不得，士人尽力。兵士甚陷则不惧，无所往则固，深入则拘，不得已则斗。

大凡进入敌国作战的原则：深入敌境则军心专一，敌军无法胜我；在富饶地区夺取粮秣，保障三军得到充足的给养；注意休养士卒，勿使疲劳，提高士气，积蓄力量；合理用兵，巧设计谋，使敌人无法察知。把部队置于无路可走的境地，死也不会败退；既然士卒死都不怕，就会尽力作战了。士卒深陷危地，就无所畏惧；无路可走，军心就能稳固；深入敌国就不易涣散；迫不得已就会拼死战斗。

对于一支军队的统帅而言，如何提振、激励部队的士气是至关重要的问题，也是一个很大的难题。孙武提倡深入敌境作战，他形象地说道，发布命令之日，士卒们坐着的泪水沾湿了衣襟，躺着的则泪流面颊，可一旦把军队置于无路可走的绝境，就会有像专诸、曹刿那样的勇士。深入敌境进行作战，这样，士兵就能听从指挥，无所畏惧，努力作战，同时也能就地解决军队的给养问题。以上所讲是作者对为客之道的理解，接下来再看本篇中提出了哪些重要的战略进攻原则。

三、其他一些重要作战原则

（一）夺其所爱，攻其要害，争得主动

原文说道：

> 所谓古之善用兵者，能使敌人前后不相及，众寡不相恃，贵贱不相救，上下不相收，卒离而不集，兵合而不齐。

古时善于指挥作战的人，能够使敌人前后部队之间无法相互策应，主力与小部队不相依靠，官兵不能相救，上下指挥隔断，士卒涣散难以集中，对阵交战阵形不整齐。这主要在于"先夺其所爱，则听矣"，即先夺取敌人的要害之处，这样，敌人就会被迫听任我的摆布了。这一点是对《虚实篇》中"攻其所必救"的思想的进一步发挥。

（二）迅速行动，攻无备，击不意

　　兵之情主速，乘人之不及，由不虞之道，攻其所不戒也。

虞，预料的意思。不虞，料想不到。这句话意思是说用兵之理，贵在神速，乘敌人措手不及的时机，走敌人意料不到的道路，攻击敌人不加戒备的地方。《计篇》中讲到"攻其无备，出其不意"，《作战篇》讲"兵贵胜，不贵久"，这里又做了进一步发挥，后世讲的兵贵神速就是由此而来。我们前面讲到的三国末期邓艾偷渡阴平、奇袭成都就是这方面的典型例证。

（三）同舟共济，齐勇若一

　　故善用兵者，譬如率然；率然者，常山之蛇也。击其首则尾至，击其尾则首至，击其中则首尾俱至。敢问："兵可使如率然乎？"曰："可。"夫吴人与越人相恶也，当其同舟而济，遇风，其相救也如左右手。是故方马埋轮，未足恃也；齐勇若一，政之道也；刚柔皆得，地之理也。故善用兵者，携手若使一人，不得已也。

作者讲到，善于用兵打仗的人，就像率然一样。率然，是常山的一种蛇，打它的头，尾巴就来救应，打它的尾，头就来救应，打它的中部，头尾部就来救应。试问："军队可以使其像率然一样吗？"回答是："可以。"作者举了一个例子，吴国人与越国人虽然互相仇视，可是当他们同船渡河时，如遇大风，也能互相救援，犹如人的左右手一样。因此，想用系住马匹、埋起车轮的办法来稳定军队，那是靠不住的。要使全军齐心奋勇，在于组织指挥得法；要使强弱都能各尽其力，在于恰当地利用地形。所以，善于用兵的人，能使全军上下携手团结如同一人，这是因为客观形势迫使部队不得不这样。

（四）威加于敌，其国可毁

　　夫霸王之兵，伐大国，则其众不得聚；威加于敌，则其交不得合。是故不争天下之交，不养天下之权，信己之私，威加于敌，故其城可拔，其国可隳。

此处所说霸王之兵，指的是兵力强盛、称王争霸的军队，这种军队进攻大国，能使敌国的军民来不及动员集中；兵威施加于敌，就能使敌方的盟国无法配合策应。因此，没有必要去争着同天下诸侯结交，也不必在各诸侯国内培植自己的势力；只要伸展自己的战略意图，把威力加之于敌，就可以拔取敌人的城邑，摧毁敌人的国家。这种"霸王之兵，威加于敌"的思想我们似曾相识，对，它就是对孙子"不战而屈人之兵"的全胜战略的进一步发挥！

（五）并敌一向，千里杀将

　　故为兵之事，在于顺详敌之意，并敌一向，千里杀将，是谓巧能成事者也。

指导战争这件事，在于假装顺从敌人的战略意图，实则集中兵力于主攻方向，出兵千里斩杀其将，这就是所谓用巧妙的方法取得成功。

　　唐朝后期名将李愬雪夜袭取蔡州,擒获吴元济之役,是一成功的奇袭战。元和十一年(公元816年)十月初十,李愬利用风雪交加、敌军放松警戒、利于奇袭的天气,展开行动。军队的行动十分秘密,除个别将领外,全军上下均不知行军的目的地和部队的任务。当时夜深天寒,风雪大作,旌旗为之破裂,人马冻死者相望于道。人人自以为必死无疑,但众人都畏惧李愬,无人敢违令。当时唐军已有30余年未到蔡州城下,所以蔡州人毫无戒备,未发现唐军的行动。到达蔡州城下时才是四更天,唐军生擒了吴元济,平定了淮西藩镇割据的势力。

　　(六)秘密决策,隐蔽准备

　　　　是故政举之日,夷关折符,无通其使,厉于廊庙之上,以诛其事。敌人开阖,必亟入之。先其所爱,微与之期。践墨随敌,以决战事。是故始如处女,敌人开户,后如脱兔,敌不及拒。

　　作者在最后一段说道,当决定战争行动的时候,就要封锁关口,废除通行凭证,停止与敌国的使节往来,在廊庙之上研究决定作战大计。符,古时用木、竹、铜等做成的牌子,上面刻有图文,分为两半,各执一半,作为凭证。

　　一旦发现敌人有隙可乘,就要迅速乘虚而入。首先要夺其所爱,即夺取敌人最紧要的地方,而不要同敌人约期交战。践墨随敌:践,实践;墨,木工用以求准的墨线,指既定计划;随敌,因敌制胜。践墨随敌意思是说实施计划要随着敌情的变化而不断加以改变。最后说道,战斗打响之前要像未出嫁的女子一样沉静,使敌人放松戒备,战斗展开之后,则要像脱逃的兔子一样迅捷行动,使敌人来不及抗拒。这一段是古人对于突然袭击最古朴、最原始的描述,非常地生动。

四、孙子的"愚兵"思想

　　作者讲到了军队秘密开进的重要性,要严格保密作战的意图。蒙蔽士卒的耳目,使其对军事计划毫无所知;改变任务、变更计划、变更驻地、进军迂回绕道,使部属无法推断行动意图。将帅赋予军队任务,要像登高而抽去梯子一样,使其有进无退;率领军队深入敌国,像击发弩机射出箭一样,使其一往直前。这些对于军事行动的保密是有意义的,而作者所讲的把军队像驱赶羊群一样,赶过来,赶过去,使他们不知道到底要到哪里去,这就是明显的愚兵政策了。

学生感悟与体会

一、《九地篇》感悟体会一

浅谈"置之死地而后生"的运用条件

软件61班　朱志峰

　　"置之死地而后生"一语源自《孙子兵法·九地篇》:"投之亡地然后存,陷之死地然后生。夫众陷于害,然后能为胜败。"意为把军队投放在亡地上,然后才能保存,把兵卒驱逐进死地,反而才能得生。采用此法的前提条件在于我方处于较劣势地位,否则,当我方具有较大的优势时,采取这种办法,也就显得不合时宜了。

《孙子兵法·势篇》有语:"三军之众,可使必受敌而不败者,奇正是也。"此种将军队投之亡地,然后图胜,不失为战争中一种对于奇正之论的应用。然而,"置之死地然后生,陷之亡地而后存"之法,为奇之战术,有其出其不意的作用,也有其巨大的潜在风险。使用者需审时度势,了解其中的使用条件,才可将其运用得当,发挥出其应有的效果,否则,则是置己方于不利,自寻死路罢了。

"置之死地然后生,陷之亡地而后存",即主体主动地将己方势力置于明显的不利地位,达到在困境中发掘己方最大能力出其不意地转变形势的目的。运用此法,其一在于对"死地"程度的把握。置之死地,显而易见是将己方置于不利,在此意之中,对于死地的理解决定了其运用的效果如何。这里的死地并非是指绝对意义上的无法补救的境地,而应当是程度浅于绝境的一种不利地位,在此种意义下的死地与绝境之间还应有一段距离,正是因为这段距离的存在,才给己方在死地之中通过殊死一搏而获得生的希望提供了可能性,而这段距离的长短则决定了死地后生的效果如何。距离太长,则算不得死地,仅仅是处于不利地位而已,那就不能通过此种情况来获得其最大效果的激发;距离过短,则容易将己方陷于真正的绝境,其无异于自寻死路,毫无意义。然而对于死地程度的准确分析、认识与运用,受到各方面的因素的影响,如对于己方真正潜力的估计,对于敌方势力的合理的认识,以及理性的对于双方的形势的比较,等等。只有在权衡各方面因素的影响,理性判断双方的形势,准确把握死地的程度之后,才能真正地掌握胜负之间的杠杆,发挥出"投之亡地然后存,陷之死地然后生"的理论的真正效果。运用此法,其二在于处于死地之后准确分析己方能否在死地的作用效果之下,快速取得战争胜利,能否把握住稍纵即逝的战机,因为"死地"可以激励军队拼死一战的决心,但效果往往是非常短暂的。"疾战则存,不疾战则亡",如果被对方长期拖耗,则必然导致军心涣散,置军队于真正的绝境之中。

历史上对于"置之死地然后生,陷之亡地然后存"的运用案例不在少数。胜负皆有,而其胜负的结果无不可以用对于"死地"程度的把握能力和处于死地时对于战场战机的把握来解释。下面通过一些典型的案例来分析其正确性。

公元前204年爆发的井陉之战,楚汉战争中汉军统帅韩信表现出了"连百万之军,战必胜,攻必取"的卓越智谋和用兵韬略,其战绩堪称军事史上的奇观。此战实为应用"置之死地然后生,陷之亡地而后存"之法的典范。公元前204年10月,韩信统率汉军在井陉口对赵国发起攻击。井陉口是太行山有名的八大隘口之一,就是现在河北获鹿西十里的土木关。在它以西,有一条长约几十公里的狭窄驿道,易守难攻,不利于大部队的行动。当时赵军先期扼守住井陉口,居高临下,以逸待劳,且兵力雄厚,处于优势和主动地位。而此时汉军如果与赵军打消耗战,不出数日,必不攻自破。汉军处于不利地位便是此战中韩信运用置之死地而后生的奇之战术的前提条件。然而韩信最终采用置之死地而后生的战术,并不是单单由于汉军将处于不利地位而决定,我们说过,要达到真正灵活运用这种战术,还需多方面因素综合考虑。当时赵军主帅陈余手下的广武君李左车认为只要断汉军粮草辎重,打消耗战,汉军必不攻自破。然而,陈余却拘泥于"义兵不用诈谋奇计"的教条,认为韩信兵少且疲,不应避而不击,断然拒绝采纳李左车的作战方案。韩信探知李左车的计策没有被采纳,赵军主帅陈余轻敌情绪和希图速决的情况后,故此制定了背水一战、出奇制胜的良策。在决定了采用此战术之后,能否获胜便取决于对死地程度的把控能力上。韩信对于死地程度的把握主要在于部署奇袭赵军大营的二千名轻骑上。他一面派出一万人为前锋,反兵法布阵要"右倍山陵,前左水泽"之道而行之,到绵蔓水(今河北井陉县境内)东岸背靠河水布列阵势将部队在距井陉口三十里的地方扎下营寨,制造"死地"之景,以迷惑调动赵军,增长其轻敌情绪;另一面挑选二千名轻骑,让他们每人手持一面汉军的红色战旗,由偏僻小路迂回到赵军大营侧翼的抱犊寨山(今河北井陉县北)潜伏下来,准备乘隙袭占赵军大营,断敌归路,掌握调控死地程度的杠杆。部署甫定,决战便拉开了序幕。

决战之时,张耳、韩信亲自率领汉军向井陉口东边的赵军进逼过去。赵军见韩信背水而战,料韩信有勇无谋,便踌躇满志,离营迎战。两军厮杀了一阵子后,韩信就佯装战败,向绵蔓水方向后撤,与事先在那里背水列阵的部队迅速会合。赵王歇和陈余轻敌中计,挥军追击,倾全力猛攻背水阵,企图一举全歼汉军,此举正中韩信下怀。《孙子兵法·九地篇》有云:"兵士甚陷则不惧,无所往则固,深入则拘,不得已则斗。"汉军士兵看到前有强敌,后有水阻,无路可退,所以人人死战,个个拼命,赵军的凶猛攻势就这样被抑制住了。在士气受"死地"作用效果下而提升的短暂时间内,埋伏在赵军营垒翼侧的汉军二千轻骑则乘着赵军大营空虚无备,突然出击,袭占赵营,一举扭转战争局面。

井陉之战,韩信在己方如果长期作战将会处于劣势的情况下,将士兵背水列阵置于"死地",使士兵人人死战,个个拼命,极大地激发了士兵的战斗力。但此"死地"却是结合了奇兵,一主一辅。一方面给予士兵不胜则必亡的"绝地",激起士兵拼死一战的决心;另一方面,则给士兵心中留有一战也有可能胜的希望。比如出奇兵,使赵军老巢失守,这计划的成功,给了正在所谓死地中拼死一搏的汉军以胜利的希望,促使士兵认识到死战仍有生之希望,一战,可胜,不战,则必亡。此举就控制了"死地"的程度,防止了士兵因处死地而真正绝望导致的毫无战斗信心的情况,使形势巧妙地维持在胜与负的临界点上,并通过出奇制胜,打破僵局,扭转战争局面,因此此役得以成为以少胜多的典型范例。

同样的背水一战的案例可见于三国时期的汉水之战,同是一法但却有着与井陉之战不一样的结果。汉水之战,赵云用"空营计"哄退并击败曹军以后,曹操恼羞成怒,他不甘心自己的失败,又命令徐晃为先锋、王平为副将,进兵至汉水与蜀军决战。当徐晃、王平引军来到汉水岸边,徐晃命令前军渡水列阵。王平劝阻道:"军若渡水,倘要急退,如之奈何?"徐晃说:"昔韩信背水为阵,所谓'置之死地而后生'也。"王平坚决反对这种做法,他认为:"昔者韩信料敌无谋而用此计;今将军能料赵云、黄忠之意否?"徐晃固执己见,吩咐王平领步军拒敌,他自己引军马进攻。于是,魏军搭起了浮桥,渡过汉水迎战蜀军。徐晃背水列阵后,从早晨就开始挑战,直到黄昏,蜀军一直按兵不动。待到魏军人马疲乏,正要向回撤退之时,黄忠、赵云突然从两侧杀出,左右夹攻。魏军大败,兵士纷纷被逼入汉水,死亡无数。

回顾此战,失败的原因无非是在死地的程度与"疾战则存,不疾战则亡"的运用上。第一,在对于死地的把握上,徐晃的军队,虽然背水列阵,但是河上架有浮桥,背后尚有曹操大军压阵助威。所以,每一个将士都有求生之路。这种状况,无论如何也难以激起将士的拼死奋战精神,他们打得赢就打,打不赢就跑。名为死地,其实不然。此外,徐晃并未做到对敌方势力的正确估计,背水列阵,他却未料到对手始终坚守不战,曹军从早晨拖到了黄昏,已处于"暮气归"的状态,兵贵胜,不贵久,曹军错过了战斗的最佳时机。当战火点起以后,徐晃不但未能转患为利,激发士卒的杀敌斗志,反而使自己的军队陷入绝地。

另一个不得不提的战役是三国时期的街亭之战。公元 228 年(魏太和二年,蜀汉建兴六年)诸葛亮兴兵攻打曹魏。放弃魏延的奇兵之策,任参军马谡领导诸军,王平为副将(此时王平已弃魏投蜀),后于军事重地街亭防御曹魏将领张郃的进攻,并意图在街亭在手的时间内,步步为营,意图北伐之胜。马谡、王平二人兵到街亭,看了地势。马谡笑曰:"丞相何故多心也? 量此山僻之处,魏兵如何敢来!"王平曰:"虽然魏兵不敢来,可就此五路总口下寨,却令军士伐木为栅,以图久计。"谡曰:"当道岂是下寨之地? 此处侧边山,四而皆不相连,且树木极广,此乃天赐之险也;可就山上屯军。"平曰:"吾累随丞相经阵,每到之处,丞相尽意指教。今观此山,乃绝地也;若魏兵断我汲水之道,军士不战自乱矣。"谡曰:"汝莫乱道! 孙子云:置之死地而后生。若魏兵绝我汲水之道,蜀兵岂不死战? 以一可当百也。吾素读兵书,丞相诸事尚问于我,汝奈何相阻耶?"由此可见,马谡欲使置之死地而后生之法,殊不知,死套兵法将战争引向了死路。张郃到后,包围山上,又断绝山上马谡军的水源,再加之魏军之众数倍于马谡军,力量悬殊,马谡军几经突破而不得,张郃将马谡军死死困于山上,待其军心涣散,大举进击,大破马谡军,士卒四散,溃不成军。

街亭之战中,诸葛亮料敌于先,抢占街亭重地,马谡本可听从诸葛亮之言,于五路总口下寨,令军士伐木为栅,以图久计,如遇不测,也可与魏延之军接应,马谡军本与魏军力量相差悬殊,采用亡地后存之法,实则是将自身置于绝地而不知。单纯从死地后生的运用条件来说,马谡未全面考虑战场形势,错误地评价了双方实力,忽视死地后生的前提条件,以招致失败。

从以上的几场经典战例可以看出,想要正确地运用"置之死地然后生,陷之亡地而后存"之法并非易事。首先需要审时度势,正确分析当前的处境是否可以使用此法,避免出现明明身处优势,却死用兵法,将己方主动处于被动地位的情况,或者是明明敌我双方差距天壤之别,却要生搬硬套、以卵击石的作死行为;当确定使用"置之死地然后生,陷之亡地而后存"之法时,要掌握控制战争胜负平衡点的能力,准确把握和控制死地的程度,使其发挥出对战争的最大激发效果。其次,还应注意兵贵胜,不贵久。采用这种方法,疾战则存,不疾战则亡,死地本就是为激发士气、提高战斗力所造之,切忌被敌方打长久战,否则,时间一长,死地所造士气必受影响,己方必会不攻自破。

【教师点评】

《孙子兵法·九地篇》有语:"投之亡地然后存,陷之死地然后生。夫众陷于害,然后能为胜败。""置之死地而后生,陷之亡地而后存"的战术思想,作为一种"奇"的战术,往往在战场处于被动时,能发挥出不可小视的作用。但要正确运用,还要合理恰当地判断使用此法的条件和控制"死地"的程度,以及理解陷于死地之后作战特点。历史上对于这一原则的运用案例很多,胜负皆有,而其胜负的结果无不可以用对于"死地"程度的把握能力和处于死地时对于战场战机的把握来解释。该文作者通过一些典型的案例来分析,史例和说理相结合,体现出了较高的军事素养以及出色的论说能力。

二、《九地篇》感悟体会二

智者之虑,必杂于利害

理试 902 徐红伟

战略家的高明,在于他们有全面驾驭"利"与"害"关系的杰出智慧,尤其是在看待"利"与"害"的时候能够清醒地分清主次和轻重缓急。

《孙子兵法·九变篇》中说道:"是故智者之虑,必杂于利害。杂于利,而务可信也;杂于害,而患可解也。"意思是智者考虑问题,一定会兼顾"利"与"害"两个方面:在逆境中看到有利的一面,才能让事情顺利发展;在顺境中看到有害的一面,才能解决祸患。在孙子看来,"利"与"害"于同一事物之中并存,二者如影相随,不可分割。"故不尽知用兵之害者,则不能尽知用兵之利也"(《孙子兵法·作战篇》)。高明的战略家,往往把"利"和"害"作为一个整体来考量,见利思害,见害思利,兼顾到"利"与"害"两个方面。不止兵法如是,凡事皆是如此。

(一)杂于利

"冬天总不会是永远的,严寒一旦开始消退,万物就会破土而出。"(路遥《平凡的世界》)。韩信背水一战中,将士兵"置于死地",激发士卒以死求生的战斗精神,从而夺取了战争的胜利,实现"而后生"。在面对十数倍于自己的敌人时,韩信怡然不惧,在"害"中寻"利",冷静分析部署,将危局转化至有利于自己的局势。

2019 年,美国突掀巨浪,制裁华为,禁止美企向华为出售前沿核心产品。封杀令一出,世界哗然。面对这一突发状况,华为没有慌了神,反而借势推出研制已十多年的"鸿蒙"操作系统,紧接着又领先世界各大电商巨头,提倡 5G 时代,迅速提升了自己的知名度。任正非说:"美国的这一举动不仅没有打垮华为,反而成就了华为。"在困境中,华为没有彷徨,而是迅速利用自身优势,寻找破局之法。正是这种"杂于害"的精神,帮助华为渡过了难关。

古语有云:"塞翁失马,焉知非福。"面对不利情况时,我们应该认真分析其中的利害关系,转换思维。困境,应该成为我们奋发向上的动力,而非阻碍我们前行的绊脚石。

(二)杂于害

"欲思其利,必虑其害;欲思其成,必虑其败。"(《便宜十六策·思虑》)三国时期,曹丕即位后不久,为了打击诽谤之言,下令"有妖言惑众者杀,有告发妖言惑众者赏",导致互相诬告的案件越来越多;曹丕没了办法,又下诏说:"敢以诽谤相告者,以所告者罪。"这样一来,即使想实事求是揭发问题的人也都望而却步。曹丕在鼓励揭发问题和纠正诬告倾向时,只考虑了其利好,却并未考虑其影响,最终才导致了这般结局。

之前提到华为,能破美国设下的局,一方面是因为它在危局中能镇定自若,化艰险为动力;另一方面,则是因为它十数年的积累。这十多年来,华为虽一路顺风,却在这顺利的发展中,居安思危,念其变故之危,如履薄冰般思虑着彼时尚未出现之害,不断精进前沿技术,才使华为在此种狂潮危局中有惊无险。

白岩松说:"毁掉一个人最好的方式就是让他追求完美和到达极致。"在追求完美时,我们往往会忘了与之相伴的危机。其实,在顺境中,我们更应该小心谨慎,若能在欣喜若狂之际,猛然"泼自己一盆冷水",谁又能瞧见? 不过予片刻可致远之心境罢。于这"利"中,仔细这些相生之"害"。

(三)"杂于利害"的选择

"黄色的林子里有两条路,很遗憾我无法同时选择两者。"(罗伯特·弗罗斯特《未选择的路》)在面对芜杂抉择时,取舍,便是一门学问。"塗有所不由,军有所不击,城有所不攻,地有所不争,君命有所不受"(《孙子兵法·九变篇》)说的便是一种取舍。然而,这里的取舍却不是盲目地取舍,而是"杂于利害"的取舍。

李渊在占领霍邑之后,进军到龙门,以主力围攻河东,河东的隋军守将屈突通凭坚固守。李渊久攻不下,便决定暂时绕过河东直取长安。结果便很快夺取了长安,攻下了关中。河东守将屈突通被迫投降。李渊虽然看似舍弃了河东,却获得了更多的回报。没有强攻河东,避免了伤亡,却也达到了目的。这一"舍",不可谓不高明。

权衡利弊,放弃一些无关紧要、并非迫切的事,是对"杂于利害"的充分理解与应用,也是智慧的体现。

(四)对社会发展的启示

顺境也绝非没有恐惧和磨难,而逆境也并非不存在慰藉和希望。

——培根

现如今,历经坎坷,大国崛起终成现实。改革开放以来,深圳特区从滩涂与渔村转变为创客的不夜城;西藏从农奴解放不久的迷茫到基本公共服务体系不断健全的情怀之都……举国上下走向发展的顺利之途。但身在顺境,怎能不居安思危,从历史中的其他国家吸取教训,看看这社会中藏匿于"角落"中的不平衡。《了不起的盖茨比》为我们描绘了一战后迅速发展的美国与令人渴望"美国梦",但物质纷繁中埋没着阶级分化,纸醉金迷间隐藏着空虚寂寞。"美国梦""日本梦"以及其余等等,都在以真实的教训告诉我们不忘初心,方得始终。若不能在顺境中看到其中的问题与磨难,只会在甜蜜中沾沾自喜,定会导致突如其来的打击,"眼看他起高楼,也眼看着他楼塌了"。

但若遇到阻碍,逆境中也并非不存在慰藉和希望。近两年,我国在国际上连连受制,与世界超级大国开始了贸易博弈,但谁说这单单是一场"被制裁"？我国经济发展已大部分靠内需拉动,而此次制裁又让我们深刻体会"科技是第一生产力",经济发展的调结构、转方式也已在我国迅速传播与开展,虽程度仍不及一些发达国家,但此次逆境亦为我们迈向全面小康、迈向社会主义现代化的重要机遇,此次经历必将使中国社会的局部产业发生重大变革。此次疫情亦是如此。处于伟大历史节点中的我们,亲历此次"疫情",希冀在逆境中成长,找到为国为民的方向,成其大者。

(五)对个人发展的思考

"兵法在公则为政治秘诀,在私则为处世秘诀。孙子的兵法,皆是立身处世的教科书。"([日]平田晋普)在对理解这句话时,我有了一些自己的感悟:

其一,有人说顺境成就人生,也有人说逆境成就人生,但我认为顺逆交替的人生,才是最好的人生。若人生皆为顺境,这可能会使人生一帆风顺,前路无阻,但也许到头来只懂得老天对我们关照有加,却不懂得人生的意义在哪里。一味地顺,会纵容人的惰性,消磨人的意志。人生的意义,本就在于经历各色各样的事情,在这些事情当中得出结论,也得到自己的感悟和道理。当然,顺境是按着自己的心意去发展,没有料想不到的意外或突变,悟得的结论便不够丰富,况言深刻？而逆境就不尽相同,它会给人挫折,激发内在的潜能与未知的良性,进一步完善我们的人格。

但若人生皆为逆境,就会对人的身心产生一次次的打击,这时,若是没有一个好的心态和乐观向上的精神,人将终日郁郁寡欢,再也提不起斗志来,绝无可能绝处逢生了。可见,顺境逆境需交替出现,方可截住一杯有毒的蜜饯,或在黑暗的泥淖中拉出绝望的人儿。

其二,面对各种矛盾和困难,我们必须要做到居安思危、防患于未然。曾国藩说过,"事以急败,思因缓得"。在遇事时,我们不应盲目决策,而要做到"三思而后行"。当然,这并不是让我们做事畏首畏尾,而是让我们在行事前留给自己一些思考的时间,留下"缓冲区",充分了解其中的机遇与挑战。事实上,把矛盾想得复杂一些,把困难考虑得艰难一些,把对策考虑得周全一些,才更有利于我们主动思考对策,积极化解矛盾,从而争取到最好的结果。当然,在面临事关国家、民族大义的决策时,我们应谨守"进不求名,退不避罪,唯民是保"(《孙子兵法·地形篇》)的原则,切不可因为一己之利而损害人民利益。当"杂于利害"地思考过后,我们应该立即执行有利的决策,而不能借"三思"之名,行偷懒之事。

《孙子兵法》教会我们的不仅仅是战争的艺术,还有为人处事的道理。愿在以后学习中能进一步挖掘其中的智慧,感悟其中的哲理。

【教师点评】

战争是人类社会对抗冲突最为激烈的领域,因其竞争的残酷性,所以对利害关系的把握就十分重要,战略家的高明,在于他们有全面驾驭"利"与"害"关系的杰出智慧。"利害论"是《孙子兵法》中非常重要的一个思想方法论,上升到了哲学方法的高度,因其重要,也因同学们对这个问题的认识颇为精到,所以本书选取了三篇有关"利害论"的论文。该文作者从几个方面利害关系进行了全方位的阐释,尤其在"对个人发展的思考"一节中,联系生活实际,分享人生感悟,娓娓道来,个中的思考很有意义。

第二节 《火攻篇》释义

本篇是先秦时期火攻作战经验的总结性文字,主要论述了火攻的种类、条件和实施方法等,同时警告明君良将"亡国不可以复存,死者不可以复生",从而提出了"主不可以怒而兴师,将不可以愠而致战"的慎战思想。

题解:火攻,以火攻敌,以火助攻。

一、以火佐功:春秋时期的火攻战

先来了解一下春秋时期的火攻战。鲁史《春秋》中提到的公元前705年的"焚咸丘"是文献中记载的最早的火攻战例。后来火攻逐渐在战场上使用,公元前649年,戎狄火烧王城东门,公元前555年的平阴之战是规模较大的火攻战,晋军率诸侯国追杀齐军,"焚雍门及西郊、南郭",还有如吴楚柏举之战中也运用到了火攻战。

总的来看,春秋初期,火攻运用还比较少;到了战国时期,随着战争观念的变化、战争残酷程度的增加,以火助战普遍使用。这一时期,主要使用薪柴膏油作燃料,发火方式有三种:一是近距离时采用人工点火。譬如公元前685年,楚国对郑国实施火攻时即采用此种方式。二是距离较远时用火箭纵火,主要用于攻打城门或者敌人的营帐。三是使用"火兽"进攻敌人。如即墨之战中田单使用的"火牛阵"。

二、火攻的运用

> 孙子曰:凡火攻有五:一曰火人,二曰火积,三曰火辎,四曰火库,五曰火队。行火必有因,烟火必素具。发火有时,起火有日。

孙子把火攻的方法分为五类:一是火烧敌军的人马,二是火烧敌军积聚的粮草,三是火烧敌军的辎重,四是火烧敌军的仓库,五是火烧敌军的运输设施。火队,队通隧,道路的意思,指运输设施。

较著名的火攻战有:火人,如三国时期赤壁之战中孙刘联军火烧曹军船舰,大败曹军;火辎,曹操在官渡之战前夕,火烧袁军囤积在乌巢的粮草辎重。

孙武还提出"行火必有因,烟火必素具"等实施火攻的物质条件,意思是指实施火攻必须具备一定的条件,发火器材必须经常准备好。特别强调必须"具备发火有时,起火有日"的气象条件。这是在军事上利用火和气象等自然条件的较早记载,也是孙武对道、天、地、将、法等五事中天时条件的具体运用。

孙武虽然重视火攻,但他只把纵火作为辅助进攻的一种形式,强调要与兵攻密切配合。火攻、水攻虽然有较强的威力,但如不适时地投入兵力,实施进攻,也是不能成功的。所以他明确地指出,"必因五火之变而应之",即必须利用纵火所引起的敌情变化,适时地指挥军队发起攻击,以求发展和扩大战果。

三、慎战的思想

> 夫战胜攻取,而不修其功者凶,命曰费留。故曰:明主虑之,良将修之。

首先对"费留"进行解释:留,通"流";费留,白费的意思。曹操注:"若水之留(流),不复还也。"凡打了胜仗,攻取了土地、城池,而不能够巩固胜利,是危险的,这就叫作费留。因此明智的国君一定要慎重地考虑这个问题,贤良的将帅必须认真处理这个问题。这就是说打了胜仗,要设法争取人心,巩固战果,否则情况会很危险。这让人们想起了公元前506年吴军攻入楚国郢都之后,吴人争宫的事件。吴国君臣见楚国宫室之富,妻妾之美,于是住进楚王宫室,尽妻其后宫。吴军的倒行逆施激起了楚人强烈的反抗,在占领楚国数月后,并不能安抚楚人,而这时吴国后院起火,越王允常趁吴国内空虚,举兵进入吴国,秦国又出兵助楚,阖闾弟夫概率兵回国,自立为王,吴王阖闾军不得不引兵回吴。

《左传·定公五年》曾记载:

> 楚子入于郢。初,斗辛闻吴人之争宫也,曰:"吾闻之'不让,则不和;不和,不可以远征。'吴争于楚,必有乱;有乱,则必归,焉能定楚?"

这里的不让,就是谦让的意思,和,和睦的意思。果然后来的情况被不幸而言中。所以此处孙武的这段话很可能是日后在修订十三篇时对吴国历史教训的总结。

接下来看这一段:

> 非利不动,非得不用,非危不战。主不可以怒而兴师,将不可以愠而致战。合于利而动,不合于利而止。怒可以复喜,愠可以复悦,亡国不可以复存,死者不可以复生。故明君慎之,良将警之,此安国全军之道也。

孙武提出了"三非"原则:非利不动,非得不用,非危不战。即不对国家有利,就不采取军事行动;没有取胜的把握,就不要随便用兵;不是危急紧迫之时,不要轻易开战。国君不可凭一时的恼怒而兴兵打仗,将帅不可凭一时的怨愤而与敌交战。符合国家利益就行动,不符合国家利益就停止。恼怒可以重新欢喜,怨愤可以重新高兴,但是国亡了就不能再存,人死了就不能再活。所以明智的国君对战争问题一定要慎重,贤良的将帅对战争问题一定要警惕,这些都是关系到国家和军队安全的根本道理。

这是本篇中一个重要内容,即孙子的慎战思想。他强调君主和将帅对战争要慎重从事,指出国君不可以凭个人喜怒而发动战争,将帅也不可以逞一时意气而轻率动武。无论是战是和,都必须以利益的大小或有无为依据:合于利而动,不合于利而止。他认为这才是真正的安国全军之道。孙武的这一慎战思想，与其"兵者，国之大事"的重战思想是一致的。这种重战、慎战的思想是可贵的，是先秦进步军事思想的重要特点之一。

学生感悟与体会

一、《火攻篇》感悟体会一

《孙子兵法》与围棋

法学71班　赵崇智

我不仅是一名十足的军事爱好者，而且对围棋也有着由衷的热爱。记得课上，我从围棋的角度回答过一个有关"形"与"势"关系的问题。当时徐老师就说，这是一个非常新颖的角度，从这个角度应该可以写出一篇不错的论文。于是，我就准备以此着眼，小试牛刀。我实则兵法尚疏，棋艺不精，文中内容定有不当之处，请老师多多指教。

我觉得有必要从围棋的规则说起。然而，这篇文章并不是教人如何下围棋，所以无须事无巨细地一一列举。需要明确的主要有以下几点：

第一，围棋本质上是一种"占地"的游戏，谁围出的地盘大谁将获胜。当双方的地域完全确定，而且边界也最后巩固下来时，对局即告结束。第二，围棋中的每颗棋子本质上没有任何不同，由对局双方依次放在盘上。然而在对局的不同阶段，放在盘上的不同位置，效果却差之千里。第三，一盘棋大致可以分为"布局""中盘""官子"三个阶段。仅仅从字面上似乎不是那么容易理解。如果与一场战争相对应，那大概就是"排兵布阵""短兵相接""打扫战场"。

通过以上介绍，不懂围棋的朋友应该明白了棋手们抓耳挠腮、苦思冥想大致是在干什么（当然，看到棋谱肯定还是不明白，那非常正常），原来他们是在谋划一场战争啊，怪不得需要深思熟虑，也难怪围棋被称作人类智力游戏的金字塔尖。坦诚地说，围棋中的谋略和真正战争中需要考虑的因素相比，还是小巫见大巫了。围棋每一步棋的可能性毕竟是有限的（必须要落在盘上），虽然这种可能性远远超过人类计算之所及，但在基于大数据的人工智能面前却不是不能解决。近年，阿尔法围棋机器人（AlphaGo）的横空出世完完全全改变了人类对围棋的认知。之所以它能挫败以李世石、柯洁为首的一众围棋顶尖高手，正是因为它通过大数据计算找到了每一步棋的"最优解"，并且不会失误。然而，真正的战争需要考虑的东西更趋于无限，而且更难量化，这也就是为什么尽管人工智能模拟战争的系统已经广为各国应用，却没有人能够将其定义为"最优解"，而是仅仅停留在"参考"的层面。我个人对科技的发展持乐观态度，说不定哪一天人工智能对于战争过程的操纵、战争结果的预测也能做到无限趋近100%，但直到那一天到来之前，"兵法"都一定具有它存在的意义；而作为最接近真实战争的游戏围棋，也一定具有它的战略研究价值。

接下来言归正传。我将引《围棋十诀》和《孙子兵法》有关内容，并逐条对应展开论述。《围棋十诀》是中国古代对围棋对弈的经验和总结,始见于南宋。短短40个字,高度浓缩了围棋的战略思想,蕴含着深刻的哲理。

> 兵者,国之大事,死生之地,存亡之道,不可不察也。 ——《孙子兵法》
>
> 不得贪胜。 ——《围棋十诀》

作为诸子百家里"兵家"的代表,孙子没有盲目求战,他强调的是"慎战";而《围棋十诀》第一句,就开宗明义地指出"不得贪胜",真是有异曲同工之妙。

被西方誉为军事理论家、战略大师的李德尔·哈特曾意味深长地说:"在第一次世界大战之前的时代,欧洲军事思想深受克劳塞维茨的《战争论》影响。假使这种思想能够受到孙子思想的调和和平衡,则人类文明在21世纪两次世界大战中所遭受的重大灾难也就一定可以减轻不少。"的确,"先为而败"的战例在古今中外战争史上屡见不鲜,二战时的法西斯国家的暴行便是让全世界人民刻骨铭心的记忆。而促使他们发动战争的诱因,用一个字形容,那就是"贪"。贪什么?贪人口,贪财富,贪"阳光下的地盘"。这种"贪"的诱因,决定了"道"的背离,进而间接影响了战争的结局。在棋盘上,主动挑起战斗同样是一种风险极大的行为。倘若有"贪"的思想在里面,一样会是十战九败。如果自己的棋形还十分薄弱,却一味地去贪吃别人的子,最后必然会出现攻守异势的情况,被对方反攻倒算,偷鸡不着反蚀一把米。相反如果一开始就构筑了厚势,看起来似乎步调慢一些,但在今后的作战中往往能左右逢源,弈来得心应手。下围棋时有人明知自己的棋形有破绽也不肯轻易去补,一味去占所谓的大场,或去无理地攻杀对方,结果往往欲速则不达,被对方反戈一击,弄得狼狈不堪,从此丧失优势,一败涂地。

> 主不可以怒而兴师,将不可以愠而致战。合于利而动,不合于利而止。
>
> ——《孙子兵法》
>
> 入界宜缓,攻彼顾我,……慎勿轻速。 ——《围棋十诀》

已经记不清有多少战例的失败,是因为指挥官一个冲动的决定,或是一时热血的想法。项王面对"人言楚人沐猴而冠"的说辞,一怒之下将说者烹杀;曹操大笑三声,大军南下直捣江南,赤壁一战丢盔弃甲;吴三桂一怒为红颜,引清兵入关,自毁长城;曾国藩早年在不利局面下与太平天国军队决一死战,险些跳河自杀身亡;小布什不听父亲劝阻执意发动阿富汗和伊拉克战争,赢得了战争却让美国背上了沉重的包袱,更使得美国的霸权主义形象深入人心。

黑白的世界也是如此。目前排名世界第一的世界围棋冠军柯洁认为自己和阿尔法围棋机器人(AlphaGo)最大的差距便是"人是有情绪的,而情绪往往会带来失误"。而一代棋王李昌镐在控制情绪方面堪称楷模。李昌镐曾是世界棋坛无可争议的王者,夺得18个世界冠军,堪称前无古人。然而,他的棋风却是平淡无奇,朴实无华。他善于"兵不血刃,不战屈人"。在对局中,李昌镐经常下出看似吃亏乃至笨拙的棋来,但在关键时刻却能发挥巨大作用。他的棋很少出错,但只要对手稍有失误,便会遭到他的致命一击。即使局面稍稍落后,他依然不急不躁,就像在优势局面行棋一样稳健。他深知"忿速,可侮也",急躁易怒必然会走向败亡之道,无论在何时,下棋都要按棋理而行。正是因为这种超乎常人的淡然,李昌镐在世界棋坛享有"石佛"

"少年姜太公"之雅号。

> 利而诱之,乱而取之,实而备之,强而避之,怒而挠之,卑而骄之,佚而劳之,亲而离之。
>
> ——《孙子兵法》
>
> 弃子争先,舍小就大,逢危须弃。
>
> ——《围棋十诀》

"避实击虚""奇正互变"是《孙子兵法》中极为重要的战略思想,这是古往今来大多数战争的取胜之匙。而在围棋里,常有保留一说,"两打同情不打",留有余味,是为了保留变化;"近而示之远,远而示之近",声东击西,以迂为直,是为了创造有利时机;"利而诱之,乱而取之",是为了冲击薄弱之地;"实而备之,强而避之",远离厚势,彼强自保,必要时要勇于弃子转身,壮士断腕;"怒而挠之,卑而骄之",打心理战,扰乱对方部署;"佚而劳之,亲而离之",使敌人的行棋效率变低,最好让他兄弟打架,滚成包子,变成愚形;"攻其无备,出其不意",不循常理,发挥创造性,掌握主导权。

而"弃子取势"是围棋中极为高明的一种战略,本质上是为了以较小的牺牲或者是暂时的退缩换来更为广阔的发展空间,因而围棋术语有"扩大棋盘"一说。外行可能会觉得,棋盘上的点位是固定的,何来"扩大"?这显然就没有得到其真正的奥义。回想晋楚城濮之战,晋文公"退避三舍",一度受到质疑,这不是白白将主动权交到对方手上了吗?然而,这却是晋文公后发制人的一着"妙棋"。在政治上,它取得了"君退臣犯,曲在彼矣"的主动,赢得了舆论上的同情。在军事上,它避开了楚军锋芒,便于同齐、秦等盟国军队会合,先占据了地利,以逸待劳,从而为晋军后发制人,夺取决战胜利奠定了坚实的基础。

> 能因敌变化而取胜者,谓之神。
>
> ——《孙子兵法》
>
> 动须相应,彼强自保,势孤取和。
>
> ——《围棋十诀》

俗话说,"计划赶不上变化"。再好的战略,不根据实际情况而动,不随对手之动而动,结果只能是一纸空文。熟读《孙子兵法》的赵括,却在长平遭遇惨败,就因为他只会"纸上谈兵",却不明白实际情况的应用。与之相反,毛泽东有一句脍炙人口的名言:"敌进我退,敌退我进,敌困我扰,敌疲我打。"看看,"我"的一举一动时时刻刻受敌方的一举一动影响,"我"的进攻或防御的战略实际上是由敌方的战略所决定。

棋盘上也是如此。围棋里有"势""地"之分,通俗地说,"势"更强调发展潜力,而"地"强调更加安全的实空。故棋谚有"势地两分"的说法。日本著名围棋手武宫正树和赵治勋分别是"宇宙流"和"地沟流"的代表人物。顾名思义,"宇宙流"就是以中腹为先,注重取势;而"地沟流"恰恰相反,以实地为重,主张"先捞后洗"。然而,武宫正树和赵治勋并非只是一味取势或者取地,而只是一种时机的选择。武宫本人接受采访时就提到,严格意义上说,他的棋风用"自然流"形容更加恰切——绝不是一味取势,而是因时而动,顺势而为。如果对手有意限制取势,此刻倘若一意孤行,无疑是中了对手的圈套。

综上所述,围棋和《孙子兵法》在战略思想高度具有惊人的相似性。研究《孙子兵法》,有助于棋艺精进;研究围棋,就是在另一个角度应用《孙子兵法》——棋盘就像没有硝烟的战场。

【教师点评】

尧造围棋,孙子著兵法。中国传统文化源远流长、博大精深,同时又相互融合,在完全不同的领域可能具有共同或相似的思想渊源与精神根基。《孙子兵法》的研究对象是战争,对竞争对抗艺术的揭示达到了炉火纯青的高度,围棋则被称作人类智力游戏的金字塔尖,一为热战,一为冷战。该文从《孙子兵法》与围棋在战略高度和哲学思想上的一致性出发,对二者进行宏观把握,努力探寻二者深处的奥秘。

二、《火攻篇》感悟体会二

论《孙子兵法》中战争的利害和慎战思想

机类 731 班　屈熙伟

古往今来,战争从未离开过人类社会。随着战争的不断演化,战争的科技、作战方式等也发生了巨大的变化,但《孙子兵法》从未落伍,我认为这是因为它并没有拘泥于单纯的战争策略,它对于国家和战争的关系也做了一定的分析。

《孙子兵法》有云:"故不尽知用兵之害者,则不能尽知用兵之利也。"这句话是说,不能认识到战争是把双刃剑的人,便不能很好地从战争中获利。那么,什么是战争的利害呢?

战争的利,既是战胜国凭借军事胜利所获得的攫取政治利益的机会,又是某些国家保存实力的方式。前者,例如中国历史中朝代的更替,先前没落的朝代最后用军事的失败彻底结束自己的统治;后者则有二战中英法军队的敦刻尔克大撤退,虽然失败,但保存了一定的实力,从而有利于后来的反攻。

那么,什么是战争的害呢?只是失败的损失吗?不是,从某些层面讲,战争,没有胜利者,只有失败者。这是说,一旦战争开始,战败的一方固然有巨大的损失,战胜的一方又何尝不是呢?两方的政治、经济甚至文化都会遭受损失,同时,双方的平民也会受到很大的影响。另者,经历战争之后,国家的军事实力一定会受到影响。所以,战争之害,在多国争端时尤为显著,甚至有螳螂捕蝉、黄雀在后的情况出现。就像历史上明朝的灭亡,便是清军和内部农民起义军所造成的内外交困的状况导致的。两方的战争,使得国家的财政吃紧,从而渐渐失去了全局的主导权,最后灭亡。

《孙子兵法》中说:"近于师者贵卖,贵卖则百姓财竭,财竭则急于丘役。力屈财殚,中原内虚于家。"这是对于当时战争的写照。虽然这种情况具有时代的限制性,但它的确显示出了孙子对于战争会影响民生这一规律的认识。我们从这一点可以看出,战争对于人类社会的发展具有客观的破坏性,对于社会的发展具有阻碍作用。尽管它一定程度上调节了社会矛盾,但暴力的不温和的方式本身的破坏性使得我们在选择时必须要深思熟虑,从多个角度分析利弊。

所以,慎战是为社会发展考虑的决策,有利于人类社会的长远发展。慎战,是一个权衡利弊的过程,慎战是对于战争怀有畏惧之心,不轻易发动战争,但这并不意味着要一味地妥协退让。慎战,也要有可以和别国一战的实力。"先为不可胜,以待敌之可胜",想要处于不可被战胜的地位,国家要强大,也要居安思危,重视和平时期的军事发展,从而在冲突事件中掌握主动权并拥有谈判的资格。特殊情况下,我们要用战争来维护我们自己的利益。例如,西汉时期,卫青和霍去病出击匈奴,收复失地。虽然这个时期汉武帝的穷兵黩武导致了社会的动荡,但北击匈奴的战争使得当时的边塞得到了安定,也维护了中华民族的尊严。

慎战并不仅仅是指谨慎地发动战争,还指在战争发生的时候,谨慎地采取战争策略,保证自己能够在战争中处于稳定的地位,从而保证在战争中得到尽可能多的利益。

战争发生的时候,首先要挑选有才能的将领。《孙子兵法·九变篇》中谈到了将之五危:"必死,可杀也;必生,可虏也;忿速,可侮也;廉洁,可辱也;爱民,可烦也。""覆军杀将,必以五危,不可不察也。"担任将领的人不能只知道拼杀,不能贪生怕死,不能暴躁易怒,不能一味清廉好名,也不能过于溺爱军士。这不仅是对担任将领的人的要求,也可以作为统治者选拔将领的标准。上面所说的"五危",说的其实是将领不能因小失大,不能因为一己私欲或者个人情感固执地做不符合战场的情况,或者不利于国家从战争中得利,或者在战争中减小损失的事情。将领的正确指挥对于战争的胜利有着十分重大的意义。《孙子兵法·九地篇》中有云:"所谓古之善用兵者,能使敌人前后不相及,众寡不相恃,贵贱不相救,上下不相收,卒离而不集,兵合而不齐。"将领的合理指挥能够使得敌人的阵型发生混乱或者使敌人不能完全发挥自己的实力,例如,调虎离山,攻其不备,这样的方式可以在很大程度上增加胜算,减小损失,也是战争的大局观的体现。

《孙子兵法》开篇就说战争是国家的头等大事,关系民众的生死和国家的存亡。战争的主体是国家,也就是说,战争不单单是将领实力超群,兵力、粮食足够就可以了,它真正需要的是国家的支持。这里的反面教材就是因为缺乏预算导致军队装备落后的北洋舰队。北洋舰队在黄海大战中败北,而这时清政府本有能力改进设施,提升军队战斗力。北洋舰队当时已经缺钱到了充当运输船来赚取军费,自己用劣质煤,给日本卖无烟煤等的地步。然而,当时大部分国库资金都被用来准备慈禧的七十大寿。此等荒谬腐朽之政府,焉有不亡之理?军队的政治支持和经济支持一样的重要,所谓的政治支持,就是不要让军事被政治过多干涉。土木堡一战,不懂军事的王振干涉军事指挥,终究使得明朝的主力军全军覆没。唐朝安史之乱时,统治者不明情况,命令哥舒翰贸然出击,导致了灵宝之战的失败……所以,统治者不应过多干涉将领的军事指挥。同时,也要做到政治斗争和军事战争界限分明。倘若战争中,将领还要被政治斗争所影响,那么,战争怎么能够胜利?战争百害无一利矣。

《孙子兵法》不仅教会将领如何指挥作战,如何战斗,也教统治者如何慎战,决定是否发动战争以及怎样做能为国家从战争中获利。这便是《孙子兵法》能够长久不衰的原因之一。

【教师点评】

《孙子兵法·作战篇》中指出,战争需要经济基础,发动战争的结果就是劳民伤财,因而,统治者发动战争需要谨慎。正是基于对战争之害的深刻认识,孙子提出了慎战观,慎战有利于人类社会的长远发展。慎战是对战争怀有畏惧之心,不轻易发动战争,但这并不意味着要一味地妥协退让。慎战还有一层意思,即在战争发生的时候,谨慎地采取战争策略,保证自己能够在战争中处于稳定的地位。其次,《孙子兵法·火攻篇》中提出将领需对战争谨慎,不能"怒而兴师",因此,应认真挑选将领,将领的正确指挥对于战争的胜利有着十分重大的意义。总之,《孙子兵法》不仅教会将领如何指挥作战,也教给统治者如何慎战,决定是否发动战争以及怎样做才能为国家获利。

第三节　《用间篇》释义

本篇从战略的高度论述了间谍的重要地位,阐述了间谍的种类、使用的方式,强调"先知"是战胜敌人的重要条件。欲先知敌情,必用间谍,以获取真实、可靠的情报。本篇同时指出了"先知敌情""不可取于鬼神""必取于人"的朴素唯物主义观点。

题解:间读 jiàn,间谍。

对全书结构的概括:前三篇从战略高度上研究战争,第四、五、六篇三篇讲战争的艺术,七至十二篇讲具体的战术原则,最后以用间篇结束,用间的目的在于知敌情,搜集敌情报信息,而《计篇》所倡导的战略则建立在情报信息基础之上,所以首尾相连,如同圆环,浑然一体。

本篇按四个部分来解读。

一、使用间谍是用兵作战的要事

本篇第一段内容可以分为两个层面:

> 凡兴师十万,出征千里,百姓之费,公家之奉,日费千金;内外骚动,怠于道路,不得操事者,七十万家。相守数年,以争一日之胜,而爱爵禄百金,不知敌之情者,不仁之至也,非人之将也,非主之佐也,非胜之主也。

孙武首先指出了战争花费之巨大,凡出兵十万,千里征战,百姓们的耗费,国家的开支,每天要花费千金;举国骚动,民众服徭役,疲惫于道路,不能从事耕作的七十万家。战争双方相持数年,是为了取胜于一旦,如果吝啬爵禄和金钱,不肯重用间谍,以致不能了解敌人情况而遭受失败,那就太不仁了。这种人不配做军队的统帅,称不得是国家的辅佐,也不是胜利的主宰者。

此处孙武明确提出,相比于战争的巨大耗费,用间实在是代价小而收效多的好办法,必须充分运用。

接下来又说道:

> 故明君贤将,所以动而胜人,成功出于众者,先知也。先知者,不可取于鬼神,不可象于事,不可验于度,必取于人,知敌之情者也。

英明的国君、贤良的将帅,之所以一出兵就能战胜敌人,而成功超出于众人之上的,其重要原因,在于他事先了解敌情,这也就是所谓的先知。

在怎样才能求得知彼、怎样才能先知敌情的问题上,孙武提出了自己的标准,我们逐句来解释一下。取于鬼神,指用祈祷、祭祀鬼神和占卜等迷信办法去取得。象,相类。象于事,指以过去相似的事物作类比。验,应验;度,度数,指星宿的位置。验于度,指以日月星辰运行的位置来占卜吉凶祸福。孙武认为这三种方法都是不可取的,什么是可取的呢?必取于人,知敌之情者也,只能从知道敌情的人的身上去了解。

这一标准是孙武朴素唯物主义思想的突出表现,在孙武之前主要靠什么来知敌之情实呢?商周以来流行卜筮的习俗,是那个时代人们最依赖的推断方法,这种风气到春秋时期仍占主流,从《左传》中可以看出,譬如筮短龟长之说。晋国在晋献公时期发生了著名的骊姬之乱,根据《左传·僖公四年》的记载:"初,晋献公欲以骊姬为夫人,卜之不吉,筮之吉,公曰:'从筮。'卜人曰:'筮短龟长,不如从长。'"当初晋献公欲迎娶骊姬的时候,让人占卜,占卜的结果不吉利,又用筮草推演,结果吉利,晋献公拟取筮法的结果,巫官说:筮占比龟卜的灵验可靠,不如采纳龟卜的结果。当然最终晋献公还是坚持己见,如愿以偿地娶了骊姬,但正如人们所知,后来导致了晋国政治的祸乱。《左传·成公十三年》中说:"国之大事,在祀与戎。"国家有两件大事,一是祭祀,一是战争,而很多时候,祭祀的目的就是为了战争。而孙武的这一主张与那种唯心主义天命观和先验论是针锋相对的。

二、间谍的分类及使用方式

> 故用间有五:有因间,有内间,有反间,有死间,有生间。

因间——"乡间",利用敌国的当地人充当间谍;
内间——收买敌国的官吏做间谍;
反间——收买或利用敌方派来的间谍为我所用;
死间——故意散布假情况,让我方间谍传给敌方,敌人上当后往往将其处死;
生间——派往敌方侦察后,能活着回来报告敌情的人。
在指出五间的不同特点和功用后,作者主张五间并用,而以反间为主,关键在于会用反间。

三、提出了用间的必要条件,正确发挥用间威力

> 五间俱起,莫知其道,是谓神纪,人君之宝也。

在使用间谍问题上,孙武提出了"五间俱起,莫知其道"的观点,强调使用各种间谍,以便广开情报来源,使敌人陷入茫然无从应付的境地。他同时又指出"非圣贤不能用间,非仁义不能使间",强调在使用间谍时,必须机智、果敢和精心细致,以防止被敌人欺骗和利用。我们来看原文:

> 故三军之事,莫亲于间,赏莫厚于间,事莫密于间,非圣贤不能用间。非仁义不能使间,非微妙不能得间之实。微哉!微哉!无所不用间也。

所以,在军队中的亲信,没有比间谍更亲近的,奖赏没有比间谍更优厚的,事情没有比间谍更秘密的。不是睿智聪颖的人,不能使用间谍;不是仁慈慷慨的人不能使用间谍;不是精细妙算的人,不能分辨间谍所提供的真实情报。微妙呀,微妙!无时无处不可以使用间谍。

四、肯定用间的意义和作用

孙武列举历史上用间的成功经验，进一步肯定用间的意义和作用。

> 昔殷之兴也，伊挚在夏；周之兴也，吕牙在殷。故惟明君贤将，能以上智为间者，必成大功。此兵之要，三军之所恃而动也。

伊挚，即伊尹，原为夏桀之臣。商汤灭夏时，用他为相，灭了夏桀。吕牙，即姜子牙，俗称姜太公。曾为殷纣王之臣。周武王姬发伐纣时，用吕牙为师，打败了纣王。

从前商朝的兴起，是由于重用了在夏为臣的伊尹；周朝的兴起，是由于重用了在殷为官的吕牙。所以，英明的国君、贤能的将帅，能用有大智的人做间谍，一定能成就大的功业。这是用兵作战的要事，整个军队，都要依靠间谍提供情报而采取行动。

孙武将战争的胜负主要归功于间谍的作用，对此，后世的儒士学者有不少人提出非议，认为失之于偏颇。譬如北宋的苏洵就在《权书用间篇》中激烈地抨击孙武，他说："夫兵虽诡道，而本于正者，终亦必胜。今五间之用，其归于诈，成则为利，败则为祸。且与人为诈，人亦将且诈我。故能以间胜者，亦或以间败。……夫用心于正，一振而群纲举；用心于诈，百补而千穴败。智于此，不足恃也。"他认为，诈术是不足取的，因为你用诈，敌人也会用诈，会有很多失败的危险。而"用心于正"则会"一振而群纲举"，最终取得胜利。此处，苏洵借由对孙子"用间"说的批评，重点在于批驳《孙子兵法》"兵以诈立"的观点，归根结底，儒家看不惯、反感兵家的"用诈"论，他们推崇的是"上义"论，要求用兵须"本于正"。也有人批评孙武，认为他所说的伊尹、吕尚两位，身份特殊，他们不是一般意义上的间谍，二人本是商周两个王朝的开国功臣，岂能冠以间谍的名号？在我们看来，孙武此处之所以以此二人为例，意在强调用间的重要性，特别是以上智为间，必成大功，而这也符合孙武一再倡导的不战而屈人之兵的理念。拂去蒙在孙武"用间论"上的浮尘，愈发见出其学说的可贵性。

统揽《用间篇》全文，可谓浑然一体，天衣无缝，是我国最早的情报学的专论，在全书中享有很重要的地位。

学生感悟与体会

一、《用间篇》感悟体会一

网游三国杀六人身份场中的《孙子兵法》

力学 82 班　李松辉

《孙子兵法》是我国现存最古老，流传时间最长，传播范围极广，历史影响极大的兵学宝典。其成书时间早，军事理论成熟完备，揭示了战争规律。不仅如此，其中包含的思维方式、辩证方法、哲理启示等除了对军事理论影响巨大外,还被广泛应用于商业、社会生活、为人处世等人类活动的许多方面。重视《孙子兵法》、学习其中的智慧思想有利于我们更好地适应社会生活,实现人生价值。本文将以网游三国杀六人身份场游戏模式为例来介绍《孙子兵法》的具体体现和应用。

(一)网游三国杀六人身份场基本玩法简介

六位玩家联网进入同一房间进行游戏。游戏开始每个人被随机分配一个身份并选择自己将要使用的武将,所有身份包括一主公、一忠臣、一内奸、三反贼。主公胜利条件是所有反贼和内奸阵亡,反贼胜利条件是主公阵亡,内奸胜利条件是忠臣和反贼全部阵亡之后单挑主公并获得胜利。整场游戏共一百多张卡牌,起始每人四张基础手牌,从主公开始轮流在规定时间内进行摸牌、出牌、弃牌阶段,每个玩家回合结束后手牌数不得超过自身体力值(血量),如此循环直至达成某一方胜利条件。

不同武将有不同技能,不同卡牌有不同效果,玩家需要综合场上形势、手牌数量、武将技能、卡牌预测等要素合理出牌赢得胜利。

(二)三国杀中的《孙子兵法》

接下来我们将通过游戏中可能出现的几种情形以玩家角度分析其中对《孙子兵法》的应用。

1.游戏伊始,主公身份

游戏刚开始,主公最先开始自己的回合,此时其他玩家的身份对主公来说都是未知的,如果贸然进攻,势必会减弱自己的防御能力,毕竟三个反贼都还没有出手,甚至可能会伤及我方忠臣,即"不知彼,不知己,每战必殆"。因此在不知道场上每个人的所属势力时应当暂时采取防守策略,待一轮游戏结束后,此时场上角色势力大致已经明了,而且敌人的强弱情况也差不多了解,知己知彼,然后再进攻才是上策,即"先为不可胜,以待敌之可胜"。

当然,兵法千变,有些积极进攻的玩家也有其相应的策略,这就是"造势",或者是"致人而不致于人"。《孙子兵法·计篇》提到"五事"——"道、天、地、将、法",可见"将"也极为重要。在三国杀中,每个武将都有独特的技能,熟练的玩家可以通过其他玩家选择的武将所带有的技能与主公的技能做比较,从而得出其所属的势力或反或忠,这样主公就可以利用自己占得的先机,先对认定的角色发起攻击,使其处于防守薄弱的状态,为忠臣的出手做准备,造势成功的话,便可势如破竹,轻松将反贼击败。

2.游戏中,避实击虚,上下一心

在游戏进行的过程当中,不管是哪方阵营都必定有其强者也有其弱者。为了取得胜利,同一阵营的玩家就应该同仇敌忾,集中火力攻击对方最薄弱的环节,即"避实击虚",逐渐地瓦解敌人的实力,最终取得胜利。除此之外,同阵营玩家一定要同心协力,有些新手玩家会东打一

炮，西打一枪，这样对敌人造不成根本性的伤害，军队之所以厉害，可以保家卫国、威慑一方，就是因为其行动具有高度的一致性，所以作战就要像一个人一样，指哪打哪，才能攻无不克，战无不胜。

3.游戏尾声，只剩三人：反贼，主公，内奸，且实力相当

主公身份：此时的三人除了内奸要保证主公不先于反贼死亡之外都是各自为战，作为主公，笔者认为不应攻击反贼，而应该主要打压或者牵制内奸。

根据《孙子兵法·形篇》的思想，为了使自己立于不败之地，应当根据各方具体的实力，采取适宜的攻守策略。三人角力，两方联手第三方将很快处于弱势。此时的形势，反贼肯定以消灭主公为目的，内奸则是要先杀掉反贼，作为主公，如果选择和内奸联手，反贼很快就会阵亡，但是这样做的后果是很难掌握反贼最终死在谁的手中（在游戏中任何人杀死一个反贼都可以获得一定的奖励），如果最终让内奸得手，将会大大增加其实力，在基础前提是三人实力相当的情况下，主公和内奸此时对战无疑会处于下风。

再看《军争篇》，其中提到应当"以迂为直，以患为利"，反贼就是主公之"患"，"兵以诈立，以利动"，内奸为了杀掉反贼的奖励一定会想方设法让反贼死在自己手中，这便是主公可以利用的"利"。正确的策略是让内奸牵制反贼，主公牵制内奸，反贼进攻主公，环环相扣，三足鼎立。可能会有人觉得这样打下去没完没了，其实不然，因为一旦内奸受到伤害，反贼很有可能会转身先将内奸干掉，或是畏惧二人联手，或是不满内奸对自己的压制，能真正忍住诱惑和怨愤的双重刺激的人少之又少。于是，主公就可以"先为不可胜，以待敌之可胜"。

反贼身份：在三人角力的情况下，作为胜利可能性最小的反贼，笔者认为应当首先进攻内奸，如《虚实篇》所讲，力争先机，在内奸和主公联手之前先与主公形成联手的效应，使内奸的实力下降，如此一来主公有极大的可能性攻击内奸，这样就做到了"致人而不致于人"。此外根据《九变篇》的思想，还应当灵活应变，不能让主公的实力强于自身过多，在适当的时候要保证能够牵制主公或者压制他，待时机一到迅速出击，将主公的实力打入低谷，这样胜利的可能性就会大大增加。

内奸身份：作为内奸，这样三足鼎立的情况可以说已经是较为理想的情况了，根据笔者的亲身经历和统计结果，在这种情况下内奸的胜率是最高的，可以说操作最难的内奸能做到这一步已经很不容易了。笔者认为在这种局势下，作为内奸首要原则是"先为不可胜"，保存实力，采取守势，最好的情况是主公和反贼互相攻伐，内奸隔岸观火坐收渔翁之利。此时应当首先做好防御，适当地对两方都发起轻微的攻击，而且对主公的攻击更多，使其无暇针对自己，以期达到"守其不攻"的目的，防止两者联合起来对自己不利。

4.专论内奸身份的特殊性

作为场上的一个独立阵营，内奸的胜利条件最难（要场上除主公外全部阵亡后自己再消灭主公），可以说是没有队友，没有后援，但也可说是能够同时得到两方阵营的帮助，类似于春秋战国时期的游说家。其生存难度之大、所需技巧谋略之深是所有身份中要求最高的，但同时也为内奸玩家带来了斗智斗勇、绝地求生的新鲜刺激感，笔者认为内奸是最需要头脑、最有意思的身份。在《用间篇》中同样提到了战争中间谍的重要性，而在游戏当中，内奸的存在往往是决定游戏整体走向的至关重要的一环。

游戏开始的时候，由于场上反贼方有三人，主公忠臣只有两人，形势显然对主忠不利，内奸需要综合两方阵营的实力强弱可以选择"有所为"或者是"无所为"。有所为就是反贼实力过于强横以至于主忠难以招架得住或者相反主忠一方实力更强，此时要采取积极进攻的策略，削弱强者一方的实力，获得弱势力的信任，得到实力较弱一方暂时性的战略支持；"无所为"意思是在双方对立阵营实力相当的情况下，内奸通过保持中立，坐山观虎斗，再择机而动，出奇制胜。其中体现着《形篇》《势篇》中的战略思想。

在反贼一人阵亡的情况下，最好的策略就是"无所为"，此时双方实力相当。当双方鏖战到一定的程度时，内奸临时应变，出其不意，或反间或离间，根据实际情况先消灭忠臣或者先消灭反贼然后消灭忠臣，最终要使局面陷入一反、一内、一主公的局面，这样的局面对内奸最为有利。一些谋略深、隐藏好的内奸甚至可以误导主公杀掉忠臣，体现着"兵者诡道"的思想。

作为内奸，就是要狡诈，要将"兵者诡道"的原则牢记于心。"三军可夺气，将军可夺心"，根据《军争篇》中对将帅的要求，内奸在面对重重困难之时，一定要守住内心，不可急躁，不可气馁，要做到泰山崩于前而色不变，只有坚定信心，稳妥行事才能够笑到最后。

例子就举到这里，当然这些只是一些可能出现的情况，在实际游戏过程当中，由于玩家性格、谋略，牌堆的随机排列，武将技能的各种搭配等等不可知因素都会给战局带来许多出乎意料的情况。玩三国杀就是对未知、对技巧谋略的一种挑战。学习和使用《孙子兵法》不仅可以使我们玩游戏的胜率增加，更重要的是能让我们在运用兵法智慧、采取最合理的措施应对困难的过程中，心智得到提升，智慧得到升华。"兵者诡道""先为不可胜""将帅可夺心"等思想不仅可以应用在游戏中，还可以应用到生活学习的各个方面。在游戏过程中，笔者曾多次见到一些玩家因为信心不足而放弃了本可以得到的胜利，或是因为急躁的性格使自己和队友处于危险境地之中。三国杀既是游戏，同时也影射了部分社会生活，在游戏中体会和应用《孙子兵法》的智慧，并在现实生活中寻找蛛丝马迹，一定可以使我们更加容易地取得成就，实现价值。

【教师点评】

中国古代是出产兵法的大国，崇尚谋略是中国兵家文化的最大特征，《孙子兵法》既是战争艺术的代表，也是竞争对抗艺术的典范，其智慧思想广泛体现在社会的各个方面，游戏也不例外。该文主要通过对游戏中出现的一些情形进行分析，并结合作者亲身体会，论述《孙子兵法》思想在网游三国杀六人身份场中的具体体现和应用，以此来加深对《孙子兵法》的体悟，感受中国兵法智慧。从文中可以看出，作者文字表述非常清晰，富有逻辑性，而且是该游戏的高级玩家，对各方的利害生死关系了如指掌。更令人称绝的是，作者将《孙子兵法》的智慧应用于其中，用兵法的智慧来分析、驾驭游戏中各方的斗争关系，精到准确，自然贴切，毫无生硬之感。玩三国杀是对未知、对技巧谋略的一种挑战，学习和使用《孙子兵法》给玩家以理论的升华，不仅使人们玩游戏的胜率增加，在此过程中，还给人们以心智的提升和智慧的升华。

二、《用间篇》感悟体会二

上智为间，谍战有术

机类712班　刘永存

"昔殷之兴也，伊挚在夏；周之兴也，吕牙在殷。故惟明君贤将，能以上智为间者，必成大功，此兵之要，三军之所恃而动也。"这是《孙子兵法》中有关用间之要的论述。用间在战略层面上来说主要有两方面作用，第一，准确获取敌方情报，摸清敌方有效实力和具体军事及政治部署，为我方作战指挥人员提供指挥依据，增加战争胜比；第二，弄清敌方安插在我方的谍者，保障我方情报安全，并在有绝对把握的基础上施行反间计，在这里我强调绝对，因为非微妙不能得间之实，在现代战争背景下，一个谍者必然具备过硬的职业能力，倘若指挥利用不当，不仅会使我方军机泄漏，而且还会暴露我方谍报人员，造成牺牲。所以才说上智为间，得者必成大功。

"故用间有五：有因间，有内间，有反间，有死间，有生间。五间俱起，莫如其道，是谓神纪，人君之宝也。"兵法提出间谍分为五种，所谓因间，可认为就是利用敌人的同乡做间谍，内间就是利用敌方官吏，而反间则是使敌方间谍为我所用，所谓死间，是指故意制造散布假情报传给敌间，诱使敌人上当受骗，一旦真情败露，我间也就难免一死，生间自然不必多说。对于这五间的运用，那是相当考验为将者的心智的，得之即大事可成，克敌制胜，抢占先机，若是把握不当，轻则局势不利，重可全军覆没。尤其在现代信息化战争时代下，要做到像古时听信一面之词就决断几乎是不可能了，因为刻意去打造出一个新身份总难免有瑕疵，而在利用敌方官员上，杜佑注："因在其官失职者，若刑戮之子孙与受罚之家也。因其有隙，就而用之。"堡垒最容易从内部攻破，内间是隐藏在敌人内部的定时炸弹，他们对敌人的危害也最大，因而古今兵家都认为用间知敌或用间惑敌是制胜的有效手段。尤其是收买敌国官员充当内间，更是不惜血本，以间助战。著名的战例当属宋金对战，当岳飞率领军队北伐势不可当之际，金将想起被送回的秦桧，暗中密谋命其除掉岳飞，秦桧随即指使手下奏请撤兵，本来有望收复中原直捣黄龙的岳家军，竟被一日内连下十二道金牌，勒令班师回朝。之后，秦桧又以"莫须有"罪名杀害了岳飞，足可见内间之于作战一方的巨大无形杀伤力。在今下，若以内间，则须以选间为要，这不仅需要指挥员的判断，还要从多方面审试和调查，在必要条件下，可进行多次试用以防敌方反间得逞。

本文已多次提及反间，在这里便详细进行剖析论述。一名间谍的养成必然经历了严格的考核与训练，必然具备常人不具备的机敏与无畏，因而，要想成功运用反间着实不易，甚至可以说是死生一念之间，所以也就出现很多宁可先清除也不敢留有后患的一些做法，当然如果能制造出迷惑性极强的局或者通过直接掌控谍者来达目的也可行。二战中有个经典战役"诺曼底登陆"，这场改变战略局势的登陆直接宣告了欧洲战场的"结束"，但其背后更是有着巨大的谋略和间术，盟军所营造的战略骗局虽然并不是由一个具体的人去实现，但它的成功表明了情报信息以及间术运用的巨大作用。为达到战略迷惑，盟军先是海空军伴动，造成在英国东南部集结假象，其次动用特工、电子干扰等手段使德军判断失误，巴顿将军的迷惑性演讲和蒙哥马利的假替身更是做得天衣无缝,还有凭空创造了一位携带假登录信息的军官尸体刻意地飘到德军海岸,一系列的伪装、一系列的局,就是情报信息、上智为间的最好运用。

笔者还想再论述一下死间,这个问题不同的局势有不同的用法,首先从道义上讲,死间的生命是不受到保证的,没有哪个指挥官敢担保,其次,死间的生活注定是阴暗的,他需要去直接面对敌方,尔虞我诈,刀口舔血,信念之坚也难免有恐惧,所以本文粗浅地认为莫不到关键决胜阶段,扭转战局之机,尽量保证我方人员安全,影视剧中的终归是主角光环,我们的人员倘若失败,几乎是一死,不是说不救而是没有那个机会。当然,笔者还想提另一种谍者,《色戒》是大家都听过也都评论过的,但具体的军方有没有施行,会不会施行都无从得知,我把它归于死间之门,其存在性及道义性暂且不做评论。

"故三军之事,莫亲于间,赏莫厚于间,事莫密于间。非圣贤不能用间,非仁义不能使间,非微妙不能得间之实。"是否高度重视使用间谍,是一个对国家、对民众百姓、对战争胜负负责的重大问题,是衡量统军将领是否具有仁爱之心、是否懂得用人、是否能成为战争胜利的主宰的重要尺度。这对为将者提出了要求,必须是才智超群、仁慈慷慨、谋略精细的人才能用间,才能最大限度地发挥间的作用,才能为我军的最终胜利奠定基础。

"兵者,诡道也。"简言之,我军也必然会面对来自敌方的形形色色的极具迷惑性的谍者,因此,及时准确地找出隐藏的谍者,或灭或用成为制胜一环。灭为根本,不灭不足以安后方,用则更加考验军事指挥员的军事把握能力,能否从敌方谍者口中获取关键信息,能否使之成为我方的人员,抑或是将计就计,布局迷惑,达到反间的效果,这很大程度上在于领导层,并且对于收服的谍者或者利用的谍者,决不能掉以轻心,其交代的信息准确性需要去认真细致地考察,其作为我方反间对象,又是否真的受到我方迷惑,这也需要指挥员灵敏的军事嗅觉。总之,用间之术博大精深,因时因势而用,因将因敌而用,是故无所不用间,而非微妙不得间之实乎!

是故,上兵伐谋,上智为间,谍战有术,所谓兵决之要!

【教师点评】

本篇主要论述《用间篇》一些现实指导及运用的问题,包括用间的意义、间谍的种类和作用、对待间谍的态度和政策,以及领导层(为将者)如何用间,如何对待和处理我方谍者的情报,与之对应的如何应对并利用敌方谍者来瓦解敌方等。这些都是克敌制胜、扭转战局、统治战场的绝对关键点。

课后思考题

1.谈谈对孙子"为客之道,深入则专"以及"置之死地而后生"说的理解。

2.谈谈对"愚兵"说的认识。

3.结合《火攻篇》的论述,谈谈对孙子慎战观的理解。

4.谈谈对"主不可以怒而兴师,将不可以愠而致战"的思考和理解。

5.孙子将战争的胜负主要归功于间谍的作用,谈谈你的理解。

6.怎样评价孙子在《用间篇》中提出的"先知"论?

第十章

《孙子兵法》的战争观

第一节　战争的性质

在对《孙子兵法》十三篇内容进行全面学习了之后,从本章开始系统性地分析《孙子兵法》的某些观点和应用。

《孙子兵法》是兵书经典,所讨论的对象首先必然是如何获取战争胜利,孙武对于战争性质的认识在书中有一些论述,远远超越了当时的社会思想发展程度。孙武对战争性质的深刻认识,使得《孙子兵法》的深度上升到了哲学高度,吸引了东西方各国无数人去研究、揣摩其中的深意。在这一节,我们从战争与政治的关系、战争与经济的关系两个方面,来看看《孙子兵法》中提到的战争的性质。

一、战争与政治的关系

提到战争,就不能不提到德国军事家克劳塞维茨,以及他的《战争论》一书。克劳塞维茨出生于 1780 年,12 岁就参加军队,15 岁就晋升为军官,参加过拿破仑时代的多场战争,并对古往今来 130 多场战争进行过深入研究,有丰富的战争经验。《战争论》一书共三卷八篇,60 余万字,内容包罗万象,被西方军事家认为是唯一可以与《孙子兵法》媲美的军事专著。克劳塞维茨军事思想集中体现在一句话,就是"战争不过是政治交往的一部分,而绝不是什么独立的东西"这一著名论断。战争作为政治的一种工具,发动战争是为了实现政治目的。毛泽东主席对此进行了引申,说过"战争是流血的政治,政治是不流血的战争",更为形象和深刻。

国内有一些学者,专门对《战争论》与《孙子兵法》进行了比较研究,两本书一本是 60 万字,一本是 6 千字,一个产生于 200 年前,一个产生于 2500 年前,但研究竟然发现,二者有异曲同工之处,《孙子兵法》涉及战争论的所有问题甚至更为全面,并且绝大部分没有过时,而战争论里面一些内容随着时代的发展有些已经过时了。对二者之间进行比较研究,我们会收获很多知识。

关于战争与政治的关系,孙武认识到,战争不是孤立的社会现象,必须联系政治、经济等各种条件研究分析战争。因此,他在首篇就提出了"道"的概念:决定战争胜负的五个因素即"道、天、地、将、法",最重要的当属"道",排在第一位,即政治的层面是战争胜负的首要因素。孙武明确指出:"道者,令民与上同意也,故可以与之死.可以与之生,而不畏危。"这种政治需求是决定战争胜负的重要因素,因此将之列为战争制胜的首要条件。

孙武还认为,由于战争成本太高的缘故,如果通过战争,达到了所追求的政治目的,则应该立刻停止战争。例如《作战篇》中指出:"内外之费,宾客之用,胶漆之材,车甲之奉,日费千金,然后十万之师举矣。"面对战争巨大的成本,战争不应该是解决问题首先考虑的手段,必须在开战前进行深入分析,倘若只能获得战争胜利而不能增加本国利益,那么就应该考虑使用其他手段。可见,作出军事决策不能只从军事观点出发,而必须从国家的根本利益出发,必须认识战争手段的运用与实现安国全军目标的统一,战争与政治利益高度一致、高度统一、不可分割。

二、战争与经济的关系

《孙子兵法》不仅对战争从政治上进行了合理解释,同时也注意到了其与经济的辩证统一关系。在这方面,孙武的认识比克劳塞维茨要深刻得多,因为在克劳塞维茨对战争的论述中,几乎没有对经济与战争的关系进行论述,反而一再强调国家和军队为了保证会战的胜利,必须集中最强大的军事力量,却从来没有涉及一个关键问题,就是会战必然会产生巨大费用。而孙武充分认识到了经济因素对战争的制约作用。孙武认为,军队作战应速战速决,如果拖得很久,那么军队必然疲惫而士气不振。长期在外作战还必然导致国家财力不足。如果军队因久战锐气受挫,军事实力耗尽,国内物资枯竭,其他诸侯必定会趁火打劫。这样,再足智多谋的人也无法挽救失败。

同时,《孙子兵法》也清楚地看到了战争给民众造成的巨大负担,孙武在《作战篇》中指出:"国之贫于师者远输,远输则百姓贫。"国家之所以因作战而贫困,是由于军队远征,不得不进行远程运输,这必然导致百姓贫穷。"兵马未动,粮草先行",粮草的运输在古代是一个重要的难题,谁能处理好,谁就能占优势。

以上这些,都充分显示了孙武深刻认识到了经济与政治的辩证统一关系,也看到了经济矛盾向政治矛盾转变的趋势。同时,从古至今,无数因经济实力衰败而导致战争失败的实践也充分说明了这一点。这里简单举两个战例:第一,三国时期的诸葛亮,为什么六出祁山均无功而返,其最根本的原因都是经济上遇到了问题;第二,著名的战神,法国的拿破仑曾经战无不胜,但是在 1812 年劳师远征,率领 60 万大军进攻俄国,因为俄国采取坚壁清野的策略,使法国军队遇到了严重的经济危机,被迫撤退,而俄国军队在库图佐夫的率领下,穷追不舍,使法国军队损失惨重,仅仅 2 万人回去。

第二节 战争的目标

战争与和平一步之遥,在《孙子兵法》十三篇当中不仅仅浓缩着军事思想、军事谋略、人生智慧的精华,更处处都流露出孙武对于"和为上,战为下"目标的追求,体现了这位伟大兵家的思想境界,这是难能可贵的。下面,我们就对《孙子兵法》中所表达并且始终贯彻追求和平的目标进行分析。

一、发动战争要高度慎重

《孙子兵法》开篇讲到:"兵者,国之大事,死生之地,存亡之道,不可不察也。"从一开始便确立了对待战争问题的总体态度,明确指出战争是一个国家的头等大事,关系到军民的生死、国家的存亡,是不能不慎重周密地观察、分析、研究的。这体现了一种慎战的思想。战争是一种矛盾高度激化的产物,任何形式的战争,必然伴随相应程度的流血牺牲,必然带来巨大的社会、经济、文化等各个方面不可挽回的损失,必然会带来文明的某种倒退。因此,孙武在书中时时刻刻提醒着人们,对于战争必须要慎之又慎,不到万不得已,不要采用战争形式来解决矛盾。

在第十二篇《火攻篇》中,孙武又再次论述了慎战的观点。"合于利而动,不合于利而止。"符合国家利益才用兵,不符合国家利益就停止。这充分说明了《孙子兵法》虽然是一部兵书,探究如何克敌制胜占据了兵书的主要篇幅,但是孙武以他高度的战略哲学家眼光告诉我们,战争并不是解决问题的唯一方法,战争的目的是为了和平,这看似非常矛盾的两个概念实际上是一个辩证统一的整体,不以和平为目的的战争,必然是残酷的不符合人道主义精神的,也最终不会获得胜利。从某种意义上说,战争是暂时的,而和平却是永恒的。

二、兵戎相见是解决问题的最下策

孙武是反对战争的,但是他又清醒地认识到战争是不可避免。一直到人类文明程度非常高的今天,在世界很多地方,仍然在爆发着此起彼伏的战火。甚至可以说,人类的历史在某种程度上就是一部战争的历史,在每次重大的历史转变关头,总是伴随着重大的战争。

正是有了这样的认识,孙武才提出了战争的层次:"故上兵伐谋,其次伐交,其次伐兵,其下攻城。攻城之法,为不得已。"寥寥数语,便道出了解决战争矛盾的四个层次:最好的军事行动,是用谋略挫败敌方的战略意图或战争行为;其次,就是用外交战胜敌人;再次,是用武力击败敌军;最下之策是攻打敌人坚固的城池。攻城,是不得已而为之,是没有办法的办法,必然会带来巨大的破坏和伤害。

三、用兵作战时应尽力减少敌我双方的损失

这种保全敌我双方的观点,体现了孙武对战争性质认识程度的深刻,体现了孙武崇尚和平至上的精神。《谋攻篇》中讲道:"凡用兵之法,全国为上,破国次之;全军为上,破军次之;全旅为上,破旅次之;全卒为上,破卒次之;全伍为上,破伍次之。是故百战百胜,非善之善者也;不战而屈人之兵,善之善者也。"这可谓是《孙子兵法》中对于以"和"为上理念的精确注释。这段话是什么意思呢?在前面内容解读里面也讲过,核心是一个"全"字,甚至学者认为"全"字最能

代表《孙子兵法》这本书,类似于孔子《论语》中的"仁",老子《道德经》中的"道"。这颠覆了很多人的观点和想象,在战争中,竟然还要保全敌人,想方设法使敌人受到最小的损失,其实仔细思考,我们也可以理解,在战争中、在竞争中,我们打败对方,让对方彻底消失和破产,对于胜利的一方意义又在哪里呢? 所以,百战百胜,算不上是最高明的;不通过交战就降服全体敌人,才是最高明的。

可见在迫不得已开战的情况下,也应当使敌我双方的人员、物资等各方面的损失越少越好。一是可以减少我方兵力物资消耗,不至于因为战争,而使老百姓背负沉重的后勤负担,背负起家破人亡、妻离子散的痛苦;二是尽量减少敌方损失,即不至于使对方产生很强的敌对和愤怒情绪,有利于未来对于敌方领地的治理和融合。

第三节   战争的理念

理念是指上升到理性高度的观念。古往今来,战争理念牵引着作战理论的发展。本节内容,我们一起来研究《孙子兵法》中所蕴含的战争理念。

一、"好战必亡,忘战必危"的理念

这句话出自《司马法》之中,其意思一目了然。这种理念对孙武有着巨大的影响。孙武反对穷兵黩武,反对盲目地一味发动战争,他深刻认识到,战争会给各诸侯国的人们带来巨大灾难,他迫切希望避免战争,减少战争所造成的伤亡破坏,因此他强调战争与人道主义的相互统一,孙武的战争理念包含了反对滥用暴力思想,这与克劳塞维茨所主张战争暴力无限性的思想有着天壤之别。

历史上,著名的隋炀帝虽然在政治上很有建树,但是在军事上穷兵黩武、横征暴敛,最终导致众叛亲离、被杀的下场。大唐盛世在唐玄宗时期达到了顶峰,开创了中国历史上著名的"开元盛世",但在盛世中整个国家迷失了方向,忘记了加强战备,导致安史之乱爆发,之后唐王朝从此一蹶不振,衰败了下去。

二、尽力避免战争的理念

在不得已必须进行战争的时候,孙子提出了避免战争的思想,就是要竭力避免国家和军队遭遇重大伤亡和损失。为了以最小代价取得战争胜利,孙子提出了谋攻思想,坚决反对进行可能会造成伤亡重大的攻城作战,把避免和减少战斗伤亡作为战争的原则。可见孙子是主张有限使用暴力的,要尽量减少士兵的伤亡,最大限度地减轻民众的负担,在这里《孙子兵法》闪烁着人道主义的光芒。

例如,战国时期有四大名将:白起、王翦、廉颇、李牧。其中赵国的名将李牧,奉命在北方防御匈奴时,长期坚守不战,使赵王非常生气,于是将李牧撤了下来,换了另外一个将领。这个将领去了以后,主动出击,却损失巨大、民不聊生,边境群众生活受到极大影响。最后不得已,赵

王又请李牧到前线,李牧继续坚守这样的策略,并且找准时机,一举获得压倒性的胜利,己方的伤亡非常小。

三、爱兵爱民的理念

孙武的人道主义精神还表现在他的爱兵思想中。没有士兵,就没有军队,将领如果不能真心热爱士兵,就不能实现全军上下同欲,不能形成军队强大的作战能力。例如在《地形篇》中孙武指出,"视卒如婴儿,故可与之赴深谿;视卒如爱子,故可与之俱死",充分体现其爱军的理念。

对于将领而言,孙武指出:"故知兵之将,生民之司命,国家安危之主也。"战争首先要得到本国人民的支持,因此作为国家的统治者与将领都必须树立爱民的思想。因为旷日持久的战争消耗,将会使人民痛苦不堪,因此战争只能是速决战。将领也必须充分考虑民众的战争承受力,努力提高战争的效益,尽量减少民众的苦难和牺牲。

例如战国时期的吴起,就是一个爱护士卒的典范,他与士兵同吃同住。曾经流传这样一件事情,有一个士兵在长途行军的过程中,脚底生疮了,吴起竟然亲自用嘴将脓吸了出来,治好了病,这个士兵的母亲听了之后号啕大哭,别人不理解为什么哭,这个士兵的母亲说:以前孩子的父亲也是如此,吴起将军治好了他的病,因此他勇于作战,死在战场。她的孩子也可能随时战死沙场。正因如此,吴起在战国时期指挥作战,部队战斗力强,作战胜率极高。史书记载其总计与敌国作战七十六次,获得全胜的就有六十四次。

由《孙子兵法》蕴含的战争理念可以看出,《孙子兵法》是君子的智慧,而非小人的伎俩,是从人道主义出发,从大利大害上来考虑问题,具有超越小我、立足大我的伟大襟怀。

课后思考题

1.试从政治的角度论述战争的性质。

2.谈一谈对"故上兵伐谋,其次伐交,其次伐兵,其下攻城。攻城之法为不得已"这句话的理解。

3.为什么用兵作战时要尽力减少敌我双方的损失,而不是一味地想要彻底打败对方?

第十一章

《孙子兵法》的战略思想

任何军事家、战略家，甚至任何企业、事业上取得成功的人士，他们对于问题的认识都是有一定层次的。从军事学的观点出发，《孙子兵法》是从四个层次研究战争问题的：战争观、战略思想、战术思想、治军理论。即便是我们普通人，一般也会有这样的认识，但没有上升到理论的高度。比如，你觉得应该如何看待战争？这就是战争观问题。假设你面临战争，陷入战争中，你该如何应对战争？这就是战略和战术问题。假设你带领一个团队，如何使这个团队有战斗力？这就是治军理论的问题。所以说，这种对于事物认识的层次对每一个人应该会有启发。

这也是本章准备向大家介绍的——《孙子兵法》的战略思想。战略，简而言之，就是战争的谋略，是在战前对于战争的全局性和长远性的谋划。显而易见，这个词语出自军事领域。但是随着时代的发展，这种战略思想概念扩展应用到诸多领域，出现了很多相关词语，例如国家战略、安全战略、军事战略、经济战略、文化战略等。

军事战略思想，是军事思想的重要组成部分，是关于军事战略问题的理性认识，是军事领域中涉及平时、战时的战争准备，以及实施的基本看法和观点。2015年中国发布了《中国的军事战略》白皮书，明确提出："军事战略是筹划和指导军事力量建设和运用的总方略，服从服务于国家战略目标。站在新的历史起点上，中国军队适应国家安全环境新变化，紧紧围绕实现中国共产党在新形势下的强军目标，贯彻新形势下积极防御军事战略方针，加快推进国防和军队现代化，坚决维护国家主权、安全、发展利益，为实现'两个一百年'奋斗目标和中华民族伟大复兴的中国梦提供坚强保障。"

因此，用今天的眼光来看，《孙子兵法》中大量地论述了关于战争的全面谋划问题，堪称是一部最早系统论述战略思想的名著。《孙子兵法》用古代朴素的唯物辩证法思想，总结了历史上的战争经验，在充分吸收其他兵家思想的基础上，从整体上揭示了全局性的战争指导规律，揭示了战略的本质内涵。虽然《孙子兵法》也有丰富的战术原则和战法，但却是以战略为指导的，包含一系列战略思想和原则。

对战略思想我们进行分析，其具有两个基本内涵：一是全局性，二是长远性。总览《孙子兵法》全书，包含一系列全局性的战略指导思想和原则。在首篇中提出了战略指导者在战略筹划过程中，应着重考察研究决定战争胜负的"五事""七计"，即道、天、地、将、法的"五事"，以及"主孰有道、将孰有能、天地孰得、法令孰行、兵众孰强、士卒孰练、赏罚孰明"的"七计",这是考察战争胜负的五种决定因素和七个基本条件,这对领导者来说提出了很高要求,需要他综合分析、全面考虑。再如《谋攻篇》中的"上兵伐谋""不战而屈人之兵",强调的是军事战略中的战略手段和原则。这些内容是对战略思想的总体论述,具有普遍指导意义。

大家非常熟悉一句话:"运筹于帷幄之中,决胜于千里之外。"这是汉高祖刘邦评价他手下一个重要谋士的名句,这个人就是张良,他总是在关键时刻帮助刘邦出谋划策,是西汉的开国功臣。其实还有一个重要人物韩信,在刘邦处于人生低谷、屈居汉中的时候,他和刘邦谈了一席话,我们称为《汉中对》,对于天下形势进行了准确分析,制定了可行的战略方案,最终帮助刘邦以关中为基地,取得了成功。而基本上百战百胜的项羽,因为没有长远战略规划,最终败走乌江,自杀而死!从中我们能看到战略的重要性!每一个人、每一个大学生,难道不应该具有自己的人生战略吗?难道不应该好好规划一下自己的人生之路吗?

除过全面谋划的战略思想之外,《孙子兵法》也提炼出许多具体的战略思想,或者说是具体的实施策略,其构成了完整的《孙子兵法》战略思想体系,该体系主要包括了《孙子兵法》三种具体的战略思想,即:全胜的战略思想、先胜的战略思想、致人的战略思想。

第一节　全胜的战略思想

"全胜"是孙武关于战争指导和战略谋划的重要思想,在《孙子兵法》军事思想体系中占据举足轻重的地位。

关于"全胜"战略思想,可以总结为三个层次:首先以"不战而屈人之兵"作为战争指导的最高原则;其次以"伐谋""伐交"则作为实现"全胜"的理想手段;最后以破中求全,作为谋求局部"全胜"的指导原则。前面也提过,孙武强调优先采用非暴力、低强度的对抗方式,尽可能降低战争造成的损失,追求战争效益的最大化。孙武的"全胜"思想对中国传统军事文化、战略文化产生了深远影响,对指导当代战争,也具有重要的启示意义。

孙武认为,"百战百胜"并非战争指导的最高境界,但这是一种理想的境界,在现实的战场上,很难达到"不战而屈人之兵",这只是一个优秀指挥员努力追求的目标。就比如我们经常说,一个人,一定要有一个奋斗目标,即使达不到这个目标,那我们为这个目标奋斗的过程,不断接近这个目标的过程就是实现人生价值的过程。而在现实生活中,有些人浑浑噩噩,无所事事,没有目标,这样的人能成功吗?

从2003年的伊拉克战争、2011年利比亚战争,我们可以看到,伊拉克、利比亚相比于美国,实力悬殊、差距极大。战前,西方国家不断向这些国家施加压力,但是这两个国家依然没有缴械投降,而是顽强抵抗。最后,西方国家采取武力进攻的办法,推翻了这两个国家当时的政府。所以说,不用打而使对方屈服,谈何容易?当今世界,伊朗核问题、朝鲜核问题是热点问题,通过强大的外交压力能否使这两个国家完全放弃核计划?大家可以密切关注局势的发展。

正是基于这样深刻的认识,孙武提出了"不战而屈人之兵"的手段和层次,最好的手段是伐谋,之后则是伐交,然后才是伐兵、攻城。孙武反复强调"五全",即全国、全军、全旅、全卒、全伍,处处体现了全胜的理念,即使出现了"破",也要在尽可能的基础上保持"全"。总的来说,伐兵和攻城属于"战胜"范畴,是不得已的选择,或最后的手段,但往往是必须要有的手段。

在解放战争时期,北平的和平解放,就是毛泽东追求"全胜"的战略杰作。面对北平的傅作义集团,毛泽东采取"围而不打"的策略,以最大的努力保护北平这个充满历史意义的厚重城市。整治攻势、地下工作、肃清外围、兵临城下等手段的综合运用,终于使傅作义集团放下武器,以最少的代价获得最大的效益。

总之,全胜思想是孙子战略思想的核心。全胜的实质突出一个"全"字,全就是全局、整体。"全"揭示了战略的本质内涵,是战略领导者应树立和谋求的全局观,只有立足全局,把握全局,才能实现战略上统揽全局。否则,就是舍本求末,最终失去的也将是战略全局。

第二节 先胜的战略思想

在战略制定上,孙武强调以先胜为条件,夺取和保持战略主动权。"先胜"指的是什么呢?《形篇》中指出:"是故胜兵先胜而后求战,败兵先战而后求胜。"就是说打胜仗的军队,总是先创造取胜条件,有取胜把握后,才与敌人交战。而打败战的军队,总是先与敌人交战后,想侥幸求胜。这里的"先胜"是指在战争之前,就使自己具备取得战争胜利的条件,这些条件都属于战争力量准备的范围。而孙武先胜战略的实质,就是要先创造胜利的战略条件。也就是毛泽东主席所说的:充分准备,不打无把握之战。

第一,如何先胜。对于如何创造"先胜"的条件,也就是如何进行战争准备呢?这可以通过"庙算"来达到目的。战前进行形势的分析和决策,作为将帅要做到《地形篇》所说的"料敌制胜,计险厄远近,上将之道也"。庙算的基本要求之一,就是分析要全面。从各个方面进行系统比较,透彻分析形势,对军事行动产生的各种可能性,进行充分估计,制定出各种不同的预案,做出决策,做到"先胜而后求战"。正所谓"凡事预则立,不预则废"。

第二,情报支持。"庙算"要获得成功,离不开情报的获取。《计篇》"吾以此知胜负矣",这里的"知"是指情报的获取,是对战前总体情况的认识和预测。"知"本身就是战争力量准备内容的一部分,不了解敌我形势,对战争规律缺乏认识,不能说就做好了战争力量准备。在那个生产力不发达的时代,如何做到"知"?孙武冲破了鬼神论,具有朴素的唯物论,他在《用间篇》中说:"先知者,不可取于鬼神,不可象于事,不可验于度,必取于人,知敌之情者也。"这强调了要知道敌人的情况取决于人的分析判断。

第三,积蓄力量。除了"知"以外,"形"也是战争准备的重要组成部分。《孙子兵法》的"形"有两种含义,一是军队内部的结构形态,可认为是军事实力,二是军事实力外部表现形态。《形篇》中提道:"若决积水于千仞之谿者,形也。"这一比喻讲的是关于军事实力的积蓄储备问题,我们简称之为积形,即积聚军事实力。这是孙武战争力量准备理论中的主体部分。孙武认为军事实力是综合力量的体现,他要求不断地在政治、经济、军事三个方面积聚力量,形成对敌的绝对优势，即所谓"以镒称铢"。如此，就会不战则已，战则必胜。

第四，控制情绪。《火攻篇》中"非利不动，非得不用，非危不战。主不可以怒而兴师，将不可以愠而致战"，这体现了在没有完全准备好的情况下，不要发动战事，要慎重决策，力争做到"多算"，控制好情绪，不要被假象所迷惑，做到"将军之事，静以幽，正以治"，就是冷静而幽深莫测，公正而得到治理。我们在生活中也会有这样的体验，只有你冷静面对一切的时候，才会做出准确的判断。

总而言之，"先胜"战略思想是《孙子兵法》战略思想的重要组成部分，其内容则非常丰富，其实施得好与坏，对于战争结果有着决定性的影响。

第三节　致人的战略思想

除了"全胜""先胜"战略思想外，《孙子兵法》中还有一个重要的战略思想，那就是"致人而不致于人"，充分调动敌人，而不被敌人所调动。"致人"的意思就是夺取战争的主动权。鉴于战争主动权的重要性，自古以来许多兵家都十分重视这一命题。唐太宗李世民非常喜欢"致人而不致于人"这句话，纵观他的一生，唐太宗始终在把握着人生的主动权、政治的主动权、军事的主动权。主动权是军队行动的自由权，行动自由是军队的命脉，军队失去了这种自由，就受制于敌人，结果则只能是失败。如何获取主动权呢？

第一，把握先机之利。孙武把先机之利，当作争取主动地位的首要条件来看待的，先发制人是进攻作战的灵魂。孙子在《九地篇》中指出："敢问：'敌众整而将来，待之若何？'曰：'先夺其所爱，则听矣。'"意思是，试问："如果敌军众多，而且阵势齐整地向我进攻，该如何对付它呢？"回答是：先夺取敌人的要害之处，这样，敌人就会被迫听任我的摆布了。这里面特别提到了要害之处，例如三国时期的官渡之战，曹操之所以取胜，关键是他找到的袁绍军队的要害之处——屯粮的场所，也就是乌巢，取胜的要害就是火烧乌巢。

第二，保持强大的力量。孙武强调，保持力量的强大，是获得战争主动权的客观物质前提，他密切关注到，主观指导的正确与否可以直接作用于力量的变化。因此，他十分重视在战争中，充分发挥人的主观能动性，使部队始终立于不败之地。主动权问题，是一个贯穿于战争全过程的中心问题。要获得主动权，必须在各个方面发挥主观努力，从获取情报、作出判断、定下决心等方面，全面掌控战争。

第三，做到隐真示假。"致人"的战略思想还包含了"示形"，就是隐真示假。例如，《计篇》指出："故能而示之不能，用而示之不用，近而示之远，远而示之近。"意思是：能战而示之软弱；要打，装作退却；要攻近处，装作攻击远处；要想远袭，又装作近攻。如此运用到出神入化时，就能够达到《虚实篇》所说的"故形兵之极，至于无形；无形，则深间不能窥，智者不能谋"。意思是，示形诱敌的方法运用到极妙的程度，能使人们看不出一点形迹；看不出一点形迹，那么即使有深藏的间谍，也无法探明我方的虚实，即使很高明的敌人，也想不出对付我的办法来。达到了这样的境界，我军就处处主动，敌军则处处被动。

第四,调动敌人。孙武也提出,调动敌人,也是争取战争主动权的重要方法。《势篇》中说:"故善动敌者,形之,敌必从之;予之,敌必取之。以利动之,以卒待之。"意思是,善于调动敌军的人,向敌军展示一种或真或假的军情,敌军必然据此判断而跟从;给予敌军一点实际利益作为诱饵,敌军必然趋利而来,从而听我调动。一方面用这些办法调动敌军,一方面要严阵以待。这段话表明孙武具有原始的运动战思想。采取多样化的作战方法和作战形式,是创造主动态势的重要手段。总之,《孙子兵法》"致人"的战略思想,内容丰富、博大精深,为历代军事家所推崇效仿。

综上所述,除了以上三种重要的战略思想外,《孙子兵法》中还蕴含了"奇胜""变胜"以及战略突袭等战略思想,有待于读者进一步地深入挖掘。

课后思考题

1.谈一谈你的人生战略。

2.如何理解先创造胜利的战略条件,即先胜的战略思想?

3.如何获取主动权,做到"致人而不致于人"?

第十二章

《孙子兵法》的战术思想

什么叫战术？简而言之，战术就是指导战斗的具体方法。战术建立在一定客观物质基础之上，是对战斗行动规律的客观反映。《孙子兵法》成书至今虽然早已过去两千多年，但书中的经典战术依旧被后世所铭记。那么对大家印象深刻的战术有哪些呢？本章主要介绍《孙子兵法》中的经典战术。

第一节　集中兵力

首先讲到的是集中兵力原则。这是指导作战的一条重要原则，是以弱胜强的有效方法之一，也是中国革命由弱变强，不断发展，并最终取得成功的关键方法之一。这条原则自始至终贯穿着《孙子兵法》之中，是《孙子兵法》军事思想的精髓之一，其与毛泽东的"集中优势兵力，各个歼灭敌人"的军事思想高度吻合。古往今来的许多战争实践都证明了这条原则的正确性，具有很高的战略指导价值。

一、集中兵力的重要性

在《形篇》中提道："故胜兵若以镒称铢，败兵若以铢称镒。"这句话是什么意思呢？以镒称铢在这里比喻胜兵对败兵的力量相差悬殊，胜兵的实力占有绝对优势。镒和铢的比例大约是500倍的对比。胜利之师是以强大的军事实力攻击弱小的敌人；而败军之师，是以弱小的军事实力对抗强大的敌方。

《谋攻篇》中讲到："故用兵之法，十则围之，五则攻之，倍则分之，敌则能战之，少则能逃之，不若则能避之。"意思是说，用兵的原则是：有十倍的兵力就包围敌人，五倍的兵力就进攻敌人，两倍的兵力就分割消灭敌人，有与敌相当的兵力则可以抗击，兵力少于敌人就要避免与其正面接触，兵力弱少就要撤退远地。这明显是说要用集中兵力原则来作战这一战术思想。值得一提的是，大家可能会看到一些战争的神剧，一个军人可以对付几十个敌人，那是对大家的误导，不符合客观事实。

二、如何以弱胜强

那么如何达到敌众我寡，以弱胜强呢？孙武在《虚实篇》中不厌其烦地教我们要用"示形"的方法，以假象来诱骗敌人，想方设法来牵制和调动敌人，分散其兵力，达到围歼的目的。例如战国时期的马陵之战，魏国将军庞涓在追击孙膑军队的过程中，看到孙膑军队的锅灶不断减少，从而做出判断，齐国军队溃败了，于是大胆追击，中了埋伏。而实际上，这是齐国军师孙膑有意制造的减灶之计。庞涓就是中了孙膑的减灶骄兵之计而被擒杀的，教训不可谓不深刻。

在《行军篇》中，孙武告诫道："兵非多益也，惟无武进，足以并力、料敌、取人而已。夫惟无虑而易敌者，必擒于人。"即兵不在多而在精，要走精兵之路，采取质量建军原则，这是十分有远见的。他认为不能兵力集中了，依恃人多势众，就自以为万无一失了，而是更要提高警惕，谨慎小心，以防万一。兵不在多而在精，就像现在的特种兵，精锐强悍，武艺高强，可以一当十，以寡敌众。如果碰上这样的精锐之师，那就麻烦了，十倍于敌的数量优势也不一定会获胜。所以在兵力众多、力量强大的情况下，更要小心谨慎，不要恃武冒进，轻举妄动，而要正确分析判断敌情，再加上集中兵力，并且得到部众的真心拥护，就能战胜敌人。那些自恃兵力强大，不深思熟虑而轻举妄动的，必定会被敌人所擒获。

三、找准关键点

孙子在《九地篇》还讲道："故为兵之事，在于顺详敌之意，并敌一向。"孙子主张要大胆采取奇袭的作战方法，集中兵力，奔袭一点，就能出奇制胜。这种奇袭方法，关键在于出其不意，攻其不备。在敌人的意料之外，集中优势兵力，让敌人防不胜防，从而遭受致命打击。这类似于现在讲的"斩首行动"，2003年的伊拉克战争，美国就开展了"斩首行动"，想把萨达姆一举除掉，当时没有成功。奇袭的目标要选择敌人的首脑机关、军事指挥部，越是重要的地方敌人就越容易麻痹大意，也就越容易得手。

需要说明的是，孙子是坚决反对分散兵力、以寡击众的。这样是自不量力，自寻死路，自取灭亡。毛泽东也历来反对这种平分兵力来对付诸路之敌，以致一路敌人也不能被消灭，反而使自己陷入被动地位的作战方法的。分散兵力将打成消耗战，以致损兵折将，得不偿失。

第二节　速战速决

战争要以争取胜利为第一要务，切忌拖泥带水。《孙子兵法》认为，要取得作战指挥的主动权，就必须"速战速决"，只有采取"速战速决"的战术，使敌人犯错误而丧失主动权，才能取得胜利。我们经常也会说道"兵贵神速"。在《孙子兵法》中，多次提到了这条战术原则。例如"兵贵胜，不贵久"，"兵之情主速"，"故兵闻拙速，未睹巧之久也"等。一般来说，这条原则主要是针对进攻的一方而言，而对于防守一方，或是处于被动的一方，则需要拖得更久一些。《孙子兵法》是孙武进献给吴王的，主要用作称霸之用，因此更多强调的是速战速决。

我们在学习的时候，一定要辩证看待，有时速战也是不行的。比如中国的抗日战争就是依靠持久战取胜的。毛泽东在客观分析中国和日本的实际情况后，在陕北延安的窑洞里面，写了著名的《论持久战》，对于指导中国最终取得抗日战争的伟大胜利起到了不可估量的作用。因为当时是日本侵略中国，日本妄图"速战速决"，妄图3个月灭亡中国。而中国是防御方，将日本侵略者拖入到我们人民战争的汪洋大海之中，最终使日本投降。因此，速决战与持久战是既对立又统一的，断不可将这两方面人为地割裂，还是应当坚持具体问题具体分析的原则，当速则速，宜久则久。

为什么要速战速决，在之前讲过战争与经济的关系，旷日持久，消耗非常之大，最终会越来越被动。《作战篇》中提道："久则钝兵挫锐，攻城则力屈，久暴师则国用不足。夫钝兵挫锐、屈力弹货，则诸侯乘其弊而起，虽有智者，不能善其后矣。"意思就是说，如果拖得很久则军队必然疲惫，挫伤锐气。况且，其他诸侯必定趁火打劫。这样，即使足智多谋之士也无良策来挽救危亡了。这是对"速战速决"战术思想非常全面的阐述，更是"速战速决"精妙理念的体现，成为后世兵家的学习典范。

1991年爆发的海湾战争，仅仅43天盟军就耗资611亿美元，平均每天耗资11亿美元。有一个奥地利名将莫德古古说："战争的第一要素就是钱，第二要素是钱，第三要素还是钱。"这个说法其实是颇有道理。因而发动战争首先要算的是经济账，庞大的消耗，战争就不得不选择速战速决了。

在人类战争史中，拿破仑的军事成就集中体现为善于分析战场形势，捕捉稍纵即逝的战机，集中优势兵力，速战速决，以歼灭敌人的有生力量。1805年，拿破仑指挥了"奥斯特里茨战役"，挫败了第三次反法联盟，充分体现了他善于速战速决的精湛军事艺术，堪称拿破仑一生最为经典的战役。而二战中德国创立的"闪电战"理论，更是将技术与武器很好进行结合的一种战术，在二战初期，这种战术取得了巨大的成功，虽然德国法西斯最后走向灭亡，但是这种战术运用在当时的战场上是成功的。

孙武总结的速战速决的作战指导原则，作为一般的战争规律，在古今人类战争中是很有价值的。

第三节　避实击虚

孙子的战术思想体系中，另外一条重要的战术思想原则是"避实击虚"。"避实击虚"是什么意思呢？《孙子兵法·虚实篇》中有形象的比喻："水之形，避高而趋下；兵之形，避实而击虚。"意思为，水流动的规律是避开高处而向低处奔流，用兵的规律是避开敌人坚实之处，而攻击其虚弱的地方。除《虚实篇》直接进行论述之外，"避实击虚"的战术原则在《孙子兵法》中处处体现，例如《计篇》中，孙武提出了"攻其无备，出其不意"。在《军争篇》中，提出了"善用兵者，避其锐气，击其惰归"。如此等等，都说的是虚实问题。

虚实是指敌我双方所处的基本态势。力弱则虚，力强则实。用兵之道是避开敌人防守坚实之处，而攻其空虚薄弱之处，此谓之"避实击虚"。从词义中可以看出，避实击虚这一谋略分为两个方面,即"避实"和"击虚","避实"是手段,是方法,"击虚"是目的,二者是相互关联不可分割的,如果不能避实,也就不能击虚,避实则是为了更有效对敌人造成打击。要做到避实击虚,可以从以下三点着手:

一、要知虚实

虚实是对敌对双方力量对比状况的本质概括,具体说,是指敌我双方兵力、士气、治理等的对比。知道什么是虚实的概念并不难,难的是在实践中认识对方的虚实到底在什么地方。虚实有四种基本变化方式,即以虚为实,以实为虚,以虚为虚,以实为实,对此,要善于通过各种手段进行综合分析,透过现象看清本质。

二、虚实转化

避实击虚并不是说对敌人的实处就不打,而是通过打击其虚,孤立震慑其实,使敌人的实向虚转化,然后再实施打击,还可采取分敌之法,将敌人各个歼灭。"围魏救赵"的故事大家应该比较熟悉,战国中期的时候,孙膑率领齐国的军队,为了救援赵国,直接攻打魏国防守薄弱的都城大梁,也就是今天的开封,迫使魏国军队放弃赵国而撤退,在撤退归来的途中桂陵,齐国军队进行埋伏,打败了庞涓率领的魏国军队。

三、辨别虚实

避实击虚,关键就在于辨别虚与实。没有辨明虚与实而盲动,往往会徒劳无功导致兵败,例如三国时期的空城计,就是因为司马懿没有辨明虚实,而匆忙撤军。对此,孙武总结了辨别虚实的方法,在《虚实篇》里说:"故策之而知得失之计,作之而知动静之理,形之而知死生之地,角之而知有余不足之处。"意思就是说:认真分析研究敌我双方的情况,可得知作战计划的优劣得失;挑动敌人使其活动,可以了解敌人的行动规律;用假象诱敌,可得知敌人的优势及薄弱环节;用小规模的兵力对敌进行试探性进攻,可得知敌人兵力部署的强处和不足。这里说得非常形象,类似于我们今天所说的"投石问路"。

避实击虚原则在战争中也被广泛运用。在第二次世界大战中,法国为防御德军的进攻,在法德边界处用十年的时间打造了一条耗资巨大的马其诺防线,并调了九十七个师的力量前去布防,法国人认为这条防线为"攻不破的防线"。但是德军避开了这条防线,从军事力量薄弱的阿登山区突破,不费吹灰之力就占领了色当,开始进军法国,马其诺防线未起任何作用,法国人在巴黎占领前就宣布了投降。

四、奇正相生

"奇"与"正"是一对哲学范畴。当前在学术界,有人将"奇"读作"jī",我觉得读作"qí"更为准确一些。"正"指的是正常;"奇"与"正"相辅相成,能互相转化。《孙子兵法·势篇》提道:"战势不过奇正,奇正之变,不可胜穷也。"他提出"凡战者,以正合,以奇胜。故善出奇者,无穷如天地,不竭如江河"，就是要用正兵迎战，而以奇兵取胜，强调"奇正相生，如循环之无端，孰能穷之"。

《孙子兵法》完整地提出了奇正理论，这一谋略原则几千年来一直被兵家推崇。奇正是针对人们常规思维所形成的定势，用非常规思维方式取胜的一种谋略。奇正理论的精髓是"奇正相生"，即以奇为正，以正为奇，变化无穷，使敌莫测。出奇制胜的要义是"攻其无备，出其不意"。

对于正和奇的概念，刘伯承元帅曾解释说，"什么是正兵呢？大体上讲：按照通常的战术原则，以正规的作战方法进行战斗的，都可以叫作为正兵。根据战场情况，运用计谋，攻其无备，出其不意，打敌人于措手不及，不是采用正规作战方法，而是采取奇妙方法作战的，都可以称为奇兵。"即奇兵负责侦察、伏击、迷惑和扰乱敌人，正兵用于保卫本营阵地以及指挥居所等。

首先，奇正原则的主要特征是从实际出发，灵活机动。根据敌人的变化而取胜，反对墨守成规。如果死守预先规定好的奇正而不知变化，就会使正也不是正，奇也未必奇，因为这本身就违背了奇正原则。对于奇正的认识，切忌绝对化，一定要灵活运用行事。有些将领不按用兵常法办事，著名的"背水一战""破釜沉舟"等，看似不符合常理，但是却能取胜。有的按用兵原则办事，看似符合常理，反而遭遇失败。在战争中，是没有一条万能的制胜之道的。正奇相生的基础是"兵者，诡道也"，只有在战争中、竞争中审时度势，灵活动用，才能获得最终的胜利。

三国时期，诸葛亮死后，司马昭派大将邓艾攻打成都，蜀将以为入川的山路奇险无比，敌军必走大路来进攻，放松了山路的防守。但邓艾反其道而行，他带兵沿崎岖的山路，翻越崇山峻岭，进入蜀国首都，蜀兵措手不及，蜀国就此灭亡。这是成功运用奇正之法的一个典型战例。

其次，奇正的奥妙在于出敌不意。因此，这就要善于根据情势灵活使用奇正，奇正相生，变化莫测。"奇"与"正"的运用不是一成不变的，而是相变相生的。也就是说，他们之间的转化，是无穷无尽的。完全依据敌我情况，攻防任务的不同而相机变化的。笔者认为，当一个人的做法被对方认识清楚的时候，这就是正兵，当一个人的做法对方没有认识清楚时，这就是奇兵。总而言之，奇正之法若要用得得当，既要把"奇"与"正"结合起来，又要把两者灵活地变通，那样才能出奇制胜。

《孙子兵法》中关于奇正相生的原则在现代战争中也受到了高度重视。美国曾经提出《空地一体战》理论，当时明确指出，这一作战理论所根据的原理就是《孙子兵法》的"奇正之变"和"避实击虚"，这一理论成为美军作战的重要指导思想。

在本章中，我们重点讲了《孙子兵法》的一些战术思想和原则，他们并非一成不变的，借用"奇与正"转化的理论解释，我们可以明白，任何战术原则随着时代的变化也会变迁和发展，关键在于灵活运用。

课后思考题

1.为什么在战争中要强调速战速决原则？

2.如何在战争中正确辨别虚与实？

3.论述一下你理解的奇正相生理论。

第十三章

《孙子兵法》的治军理论

本章将介绍《孙子兵法》对于军事问题认识的最后一个层次:治军理论。孙武在战争方面是一位理论家和实践者,同样的,在治军问题上,孙武也是一位卓越的军事改革家,其思想包含着极为丰富的治军理论。这些治军理论是《孙子兵法》军事思想体系的重要组成部分,成为后世治军实践的重要理论指导,直至今天依然熠熠生辉。下面我们一起来了解其中的治军理论。

第一节　将帅五德

一、将帅的作用

一支军队的领导、一支军队的统帅,是军队的灵魂人物。因此,我们首先讲孙武对于合格将帅的要求。

将帅是战争的掌控和主导者,同时也是管理军政的主体,因此《孙子兵法》中非常重视将帅的作用。孙子在《谋攻篇》中指出:"夫将者,国之辅也,辅周则国必强,辅隙则国必弱。"意思是,将帅是国家的辅佐,关系到国家的兴衰。在《作战篇》中,孙武说:"故知兵之将,生民之司命,国家安危之主也。"说明孙武将将帅的作用与国家的存亡联系在一起来看待。

战国时期,秦国和赵国有一场生死决战:长平之战,赵国开始派出的将领是著名统帅廉颇,主要采取的策略是防御,使秦国久战不下。于是秦国使出反间计,离间廉颇和赵王的关系,使赵国派出了另外一个将领,这就是大家非常熟悉的赵括,赵括上任之后,一改策略,不顾形势,主动进攻,最终落得身败名裂、40万军队被坑杀的下场。从廉颇和赵括两人身上,我们一定能体会到将领对于国家、对于战争的重要性。

毛泽东非常重视将帅的作用,他说,"战争,就是两军指挥员以军力、财力等物质基础做地盘,互争优势和主动的主观能动力的竞赛",并说"我们需要勇敢而明智的将军——智勇双全的将军"。1955年我们国家首次授衔,有著名的10大元帅、10大将军等,哪一个不是身经百战、指挥若定、智勇双全的将军? 他们对新中国的成立起到了重要作用。

二、将帅的基本素质

对将帅应该具备的才能,孙武在《计篇》中提出了"智、信、仁、勇、严"的五德标准,这对目前很多领域选拔人才都有重要借鉴。

"将帅五德"总体特点是文武兼治、全面统一,其中不仅包含了将帅的"文德",而且还包含了"武德"。我们可以这样理解,"智、信、仁"三德为文德,"勇、严"二德是武德。其内容大致可分为三方面:以"智"为上的指挥才能,以"信""严"为根本的军队管理能力,同时还有以"仁""勇"为主的带兵作风。

"智"就是智慧、智商。要求将帅掌握丰富的知识,成为博学多才的"智者"。想要成为智者,要具备智的品德,也就是高瞻远瞩的战略思想,通过对事物宏观、全面的把握而采取相应的策略或战术。中国历史上有无数智者,姜太公、张良、诸葛亮、李靖、郭子仪等,他们对于当时那个时代,都起了巨大的作用。

"信"就是诚信。要求将帅对部下做到"赏罚有信"。"人而无信,不知其可"。说话一言九鼎,是做人的品德,也是军事统帅必备的素质之一。执行军纪军规应果断有信,不打折扣。此外,我认为"信"还有一层含义,就是自信、信心,对未来充满希望,尤其在逆境的时候更是如此,更显得珍贵。马陵之战后,庞涓面对困境,又羞又愧,自杀而死;三国演义中,曹操遭遇赤壁之战的惨败,但是他带领手下残兵败将在逃亡的过程中,仍然多次大笑,一次次来激励手下的信心。

"仁"就是仁爱。要求将帅做到"爱护士卒"。只有这样,士卒才会跟随将帅赴汤蹈火,将帅对士卒如果能像对待自己的孩子一样,士卒就可以与将帅同生共死。在解放战争年代,人民解放军以弱势打败国民党军队,一个重要原因就是仁,各级指挥员总是处在第一线,总是与士兵同甘共苦。

"勇"就是勇敢果断。要求将帅在战争中不怕困难,勇敢无畏,为士卒作出榜样。只有身先士卒,才能赢得士兵的尊重。狭路相逢勇者胜,做任何事情,要有这种气概。新时代,习近平强军思想的重要目标,就是努力建设一支听党指挥、能打胜仗、作风优良的人民军队。这个优良作风,就是勇敢无畏、敢于牺牲的作风。

"严"就是严明纪律。要求将帅从严治军,对部下不姑息、不迁就。孙武认为,统军将帅必须正确处理好爱与令、厚与使、乱与治等方面的辩证关系,主张恩威并施、行之以信。这样,将帅才能树立威严,整肃军令。例如,与孙武同一个宗族的司马穰苴,治军就极其严格。曾经在出征的时候,因为监军晚来了一个时辰,就将这个齐景公最宠爱的人斩掉了,因此确立了威信。

三、将帅应注意的问题

作为统帅,除具备以上素质外,还应该注意两个问题。

第一个问题,"智"和"勇"二者不可偏废。有勇无谋,只能成为鲁莽匹夫,无勇有谋,也难堪大任,只有"智勇双全"者,才能成为一名优秀的统帅;第二个问题,为将者必须要避免犯五个错误。在《九变篇》中提道:"故将有五危:必死,可杀也;必生,可虏也;忿速,可侮也;廉洁,可辱也;爱民,可烦也。"意思是将帅有五个致命的弱点:只知硬拼,就有被杀的危险;贪生怕死,就有被掳的危险;容易急躁,就有被轻侮的危险;清廉自好,就有被污辱的危险;宽厚爱民,就有被烦扰的危险。因此将帅做事情要把握"度",不能过分,以免物极必反;也要客观地分析,克制自己的性格缺陷,为大局着想。

总之,"将帅五德""将有五危"这两点非常重要,是对一名将领的要求,更成为后世治军重要的思想原则,值得我们深入思考和学习。

第二节 令文齐武

关于《孙子兵法》治军的重要理论——"令文齐武",本书主要讲两个方面:

一、文与武

"令文齐武"的治军理论出自《行军篇》中:"故令之以文,齐之以武,是谓必取。令素行以教其民,则民服;令不素行以教其民,则民不服。令素行者,与众相得也。"其大意为,要用"文"的手段教育士卒,用"武"的方法来统一步调,这样的军队打起仗来必定获得胜利。平时能认真执行命令、教育士卒,则士卒就容易养成服从的习惯;平时不认真执行命令、教育士卒,士卒就会养成不服从的习惯。而平时所以能认真执行命令,是由于将帅与士卒相互取得信任的缘故。这些叙述,体现了《孙子兵法》文武兼施、德威并重的治军思想和理论。

那么什么是文,什么是武呢?其实赏和罚、教育和纪律、爱抚和严刑等都可以解释为文和武的两个方面,其是对立又统一的两个方面。文与武相互配合是《孙子兵法》重要的治军之道。通过教育和约束,使一支军队"其疾如风,其徐如林,侵掠如火,不动如山",这样的军队作战时势不可当。日本战国时期的武田信玄,就在自己军队的军旗之上,绣了四个大字:"风、林、火、山",以此来激励部队,形成战斗力。

春秋时期在我国历史上是一个大转折的时代,孙武率先开创时代潮流,建立了先进的治军理论,其核心就是"令之以文,齐之以武"。这一恩威并重的治军理论,成为此后两千年中,封建社会军队甚至资产阶级军队的基础性治军原则。

在中国历史上,有两支战斗力非常强的队伍,一个是宋朝的岳家军,另外一个是明朝的戚家军。研究这两支军队,你会发现,岳飞和戚继光都非常重视"令文齐武",既对于士卒关心备至,又具有严格的纪律约束。"冻死不拆房,饿死不掳掠",岳飞对于违反纪律的士兵甚至是亲人,都是毫不留情、军法处置!戚继光训练军队,专门写了一本书《练兵实纪》。他的军队,对于民众秋毫无犯,纪律严格到令人毛骨悚然的地步,甚至在江浙一带流传戚继光斩杀亲生儿子的传说,当然这个现在无法考证真伪,但是能充分说明其纪律严明。

二、"和"与"气"

在治军思想方面，孙武还着重强调了两点，即"和"与"气"。上面所说的"令素行者，与众相得也"，意为平素之所以能认真执行命令，是由于将帅与士卒相互取得信任的缘故。而在《计篇》中提到"道者，令民与上同意也"，就是说作战取胜最重要的因素就是上下一致，万众一心！

这就是说所谓"和"，要求军队内部团结、和谐，并且步调一致，如此上下齐心，命令得以顺利执行，作战自然如顺水行舟。

一个人要想成就一番事业，单靠自己一个人是不行的，必须依托一个团队。我们很多青年人，以后如果要成为企业的经理、管理者，那就必须经营好内部、形成战斗力，形成集体的力量。我们国家的许多大成果，都是团队精诚合作的结果。例如"两弹一星""嫦娥工程"，都是无数科学家集体智慧的结晶。

而所谓"气"，就是士气，是军人精神状况和战斗意志的表现。《军争篇》中指出："故三军可夺气，将军可夺心。是故朝气锐，昼气惰，暮气归。故善用兵者，避其锐气，击其惰归，此治气者也。"意思是对于敌方军队，可以挫伤其锐气，可使其丧失士气；对于敌方的将帅，可以动摇他的决心。这里说的"夺气"是指瓦解、动摇与挫伤敌军士气。"治气"是指激励与保持我军士气，是要具有压倒敌人的英雄气概，要具有坚强意志和奋发图强的精神。

拿破仑说过："一支军队的战斗实力，四分之三由士气构成。"2003年的伊拉克战争，萨达姆的100万大军，之所以失去战斗力，与美国人进行的"心理战"关系密切。我国历史上的垓下之战，项羽的10万大军被刘邦60万大军团团围住，十面埋伏、四面楚歌，韩信利用楚歌很快瓦解了项羽的军心，士兵失去了过去的勇敢，连项羽自己都失去了信心，连夜带领部下八百余人突围，最终自杀而死。

三、修道保法

"修道保法"是治军的准则，就是修明政治，确保法制，这也是《孙子兵法》治军思想中一个重要内容。

在《形篇》中，孙武明确提出："善用兵者，修道而保法，故能为胜败之政。"意思是善于领兵作战的指挥官，能做到修道而保法，因此能够获得治军的成功。此处，孙武把"修道保法"提到了事关治军成败的高度，给予了极大的肯定。

这里面有两个关键字，"道"和"法"，这两个字在《孙子兵法》第一篇《计篇》中就明确提了出来。决定战争胜负的因素——"道、天、地、将、法"的"五事"概念中，"天""地""将"是指影响战争胜负的主客观条件，而"道""法"是管理人的问题。综观全篇，孙武的治军思想包含两个方面，一为"道"，二为"法"，分别强调"德治"和"法治"。下面我们从"道""法"两个方面对"修道保法"进行讲解。

关于"修道"，在《计篇》中指出，"可以与之死，可以与之生，而不畏危"，这种上下齐心，不畏生死、勇往直前的精神,被认为是"修道保法"治军准则中"道"的体现。

要管理军队,只有"道"是不全面的,还要有"法"的辅助。在《孙子兵法》里,"法"的含义不尽相同,可以指法律制度,又可指方法手段。这个"法"的含义用孙武的话来说就是"法者,曲制、官道、主用也",可见这里的"法"是从法治的层面来说的。孙武的法治思想包含了法律的制定、执行和赏罚要分明。

"修道"和"保法"都是国家政治生活中不可或缺的。唐朝的杜牧在注解的时候认为:"道者,仁义也;法者,法制也。善用兵者,先修理仁义,保守法制,自为不可胜之政,伺敌有可败之隙,则攻能胜之。"

孙武的"修道保法"主张体现在健全制度、严明赏罚、明确权限分工等各个方面:第一,制度要完备。孙武主张在政府和军队中的各个部门,都要建立起健全的制度。主张把编制、官吏和财物开支等都纳入法的轨道,并用赏罚等手段保证这些制度得到贯彻落实,这些措施对于军队的治理、政治和军事的关系处理等,都具有积极的意义。第二,赏罚要严明。孙武在《作战篇》指出:"取敌之利者,货也。故车战,得车十乘已上,赏其先得者。"在《九地篇》中,他又说:"施无法之赏,悬无政之令,犯三军之众,若使一人。"由此可见,赏罚分明,是孙武"保法"主张的重要内容。第三,统帅要自主。孙武主张,将权要相对独立,必要时要不受君命的限制。《九变篇》指出:"凡用兵之法,将受命于君,合军聚众……君命有所不受。"孙武之所以这样认为,是因为,军事行动是具有极大的不可预料性和复杂性的,将帅必须能根据形势的变化及时对军事部署和计划做出调整。战场上敌我力量的对比变化莫测,战机稍纵即逝,如果将领没有主动权,不但可能贻误战机,而且必定处处被动,所以,《地形篇》中指出:"故战道必胜,主曰无战,必战可也;战道不胜,主曰必战,无战可也。"军事行动以取胜为目的,所以统帅必须要有根据战局灵活决策的权力,不能事事唯命是从。

第三节　进不求名

在如今信息化时代,大家是否还记得这些诗句:林则徐的"苟利国家生死以,岂因祸福避趋之!"戚继光的"封侯非我意,但愿海波平!"他们为了国家的利益,愿意舍弃自己的一切,这是一种什么样的担当精神啊!

光明磊落,胸怀大度,不为功名所引诱,不被罪责所困扰,敢于为战争胜败负责,这是一名将帅重要的品德,也是治军中行动的原则。《地形篇》中说:"进不求名,退不避罪,唯人是保,而利合于主,国之宝也。"意思是将领在带兵打仗时,进攻不以追求名利为目标,后退也丝毫不回避上级的罪责,他追求的唯一标准就是以保全人民,有利于国家,有利于君主。这样的将领才是国家最宝贵的财富。其伟大之处在于:不以个人利弊、荣辱为据,而努力追求国家、部队、老百姓的最大利益。

《九变篇》中说:"城有所不攻,地有所不争,君命有所不受。"也就是说,在前线指挥作战,一定要根据实际情况进行决策,而不要顾虑君主的命令。这样的话说出来是要有很大的胆识和魄力的。毕竟，不是所有的人都有这样的魄力，都可以做到这一点，多少人都是为功名利禄、荣华富贵，而曲意逢迎，最终损害的都是集体的利益。

汉代周亚夫就是这方面的典范。有一次汉文帝要亲自去慰问军队，在周亚夫军队驻扎的细柳营外，遭到卫兵的阻拦。皇帝的侍从通报：皇帝来劳军，赶紧将门打开。但是意想不到的是，军门守卫却说，"将军有令，军中只听将军命令，不听天子诏命"。周亚夫以军法作为行动标准，对皇帝也一视同仁，真正做到了"不避罪"。正因为如此，周亚夫治理的军队，非常有战斗力，保证了汉文帝时期汉朝的安全。第二次世界大战中，苏联的朱可夫元帅，面对德国对于乌克兰的大举进攻，建议斯大林及时撤出那里的苏联军队，但是斯大林拒绝这样的建议。朱可夫连续坚持，使斯大林非常恼怒，将朱可夫的总参谋长撤掉，降级使用。即便如此，朱可夫仍然不为所动，坚持自己关于战局的看法。与之相对应的例子则是德国第6集团军的司令保卢斯，在惨烈的斯大林格勒战役中，面对苏联军队意图非常明显的包围，保卢斯的军队即将陷入绝境，他多次向希特勒请示要求撤退，但是希特勒坚持不让撤退，于是保卢斯一次又一次丧失了撤退的机会。最终德军弹尽粮绝而投降，损失了几十万军队。

所以说，进不求名，退不避罪，是置个人荣辱于不顾，一切以集体利益为先，这反映了孙武崇高的精神境界。如果一支队伍、一个团队的每个人都有这样的情操，那他们一定会战无不胜的。

课后思考题

1.将帅为什么在战争中如此重要？
2.请深刻解读一下孙武建立的治军理论核心"令之以文，齐之以武"。
3.从"道""法"两个方面讲解一下孙武所说的治军准则。

第十四章

《孙子兵法》在军事上的应用

第一节 《孙子兵法》应用概述

理论是为实践服务的,缺乏实践的理论是无法长久存在的。我们之所以要学习经典,是因为这些经典对我们有启发和指导意义。如果我们所学的东西没有用,那就根本不需要去学习。《孙子兵法》的价值就在于其具有广泛的应用,因此它才能够流传几千年而经久不衰。《孙子兵法》通过战争这一极致的矛盾形式,揭示出了人类社会的普遍原理,人们不仅在古人深邃的思想中获取启迪,同时又为《孙子兵法》注入了新时代的活力。

《孙子兵法》的应用已经走出了国门,让许许多多著名的战略家陶醉,让他们沉迷于博大精深的中国传统战略文化中。英国空军元帅约翰·斯莱瑟,在《中国的军事箴言》一文中说:"孙子的引人入胜的地方,是他的思想多么惊人的'时新'——把一些词句稍加变换,他的箴言就像是昨天刚写出来的。"在信息化高速发展的今天,《孙子兵法》依然传播着它的思想,在各个领域延续着它的影响力。

由于《孙子兵法》的应用涉及诸多方面,很多高校都开设了此类选学课程,名称五花八门。有"孙子兵法与经商""孙子兵法与成功学""悦读孙子兵法""孙子兵法谋略"等。

本章及后文第十五、十六章将重点介绍《孙子兵法》在三个方面的应用,一是在军事上的应用,二是在企业经营中的应用,三是在人生中的智慧应用。这三个方面是最为直接的,最容易为我们理解,也最容易让我们转化为自己的内在知识。

但是《孙子兵法》的应用远远不局限于这几个方面,还涉及许多领域,下面列举几个方面的例子。

一、在体育竞赛中的应用

体育竞技是运用人的体能、技术、智慧、心理、意志品质等因素,在规则允许的范围内进行竞技以决胜负高低的对抗性活动。它与军事对抗活动具有极大的相似性。因此,《孙子兵法》谋略思想可直接运用于体育竞技活动。在中国古代,田忌与齐王赛马的故事大家应该知道,田忌在孙膑的谋划下,用相对的弱势在竞赛中取得了胜利。

大家是否知道? 2002 年足球世界杯,巴西队夺得冠军,其主教练斯科拉里就精通《孙子兵法》。"兵无常势,水无常形",这就是斯科拉里的秘密武器。在斯科拉里看来,无论是用兵之道,还是足球之道,都充满了灵活性、变动性和创造性。

体育竞赛中的很多集体项目,诸如足球、篮球、排球等,很多人在研究如何利用兵法取得好成绩。中国女排为什么屡次创造奇迹,是因为"上下同欲者胜""攻其无备,出其不意",女排队员们非常团结,在精神、气势上占有了优势。

二、《孙子兵法》在政治上的应用

古往今来的许多政治家、外交家,都是熟读《孙子兵法》,对他们的战略思想有很大帮助。中国古代纵横家的创始人——鬼谷子,就是精通兵法的传奇人物。他所培养出来的张仪、苏秦就是当时最为杰出的政治家、外交家。

美国著名国际战略专家布热津斯基在《运筹帷幄》一书中,直接依据孙武的思想阐述对苏的不战而胜战略,并通过对孙武"得天下之众"的"衢地"的理解,提出了"关键性国家"概念。

《孙子兵法》所倡导的和平理念,已经被越来越多的人所认识。在冷战期间,美国和苏联进行了激烈的核对抗,世界处在核战争爆发的边缘。在《孙子兵法》中"上兵伐谋,其次伐交,其次伐兵,其下攻城"等理念的影响下,美国最终调整了核战略,甚至有人称美国的核战略是"孙子的核战略"。

此外,《孙子兵法》在医学、文学、学习、工作等各个方面都有应用,只要大家善于思考,敢于创新,灵活应用,一定会发现《孙子兵法》的应用无所不在!

第二节 《孙子兵法》在现代战争中的应用

毫无疑问,《孙子兵法》首先是在军事上的应用。在军事领域,《孙子兵法》是公认的军事圣经,世界军事变革的每一次进步,几乎都是对孙武战争思想的进一步诠释和证明,孙武的思想精髓也在一场又一场现代战争中,被揭示得淋漓尽致。英国战略学家利德尔·哈特,在《战略论》中说:"《孙子兵法》是世界上最早的兵法著作,但其内容之全面与理解之深刻,迄今还无人超过。"在其著作首页引用的 21 条语录,其中《孙子兵法》中的句子就占 13 条。美国战略学家约翰·柯林斯说:"孙子是古代第一个形成战略思想的伟大人物。"

《孙子兵法》是中国军事智慧对世界军事的贡献。美国等世界上多个国家在现代战争中借鉴了《孙子兵法》的军事思想,并对西方现代作战理论产生了深远的影响。美国自 20 世纪 70 年代末以来,在国防部官员和美军军官中,举办了上千次与《孙子兵法》相关的讲座。《孙子兵法》对于现代战争的指导作用是显而易见的。例如,1991 年的海湾战争、1999 年的科索沃战争、2001 年的阿富汗战争、2003 年的伊拉克战争、2011 年的利比亚战争中,美军在作战中的理论,很多与《孙子兵法》完全契合。在伊拉克战争中,美军司令官弗兰克斯将军,非常精通《孙子兵法》，并且以"知彼知己"作为自己军事行动的信条。

在这里以 2003 年的伊拉克战争为例，来看看《孙子兵法》在其中的应用：第一，攻其无备，出其不意。美国等国发动伊拉克战争在开战时间上的选择非常果断。原本打算等最后通牒过了 2 天再开战，但是突然通过卧底获悉萨达姆正在开会，"兵贵神速"，所以临时决定立即开展，进行"斩首"行动，给伊拉克的防空设施和部队指挥系统造成了极大的混乱。第二，先发制人，力争主动。美国发动伊拉克战争的核心军事思想，是迅速击垮伊拉克军队，让他们没有多少反应的时间，尤其要使伊拉克重要的武器没办法部署，包括美国认定的"大规模杀伤性武器"。于是美国对这场战争的推进速度极快，战争第二天，美国装甲部队就长驱直入，不到 1 个月就拿下了巴格达。兵临巴格达的时候，并没有出现像一些军事专家预言要出现的巷战，而美军通过"精确打击""心理威慑"使萨达姆的精锐共和国卫队迅速瓦解。第三，上兵伐谋，其次伐交。美国发动伊拉克战争，是为了他们在中东地区的长远利益。虽然在战前，联合国并未授权动武，很多国家反对。但是在外交上，美国还是联合了一些国家，如英国、日本等，尤其是做好了中东地区周边阿拉伯国家的工作，使其同意驻军，甚至直接从科威特边境进入。指挥官弗兰克斯将军说：这位中国古代军事思想家的幽灵，似乎徘徊在伊拉克沙漠上向前推进的每架战争机器的旁边。甚至有一种未证实的说法，美军士兵人手一本简明《孙子兵法》。

第二次世界大战后，东西方战略观念出现融合互补趋势，《孙子兵法》对西方军事理论的影响达到前所未有的广度和深度。英国名将蒙哥马利元帅 1960 年和 1961 年曾两次访问中国，受到毛主席和周总理的亲切接见。他积极主张世界各国的军事学院，都应把《孙子兵法》列为学员必修课目，在当前世界上的军事院校，例如美国西点军校，已经接纳了他的主张。我国古代兵书不但被世界各国军事家广为学习和运用，而且已经成为一种专门的学问，被深入研究。由此可见，《孙子兵法》这部古老而闻名的著作在世界范围的影响力。

第三节　《孙子兵法》对现代战争的启示

《孙子兵法》提出了一套十分完备的军事思想体系，下面从两个层面进行介绍。

一、第一个方面：军事思想体系

首先，孙武对于战争胜负有着十分科学的、整体的认识。他认为战争是"国之大事"，关系到国家的存亡与人民的安危。因此，要立足于国家的全局，认真地分析战争的利弊，要"合于利而动，不合于利而止"。交战前，要通过这种对交战双方利弊的分析，先使自己立于不败之地。

除此而外，孙武认识到战争的胜负还决定于军队与国君（最高统帅）的密切协调。孙武认为：国君应做的事是修道而保法；国君不可"怒而兴师"，不可以随便干预军队的事务。如果国君"不知三军之事而同三军之政"，"不知三军之权而同三军之任"，其结果只能是自乱其军。可见，孙武对决定战争胜负多方面因素，有较深刻而全面的认识。第一次世界大战后，德国皇帝威廉二世，流落异国他乡，当他读到《孙子兵法》中"主不可以怒而兴师，将不可以愠而致战"，非常感慨地说:"早 20 年读到《孙子兵法》,就不会导致亡国的痛苦。"

其次,孙武对于战争与经济的关系有较深刻的理解。孙武认识到,战争必须以国家的经济实力为基础,没有强大的经济力量做后盾,战争是无法取胜的;同时,战争还会给国家的经济造成破坏,给人民增加沉重负担。基于这种认识,孙子提出了三个重要观点:第一,兵贵胜,不贵久。第二,因粮于敌。第三,车杂而乘之,卒善而养之。从以上三点可以看出,孙子在 2500 多年前对于战争与经济的关系就已有透彻的认识了。

再次,孙武对战争与政治的关系也有独到的见解。战争会给经济造成破坏,这是战争不利的一面;然而,孙武在那个时代看到的,不仅仅是战争有害的一面,同时,也看到了战争的另外一面。战争的胜利能实现政治目的,可以弥补国家土地与资源的不足,能够暂时解决国家与国家、民族与民族、政治集团与政治集团之间的矛盾。总之,战争的最终取胜与政治的关系十分密切。开明的政治观点、能得到大多数人民拥护的政治主张,会为战争的胜利奠定坚实基础。

最后,孙武以朴素的辩证法观点,论述了战争的胜负与主观、客观之间的关系。孙武一方面指出,战争的胜负受客观条件的限制,是不以人的意志为转移的。因此,在战争中必须尊重客观规律,做到"先为不可胜",因为"不可胜在己,可胜在敌"。这里,孙武指出,战胜敌人的关键之处在于客观条件,在于敌人是不是有隙可乘,我方能做的事只是使自己立于不败之地,等待、捕捉有利的战机;另一方面,孙武指出,在战争中如果充分发挥了人的主观能动作用,做到了"致人而不致于人",那么,客观条件是可以改变的。"敌佚能劳之,饱能饥之,安能动之"。因此,"胜可为也,敌虽众,可使无斗"。这里,孙武又论述了在战争中发挥人的主观能动性的重要性,指出人们如果掌握了战争的主动权,能成功地发挥其主观能动作用。那么,客观条件也是可以改变的,不利的条件也可以变为有利的条件。他在《九变篇》中提出"智者之虑,必杂于利害",考虑问题必须考虑到有利的方面和不利的方面,在逆境中要考虑到前途一定是光明的。

二、第二个方面,对现代战争的启示

新时期的时代特点,要求我们比以往任何时候,都更加需要继承以《孙子兵法》为代表的中国传统军事思想,促进军事创新,建立起适应信息化和履行使命要求的现代化军事体系。

首先,要依赖人民群众的支持。我们现在的硬实力,对于我们人民解放军自身而言,是空前的,超越了以往任何时代。那么我们所具有的这种实力,我们解放军现在所拥有的军事实力,可以打赢任何对我国侵略、挑衅所引发的战争。只要有人民群众的大力支持,有正确的领导,有全军将士英勇作战的精神,再加上我们发展起来的雄厚实力,相信当今的人民解放军,一定能够担当起保卫我们祖国的神圣使命。

其次,要善于运筹帷幄。当我们面临纷纭复杂的国际安全环境时,要积极推进中国特色军事变革,进行信息化建设,做好军事斗争准备,一定需要能参善谋的人才。如何发挥《孙子兵法》的谋略特质,更好地服务于现代战争,任重而道远。

最后,要灵活应用兵法。"常能缘法而生法,与夫离法而合法。"这是宋朝武学博士何去非所说的话,就是要根据理论产生出新的理论,表面上脱离理论,实际上与理论是结合最紧密的。

这启示我们,要很好地继承优秀军事文化遗产,关键是要结合现代战争特点创造性地加以应用,才能找到发展与创新的支点,让这本世界军事名著焕发新的光彩。

课后思考题

1.举一个外国战略专家在政治上运用《孙子兵法》的事例。

2.《孙子兵法》的思想精髓在很多现代战争中都有体现,谈谈你的感受。

3.通过对《孙子兵法》的学习,谈谈你对现代战争的理解。

第十五章

《孙子兵法》在企业经营中的应用

第一节　兵战与商战的关系

俗话说,商场如战场,在市场经济条件下,许多商战规律与战争规律是相通的。用兵之道与经营之道都是为了决定胜负,求胜的要求和途径也有许多类似之处,《孙子兵法》在中国经济领域的应用由来已久。

春秋时期,被誉为商圣的陶朱公,也就是为越王勾践出谋划策的范蠡,其本身就是一个兵家,辅助勾践卧薪尝胆,使越国打败了吴国。随后,范蠡下海经商,三次取得成功,累致万金,又三次散尽家财,恐怕他就是中国历史上最早的慈善家了。战国时期的白圭,也是一个成功的商人,他说过一句话:"吾治生产,犹伊尹、吕尚之谋,孙吴用兵,商鞅行法是也。"这说明了兵法对其经商的指导。

因此,深入领会《孙子兵法》制胜艺术与谋略智慧,对企业竞争会有许多的借鉴。在分析《孙子兵法》在企业经营中的应用之前,我们首先来看看兵战与商战的关系。

一、兵战与商战的异同

概括起来看,兵战与商战的相通之处主要有以下十点:

①都是对立面的竞争;②都具有功利性,以获取利益为目的;③都需要组织、领导、管理和信息;④都要运用智慧和谋略;⑤都是双方综合实力的较量;⑥都要消耗大量资源,涉及各个方面;⑦双方人员的综合素质、士气高低都具有重要的作用;⑧都要讲究天时、地利、人和;⑨都要把握有利时机,具有应变能力,"知彼知己,因敌制胜";⑩都要把握趋利避害原则、因利制权原则。

可以看到,兵战与商战确实有很多相通的地方,这是《孙子兵法》能够应用于企业经营的基础所在。但是,二者之间的差异也不能忽视,如果一味强调相似点,必将违反辩证看待问题的原则,在企业经营中也不会成功。二者之间的差异主要有以下六点:

①目的不同。战场是为了获取政治利益,商场是为了获取商业利益。②本质不同。战场

为了消灭对手,商场是生产者、竞争者、消费者相互依存。③目标不同。战场上敌对方具有唯一性和确定性,但是商场上竞争对手一般不具有唯一性。④表现形式不同。兵战是一种军争、军事的征服,而商战是竞争与经济对抗。⑤行为方式不同。兵战有诡诈之变,经常不讲诚信,商场以遵守诚信为第一原则。⑥最终结果不同。最终的抗争结果,兵战是摧毁性的,商战是建设性的。

显然,战场与商场也是有着很多差异的,但其相通点还是更多的,《孙子兵法》中的战略思维、竞争思想、管理方法,对当代的企业经营有极高的商业价值。目前,《孙子兵法》在世界很多商业学院和管理学院被列为必修课程。有人做过统计,在企业家阅读最多的书目中,《孙子兵法》排在了首位。

二、《孙子兵法》在商战中备受推崇

20世纪60年代,日本将《孙子兵法》引进了企业管理。有的企业家将《孙子兵法》称为日本企业生存和发展的支柱,有的称《孙子兵法》是日本企业的"最高经营教科书"。日本松下公司创始人松下幸之助曾公开宣称,《孙子兵法》是他们成功的法宝。他说:"中国古代先哲孙子,是天下第一神灵。我公司职员必须顶礼膜拜,对其兵法认真背诵,灵活应用,公司才能兴旺发达。"

"兵无常势,水无常形,能因敌变化而取胜者,谓之神。"市场是瞬息万变的,经营者应依据市场变化灵活采取对策。索尼公司应用孙子的这一思想取得了成功。多年来,日本索尼公司"以正合,以奇胜",不断根据市场需求,推出新产品,占领市场,支撑企业发展。20世纪七八十年代,某日本企业总裁曾说:"我们经商成功的智慧,来源于中国的三本书:第一本是《孙子兵法》,第二本是《三国演义》,第三本是《西游记》"。为什么是这样三本书,这个日本企业家也做了解释:"《孙子兵法》是讲战略的,讲了企业经营的很多道理,但是没有事例和应用;《三国演义》是战略的具体运用,里面有许多栩栩如生的战例应用;而《西游记》最大的特点是善于变化,告诉我们遇到问题的时候一定要灵活应对,要有创新性。"

美国的经济学界和企业界对《孙子兵法》的推崇并不比日本人逊色。美国著名管理学家乔治在《管理思想史》中说:"你想成为管理人才吗?必须去读《孙子兵法》!"美国通用汽车公司董事会主席罗杰·史密斯曾在1984年销售汽车830万辆,当时居世界首位。他说他成功的秘诀就是"从2500年前中国一位战略家与他的《孙子兵法》一书中,学了许多东西",从而使他获得了一个"战略家的头脑"。

那么,《孙子兵法》哪些理论,对于企业经营有重要启示呢?下文将从竞争原则、管理思想两个方面进行分析。

第二节 《孙子兵法》中的竞争原则

竞争,是一种非常普遍的社会现象,是推动社会发展的动力。竞争在我们每一个人漫长的

生活中无所不在，一个国家、一个企业，要想生存与发展，必须在竞争中战胜对手，在竞争中不断增强自己的实力。

我们每个人都想在竞争中获取胜利，都不愿意在竞争中被淘汰，那么通过《孙子兵法》的学习，我们可以认识到竞争的规律，掌握一些制胜之道，尤其对于一个企业的管理者或者领导者，更是如此。

战争，是一种极端状态下的竞争，是一种你死我活的竞争。《孙子兵法》第七篇是《军争篇》，就是"双方争夺有利条件"的意思。"军争为利，军争为危"，要"趋利避害"，以巧制胜，以小的代价换取大的利益，这就是目前企业竞争中的经营之道。

一、以竞争为特色的时代

当今时代，是一个激烈竞争的时代。在这个时代，世界环境发生着巨大变化，人类社会酝酿着重大的变革。这是一个快节奏的时代，是一个充满创新的时代，但同时又是一个充满矛盾和陷阱的时代，这个时代强烈体现着"适者生存""优胜劣汰"的自然法则。就企业界而言，许多大公司都明显感觉到竞争对手增多，竞争压力不断增大。

曾几何时，世界手机业的巨头是"诺基亚"和"摩托罗拉"，但是随着信息时代的发展，"苹果手机""三星手机""华为手机"把握住信息时代的特点，把握住人们行为的特点，勇于革新，短短几年，就占领了世界市场。而原先的"诺基亚""摩托罗拉"故步自封，不敢变化，最终在竞争中被淘汰；还有著名的百年胶卷巨头"柯达公司"，面对数码技术的发展，没有跟上形势，也是很快衰败并破产。目前，中国几家著名的企业：阿里巴巴集团、腾讯集团，它们之所以短短十多年就崛起成为世界性大公司，就是把握住了互联网时代信息的特点。

我们还要看到，当今时代的竞争，是一种趋于无序状态的竞争，竞争关系充满着更多的不确定性，充满着机遇与挑战，各种商机稍纵即逝，竞争变得扑朔迷离。一着不慎，可能满盘皆输；抓住机会，则可能一举成功。

在上文所介绍的背景之下，以往我们所熟悉的西方竞争理论，它是无法解决存在的这些现实问题的。面对激烈的竞争，我们需要新的竞争理念，我们需要新的理论引导，因此《孙子兵法》作为解释竞争规律的顶尖之作，其商业中的应用价值便凸显出来了。

二、在竞争中形成力量的优势

竞争中的客观规律是：力量占有绝对优势的时候，往往能取得最后的胜利。正如《孙子兵法》所讲："故胜兵若以镒称铢，败兵若以铢称镒。"有些学者分析，《孙子兵法》不是讲以弱胜强，而讲究的是以强胜弱之道，讲究的是如何不断使自己的力量变得更强大。

"地生度，度生量，量生数，数生称，称生胜"，这深刻揭示了力量的生成规律，并告诉我们：力量的对比取决于双方力量的数量和质量，力量的数量和质量取决于国家的大小、贫富等各种条件；"合于利而动，不合于利而止"揭示了力量发生作用的内在因素；"故兵无常势，水无常形"

指出力量通过"形"和"势"发生作用,要遵循"避实而击虚"的原则。以上就是《孙子兵法》中讲到的竞争规律,那么,有什么实施路径呢?下文继续解析。

三、竞争制胜之道

纵观《孙子兵法》,里面多处论述了制胜之道,也就是竞争制胜的基本原则,总结起来主要有六条,其含义在前面的章节中介绍过,在这里只简单介绍原文,请大家从竞争的角度逐条分析:

①"知彼知己,百战不殆";②"先为不可胜,以待敌之可胜";③"凡战者,以正合,以奇胜";④"故善战者,致人而不制于人";⑤"故形人而我无形,则我专而敌分";⑥"取用于国,因粮于敌"。

企业家对于在经营中应用《孙子兵法》的案例,数不胜数。在中国,著名企业家张瑞敏对《孙子兵法》有深入的研究,他认为,抢占市场要有速度,这就是孙子所说的"激水之疾,至于漂石者,势也",而这个"石"就是顾客。他运用《孙子兵法》的战略思想,在激烈的商场竞争中获得巨大成功,使中国的海尔走向世界。

第三节 《孙子兵法》中的管理理论

管理是人类各种组织活动中最普通和最重要的一种活动。当前,关于管理的概念非常多,但都包含了五个要素:管理主体、管理客体、管理目标、管理方法、管理理论。因此,近年来,形成了丰富的管理学理论。在军事上,需要将千军万马有效组织起来,最终取得胜利,当然需要管理。在企业经营中,无论企业大小,要在市场竞争中获胜,管理企业发展的诸多要素,更是必不可少的内容。而在《孙子兵法》中,有着丰富的管理思想。

一、系统管理思想

在《势篇》中,孙武提出了一个命题:"凡治众如治寡,分数是也。"意思是说要想治理庞大的军队就像治理一个小部队一样,要把军队按建制编排有序。这句话就揭示了管理局部和整体上的辩证关系,是一种系统管理思想。所谓"分数",就是把军队按照一定人数组合起来,变成大小不同的战斗单位。

这种管理思想告诉我们:一个企业,必须有合理的组织结构,层层节制,按级负责,统一指挥,发挥整体威力。那么指挥团队就和指挥一两个人一样方便,因此要缩小管理范围,使之符合有效管理的实际要求。

管理层级也不宜过多,否则会影响管理信息的有效传达;管理层级又不能过少,否则又会使管理者管理的范围过大,超出其自身能力的要求。一个人的精力和能力是有限的,要实现对一个较大规模企业众多员工的有效管理,必须通过作为中介的中层来管理。主管者千万不能管得太细,只要抓住总纲或几个部门负责人就可以。

在这里举一个军事上的例子,说明领导者善于管理的重要性。大家都知道一句话:"韩信用兵,多多益善。"这句话出自韩信和汉高祖刘邦之间的一段对话,刘邦曾经和韩信讨论各位将领的才能。刘邦问道:"像我自己,能带多少士兵?"韩信说:"陛下不过能带十万人。"刘邦说:"那对你来说呢?"韩信回答:"像我,越多越好,多多益善。"刘邦笑道:"统帅士兵的越多越好,那你为什么被我捉住?"韩信说:"陛下不善于带兵,但善于统领将领,这就是韩信我被陛下捉住的原因了。"日本的松下幸之助讲过:"若管理一个大企业,只要管理几个部门负责人即可,其余的由这些部门负责人和管理人员去分层管理。"

通过系统管理,《孙子兵法》对于各要素的组织性、严密性,也做了描述,如"常山之蛇"那样,身体各部分能够相互照应,"击其首则尾至,击其尾则首至,击其中则首尾俱至"。这主要讲了要将团体管理有序,相互关联,形成合力,非常形象和生动。

二、文武相济的管理方法

《孙子兵法》中蕴含着一系列企业领导艺术,值得每一位企业家学习思考。在《行军篇》中,孙武提出"令之以文,齐之以武"这样的思想,就是强调思想教育、加强纪律的约束,这是古今常用的管理方法,正所谓"文武之道,一张一弛"。

首先,一个合格的领导者,必须将感情注入管理之中。感情的注入,是建立在上级与下级相互爱戴、信赖的基础之上,建立在关系融洽的基础之上。对待下级,要从关心爱护的角度出发,把他们当作"婴儿""爱子"看待,才能做到安危与共,同生共死。另外一方面,对于下属,也不能溺爱,放松对于他们的要求,这会丧失战斗能力。所以,一个领导者一定要处理好爱护下级与管理下级的关系,才能使团队步调一致、战之能胜。

其次,管理者要把思想政治教育作为管理的一项核心内容。对于思想政治教育,有些企业并不重视。而2500年前的《孙子兵法》,却强调了"道者,令民与上同意也",其实就是让普通员工明白,我们所做的事情,大到对我们的国家,小到与我们单位、与我们个人都有着密切的关系。当普通员工有这样的思想认识,他一定会为了集体奉献自己的一切。

三、选择合适的人才

从古至今,人才对于一个团队都有着举足轻重的作用。让合适的人做合适的事,这是企业家善于领导的要素之一。《势篇》中说:"故善战者,求之于势,不责于人,故能择人而任势。"意思是说,善于指挥打仗的将帅,他的主导思想应放在依靠、运用、把握和创造有利于自己取胜的形势上,而不是去苛求手下的人,因此他就能从全局态势的发展变化出发,选择适于担当重任的人才,从而使自己取得决定全局胜利的主动权。如何做到"择人任势"?

首先,要识别清楚"势"。在领导艺术方面,孙武对于"势"的阐述很深刻,在《势篇》中对于"势"有深刻的阐述,其属于"物质的运动"。对于企业领导而言,就是经营者在市场竞争中所展现的某种竞争态势,由此会形成各种使经营者面临的"商势"。一方面是对形势的发展和趋向变化,要有超前认识和谋断能力;另一方面是对自己是否具有取势的条件和实力,要有清醒的认识。其次,要善于"任势"。这是决定事业成败的关键因素。"任势"即择人而任,这是今天企业领导者需要学习吸取的用人之道。任何人才都不可能没有缺点,我们要发挥人才的长处,看清楚他的短处。但是很多领导,往往以偏概全,错误地将某一方面的人才用到他不擅长的地方。在这个地方,我们也可以用孙武"智信仁勇严"的人才观进行分析。三国演义中,"马谡失街亭"妇孺皆知,诸葛亮对街亭战略地位认识虽然比较清楚,但没有看到事物发展的变化,在最关键处错用了马谡为将,造成了全军溃败,北伐大业功亏一篑,这就是一个典型案例。由此可以看出"择人任势"的重要性。

商场如战场一样,遇到的情况和问题千变万化,一个细微的因素可能导致全局发生变化。因此,我们要在兵法中学到经营的智慧,一定要做到《孙子兵法》中提出的"因敌而制胜",具体问题具体分析。

课后思考题

1.简单论述一下兵战与商战的关系。

2.通过学习,你认为在经营中的竞争制胜之道有哪些来自《孙子兵法》?

3.如果你是一个领导者,你将如何选择合适的人才?

第十六章

《孙子兵法》中的智慧

第一节 《孙子兵法》与战略思维

中华民族是一个充满智慧的民族,在漫长的历史长河中,我们的祖先用自己的勤劳和智慧,创造了光辉灿烂的文化,为后人留下了宝贵的财富,为世界文明做出了卓越贡献。《论语》《易经》《道德经》《孙子兵法》等经典,就是智慧的载体。如今,中华民族要实现伟大复兴,更需要不断弘扬"中国智慧"。在《孙子兵法》中,我们会学到什么智慧呢?

本章主要介绍学习《孙子兵法》对我们战略思维能力的启发。习近平总书记指出:"战略思维能力,就是高瞻远瞩、统揽全局,善于把握事物发展总体趋势和方向的能力。"按照辩证法的观点,事物是普遍联系的,并且是处在不断发展变化中的。具有战略思维是一种综合能力,包括了系统思维能力和创新思维能力,这二者是浑然一体,无法割裂的。

一、系统思维能力

系统思维简单来说就是对事情全面思考,不只就事论事,也可称为整体观、全局观。事物是错综复杂并且相互联系的,要求我们在处理任何事时必须全面考虑。《孙子兵法》对于如何处理对待"战争"这个复杂事物,提出了考察战争胜负的"七计",涉及了政治、经济、气象、制度、管理等各个方面,根据这些情况进行综合分析,就可判断胜负。

《形篇》中有言:"不可胜在己,可胜在敌⋯⋯故能自保而全胜也。"不被敌人战胜的主动权在自己,可以战胜敌人则在于敌人有疏漏。我们只能做到先把自己的事情做好,有付出才会有收获,习近平也多次强调,"幸福是奋斗出来的""打铁还要自身硬"。因此在战争之前一定要认真筹划。"夫未战而庙算胜者,得算多也;未战而庙算不胜者,得算少也。多算胜,少算不胜,而况于无算乎!"

作为大学生,大家在学习生活中可以借鉴这种系统思维,及早对未来进行科学谋划,分析未来社会是什么发展趋势,需要什么样的人才,要具备什么能力。只有在走上社会之前具备了这些素质,才能在未来复杂竞争的环境中立足,取得成绩。正如古语所说:"不谋万世者,不足谋一时,不谋全局者,不足谋一域。"

在进行全局考虑的同时,还要重视局部,处理好全局与局部的关系,考察复杂事物的各个方面,透过现象看到本质,这也是一种系统思维能力。《孙子兵法》很好处理了全局与局部的关系,例如如何分析判断敌情,孙武在《行军篇》提出了"相敌三十二法",就是既根据自然环境的特征、变化来判断敌情,又根据敌方表现出的细微特点来判断敌情。这种观点也要求大学生时刻把握住当今信息时代发展变化的特点,接受新生事物,用发展的观点研究问题。同时,局部之间又是相互联系、对立统一的,也要用辩证的观点进行分析。《孙子兵法》中充满了原始的辩证法观点,提出了 85 个对立统一的概念,如"敌我、攻守、胜负、迂直、强弱、勇怯、治乱、奇正、虚实、分合、专分、久速、利害、上下、死生、轻重、开阖"等。这种辩证思考问题的方法,对大学生系统思维能力的培养无疑有重要借鉴作用。

二、创新思维能力

人类发展进步的历史,就是一个不断创新和创造的历史,没有创新就没有人类的进步和未来。创新思维就是突破思维定式,在把握事物发展客观规律的基础上,实现变革和创新。在高等学校,始终把培养具有创新思维的大学生,作为重要任务。创新思维包括逆向思维、扩散思维、立体思维等。《孙子兵法》强调在战场上"虚实结合""出奇制胜""善于变化"等,就是打破常规的创新思维。

(1)逆向思维。孙武在《虚实篇》提出要 "出其所不趋,趋其所不意",就是逆向思维。即避开敌人强大的地方,寻找敌人薄弱的环节。古往今来许多战争的胜负,都反复证明"虚而实之,实而虚之"这种逆向思维的重要性。

(2)扩散思维。《势篇》指出 :"凡战者,以正合,以奇胜……战势不过奇正,奇正之变,不可胜穷也。奇正相生,如循环之无端,孰能穷之?"在这里追求"奇"就是思维的独特性和新颖性,就要做敌方意想不到的事情。这会给我们思维上一种启示,就是当遇到困难的时候,不能用常规的思维方式,一定要敢于另辟蹊径,敢于尝试新的办法,创造性地完成任务,这就是扩散思维。

(3)立体思维。"奇"和"正"的变化是无穷无尽的,也说明了一个人的创造能力是无限的,只要你善于学习、善于分析,一定会有创造性成果。在《九变篇》中,孙武提出:"故将通于九变之地利者,知用兵矣;将不通于九变之利者,虽知地形,不能得地之利矣。治兵不知九变之术,虽知五利,不能得人之用矣。"在这里孙武强调灵活多变的立体战法,不能因循守旧,要根据复杂多变的战场形势调整思路和方法,这就是立体思维。对于大学生来说,就是要大家不断适应时代的变化,勇于改变,才能有所突破。

在当今世界激烈的竞争中,各个国家都在寻找机遇,不断发展。而如何取得领先,最重要的就是"创新",只有创新,科技才能发展、经济才能腾飞。青年大学生吸收《孙子兵法》的创新思想,具备创新思维,投身于各行各业,这将是一个国家发展的重要驱动力。

第二节 《孙子兵法》对人生的启示

人的一生漫长曲折，我们每一个人都应该努力实现自己的人生价值。但是这个过程，需要我们具备正确的人生态度、豁达的精神气质、准确的判断选择、深邃的思考能力。而《孙子兵法》这部千古奇书、兵家绝唱，其博大精深的内容体系，对于我们的人生一定会有启发，古往今来许多名人志士，都将《孙子兵法》视为须臾不可离的精神伴侣。

上一节主要介绍了《孙子兵法》在思维上的智慧，本节将着重向大家介绍一下这部兵书给我们其他七个方面的人生启示。

一、体会人生艺术

每一个人都有对美好生活的向往，都应该对人生进行积极探索。这是人的内在需求。在《孙子兵法》中，我们能得到激励，获得奋发向上的力量。人生如同战场，在人生的战场上，移植和借鉴《孙子兵法》的原理，对于我们体会人生的意义，在"死生之地，存亡之道"的人生之路上，做出正确选择，始终立于不败之地，争取美好的人生，将有很大帮助。

二、把握人生主动权

按照孙武所言，"昔之善战者，先为不可胜，以待敌之可胜。不可胜在己，可胜在敌"，在人生道路上，树立"不可胜在己""致人而不致于人"的思想，发扬自强不息的精神，就能牢牢掌握命运的主动权。

三、做到"知彼知己"

借用孙武这一用兵思想，我们在人生的旅途中要找准人生的目标和方向。在纷纭的大千世界里，丧失人生目的，就会迷失方向，随波逐流，浑浑噩噩地虚度年华。我们只有充分了解未来的世界发展对每个人提出了什么要求，然后充分提高各方面综合素质，才能够取得想要的成就。

四、努力实现新目标

在人生的旅途中，我们会始终不渝地沿着既定的方向前进，永远对自己的人生有新的追求，这种人实际上就是孙武所说的"动而不迷，举而不穷"，能打善战的"知兵者"。

五、不断反思，完善自我

荣誉面前最容易迷失自我。孙武归纳了用兵制胜的十二种方法，即"诡道十二法"，其中一条就是"卑而骄之"，对那些卑怯谨慎的敌人，设法使之骄傲而轻率赴战。所以，一个人在荣誉面前要谦虚谨慎,切勿忘乎所以而飘飘然。要做到"动而不迷,举而不穷",还需要一种"自省精神",不断地反思,不断地内省,不断地完善自己。

六、正确对待困难挫折

我们说人生道路是曲折的,如果我们缺乏走坎坷不平之路的思想准备,在人生道路上一旦碰到挫折,就会陷入苦闷、焦虑、迷惘、忧愁,个别人甚至悲观失望,丧失驾驭生活的勇气和信心。孙武倡导"无恃其不来,恃吾有以待也;无恃其不攻,恃吾有所不可攻也"的思想,要相信困难挫折只是暂时的,只是在自我发展过程中的一段经历。

七、有强大的心理素质

《孙子兵法》对于心理进行了论述,强调了稳定的心理对于人以及团队的重要性。例如,"三军可夺气,将军可夺心","将军之事,静以幽,正以治",要做到"泰山崩于前而色不变",始终以一种平常心来看待这个世界。

《孙子兵法》博大精深,蕴含着无尽的人生哲理。当同学们在学习、生活中遇到迷茫困惑时,不妨翻翻这部古书,从书中寻找生活的真谛。

课后思考题

1.举例说明《孙子兵法》中有哪些叙述强调了创新思维能力。
2.谈谈《孙子兵法》对你的启示。

附 录

十三篇文白对照

计篇第一

一、题解

《孙子兵法》十三篇，以"计"为首篇，足见"计"的重要性，具有统帅本篇和提挈全书的作用。篇中谈到"庙算"，所谓"庙算"是古代兴师作战前，首先要在庙堂里举行会议，一方面用筹码来盘算敌我双方胜负条件的数据，另一方面要谋划作战大计。此外，本篇阐述了"能而示之不能"等十二条诡道，它也是《计篇》内容的重要组成部分，如果说庙算属于内谋于庙堂之上，那么，后者则是外谋于战场。综上所述，从宏观来看"计"字，释为"盘算、谋划"比较切合实际。本篇主要论述研究和谋划战争的重要性，阐述了决定战争胜负的基本条件，提出了"攻其无备，出其不意"等军事名言。

二、原文·注释·译文

【原文】

孙子曰：兵[1]者，国之大事，死生之地，存亡之道，不可不察[2]也。

故经之以五事[3]，校之以计而索其情[4]：一曰道，二曰天，三曰地，四曰将，五曰法。道者，令民与上同意[5]也，故可以与之死，可以与之生，而不畏危[6]。天者，阴阳、寒暑、时制也[7]。地者，远近、险易、广狭、死生[8]也。将者，智、信、仁、勇、严[9]也。法者，曲制、官道、主用[10]也。凡此五者，将莫不闻[11]，知[12]之者胜，不知者不胜。故校之以计而索其情，曰：主孰有道？将孰有能？天地孰得？法令孰行？兵众孰强？士卒孰练？赏罚孰明？吾以此知胜负矣。

将听吾计[13]，用之必胜，留之；将不听吾计，用之必败，去之。

计利以听[14]，乃为之势，以佐其外。势者，因利而制权[15]也。

兵者，诡道也[16]。故能而示之不能[17]，用而示之不用，近而示之远，远而示之近。利而诱之，乱而取之[18]，实而备之，强而避之，怒而挠之[19]，卑而骄之[20]，佚而劳之[21]，亲而离之。攻其无备,出其不意。此兵家之胜(22),不可先传也(23)。

夫未战而庙算(24)胜者,得算多(25)也;未战而庙算不胜者,得算少也。多算胜,少算不胜,而况于无算乎! 吾以此观之,胜负见矣。

【注释】

(1)兵:兵器、兵士、战法、军事、战争等。此处指战争。

(2)察:考察、研究。

(3)经之以五事:经,量度、衡量的意思。此句意为,要从五个方面分析研究战争胜负的可能性。

(4)校之以计而索其情:校,通"较",比较。计,指"主孰有道"等"七计"。此句意为比较分析敌我双方各种条件,从中探求战争胜负的情况。

(5)令民与上同意:使民众与国君意志统一。

(6)不畏危:不畏惧危险。银雀山汉墓竹简《孙子兵法》(以下简称汉简本)此句为:"民弗诡也。"

(7)阴阳、寒暑、时制也:阴阳,指昼夜、晴晦等天时气象的变化。寒暑,指寒冷、炎热等气温的差异。时制,指四季时令的更替。

(8)远近、险易、广狭、死生:指路程的远近、地势的险厄或平坦、作战地域的宽广或狭窄、地形是否利于攻守进退。汉简本中,此句为"地者,高下、广狭、远近、险易、死生也",多"高下"二字。

(9)智、信、仁、勇、严:指将帅的足智多谋、赏罚有信、爱抚士卒、勇敢果断、军纪严明等基本素质。

(10)曲制、官道、主用:曲制,指军队的组织编制等方面的制度。曹操注:"曲制者,部曲、旌旗、金鼓之制也。"官道,指各级将吏的管理制度。主用,指各类军需物资的后勤保障制度。

(11)闻:知道,了解。

(12)知:指深切了解之意。

(13)将听吾计:一说,"将"作为"听"的助动词解,意为如果能听从我的计谋;另一说,"将"作一般的将领解释,意为将领们能听从我的计谋。

(14)计利以听:以,通"已"。听,听从,采纳。此句意为,计算、分析利害得失的意见已被采纳。

(15)因利而制权:权,权变、灵活处置之意。意为根据是否有利而采取适当的对策。

(16)兵者,诡道也:用兵打仗是一种诡诈行为。诡:诡诈、谲变。曹操注:"兵无常形,以诡诈为道。"

(17)能而示之不能:示,示形,伪装。意为能战却装作不能战的样子。此句至"亲而离之"等十二条作战原则,即著名的"诡道十二式"。

(18)乱而取之:对处于混乱状态的敌人,要乘机攻取它。

(19)怒而挠之:挠,挑逗。对于易怒的敌人,要设法挑逗激怒他。

（20）卑而骄之：卑，小、怯。敌人谦卑谨慎就要设法骄纵他。

（21）佚而劳之：佚，通"逸"。敌人休整充分就要设法劳累他。

（22）胜：奥妙。

（23）不可先传：不可事先传授，必须根据具体情况灵活处置。

（24）庙算：古时候兴师作战，要在庙堂上谋划商议，分析利害得失，制定作战方略，此谓"庙算"。

（25）得算多：指取胜的条件充分。算，计数用的筹码，此处引申为胜利条件。

【译文】

孙子说：战争是国家的头等大事，它关系到军民的生死和国家的存亡，为此，我们必须严肃对待，认真考察。

如何进行考察呢？要以决定战争胜负的五个基本要素为经（轴心），配以由五事引申出来的七个方面情况（七计）为纬，对敌我双方进行比较，做出估量，从中探索出战争胜负的趋势。五个基本要素：一是道，二是天时，三是地利，四是将领，五是法制。所谓"道"，指上下同欲，君民一心，一旦战争爆发，民众就会听从国君的命令，赶赴战场，为国家和君王出生入死，奋勇杀敌。所谓"天时"，指阴晴圆缺，酷暑严寒，节气时令。所谓"地利"，指高山低谷，远途近路，险势易域，地广道狭，军事上的生地、死地。所谓"将领"，指将帅的才智、信念、仁爱、勇武、威严。所谓"法制"，指组织体系的编成、指挥系统与将吏职责的规定和军需供应的管理。作为领兵的将帅对以上五个基本要素都要了如指掌，做到心中有数。因为只有深刻地了解并掌握了它，才能驾驭战争打胜仗；反之，如果不了解、不掌握，就会吃败仗。所以，不仅要懂得"五事"，还要根据由"五事"延伸出来的"七计"进一步加以具体分析比较，从而探求战争的胜负。"七计"说的是：哪一方有道，君主政治贤明？哪一方的将领才能过人？哪一方占有天时地利？哪一方的法令严格执行，军令如山？哪一方的军队装备精良？哪一方的士兵训练有素？哪一方赏罚分明，令行禁止？然后依据对这些情况的分析对比，就完全能够判明谁胜谁负了。

如果将帅听从我的计谋，并能运用它指挥作战，那就必定能取得胜利，所以这样的将帅就一定要留在指挥岗位上，委以重任；如果将帅不听从我的计谋，而按他自己的意图去指挥作战，那就一定失败，所以这样的将帅就让他离开指挥岗位，绝不能留任他。

如果利害得失估量准确，有利的意见已被采纳，同时又尽力造成实施有利的战争决策态势，那就给顺利作战提供了外在的辅助条件。所谓"势"，就是根据利害得失所采取的相应措施。

指挥作战，实际上是一种欺诈而奇异的行为，它真真假假，虚虚实实，尽量做到迷惑敌人，而不被敌人所迷惑，因此，我们可以说，诡诈是用兵打仗的一项基本原则。例如，本来能打却伪装成不能打；本来要用兵却伪装成不用兵；本来要从近处攻击，却伪装成从远处进攻；本来要从远处袭击，却伪装成从近处进攻。如果敌人贪利，那就用利去引诱它；如果敌营混乱，那就要乘机攻破它；如果敌人力量充实，就要加倍防范它；如果敌人兵力强大，那就设法避开它；如果敌人的将领易于发怒，那就想方设法挑逗他，使他激怒而失去理智，轻举妄动；如果敌人鄙视我方,就要设法使敌人更加骄横,然后寻机打击它;如果敌人休整得充分,那就要设法使敌人疲惫;如果敌人内部团结和睦,那就要设法离间它。总之,千方百计,设法寻找或抓住战机,要在敌人毫无准备的状态下实施攻击,要在敌人意想不到的情况下采取果断行动。这些都是指挥作战的诡道之术,也是军事家取胜的奥秘所在。但是,这些都不是事先加以主观规定并能照传照搬的,因为它们总是根据战争中敌我双方的具体情况随机而变的。

在拉开战争序幕之前,就已"庙算"(古时,战前君主在宗庙里举行仪式,商讨作战计划)周密,充分估量了有利和不利条件,开战之后就往往取得胜利;在拉开战争序幕之前,没能周密"庙算",很少分析有利和不利条件,开战之后就往往很少取得胜利,更何况开战前既无"庙算",又未分析取胜的有利和不利条件呢! 根据以上决定胜负的"五事""七计"分析,作战指挥的"诡道"原则的运用,战前的"庙算"多少,结合敌我双方的实际进行考察,谁胜谁负就显现出来,不言自明了。

作战篇第二

一、题解

本篇虽以"作战"命名,但它不同于现代汉语"作战"的含义。《作战篇》不是论述作战的具体方法,而是论述速战速决的进攻战略及其理论。《孙子兵法》在本篇中主要论述了战争对经济基础的依赖关系,分析了战时物资、财力消耗数量的巨大以及战争对于社会生产和人民生活的破坏,从而提出了"兵贵胜,不贵久"的速胜思想和"因粮于敌"等作战原则。

二、原文·注释·译文

【原文】

孙子曰:凡用兵之法,驰车千驷(1),革车千乘(2),带甲(3)十万,千里馈粮;则内外(4)之费,宾客之用(5),胶漆之材(6),车甲之奉(7),日费千金(8),然后十万之师举(9)矣。

其用战也胜(10),久则钝兵挫锐,攻城则力屈(11),久暴师则国用不足(12)。夫钝兵挫锐、屈力殚货(13),则诸侯乘其弊而起,虽有智者,不能善其后矣。故兵闻拙速,未睹巧之久也(14)。夫兵久而国利者,未之有也。故不尽知用兵之害者,则不能尽知用兵之利也。

善用兵者,役不再籍(15),粮不三载(16);取用于国(17),因(18)粮于敌,故军食可足也。

国之贫于师者远输,远输则百姓贫。近于师者贵卖,贵卖则百姓财竭,财竭则急于丘役(19)。力屈财殚,中原(20)内虚于家。百姓之费,十去其七;公家之费,破车罢马(21),甲胄矢弩,戟楯蔽橹(22),丘牛大车(23),十去其六。

故智将务食于敌,食敌一钟(24),当吾二十钟;蒠秆(25)一石(26),当吾二十石。

故杀敌者,怒也;取敌之利者,货也。故车战,得车十乘已(27)上,赏其先得者,而更其旌旗,车杂(28)而乘之,卒善而养之,是谓胜敌而益强。

故兵贵胜，不贵久。

故知兵之将，生民⁽²⁹⁾之司命⁽³⁰⁾，国家安危之主也。

【注释】

(1)驰车千驷：战车千辆。驰车，指快速轻捷的战车，古代亦称"攻车""轻车"。驷，原意为一车套四匹马，此处为量词。

(2)革车千乘：重车千辆。革车，指专门运输粮草、军械的辎重车。乘，原意为一辆四匹马拉的车子，此处为量词，辆。

(3)带甲：穿戴盔甲、全副武装的士卒。

(4)内外：指前方、后方。

(5)宾客之用：指招待各诸侯国宾客、使节往来的花费。

(6)胶漆之材：指制作维修弓矢等军用器械的物资材料。

(7)车甲之奉：指武器装备的保养补充。奉，保养。

(8)千金：巨额钱财。

(9)举：出动。

(10)用战也胜：用兵打仗宜速胜。

(11)力屈：力量耗尽。

(12)久暴师则国用不足：军队长期在外作战，就会给国家经济造成困难。

(13)殚货：经济枯竭。殚(dān 单)，枯竭。

(14)兵闻拙速，未睹巧之久也：用兵打仗只听说指挥虽拙，但求速胜，没见过求巧而久拖的。

(15)籍：登记、征集兵员。

(16)载：运送、运载。

(17)取用于国：指武器装备等从国内运取。

(18)因：依靠、凭借。

(19)丘役：赋税徭役。丘，古代地方行政单位，一般以丘为单位征收赋役。

(20)中原：此处指国内。

(21)罢马：战马疲病。罢(pí 皮)，同"疲"。

(22)戟楯蔽橹：泛指当时各种攻防兵器。戟(jǐ 几)，古代戈、矛合一的武器。楯(dùn 盾)，同"盾"。蔽橹(lǔ 鲁)，用作攻城的大盾牌。

(23)丘牛大车：指辎重车辆。

(24)钟：古代的容量单位，每钟六十四斗。

(25)葸秆：饲草。葸(qí 其)，同"萁"，豆秸。

(26)石(dàn 担)：重量单位，每石一百二十斤。

(27)已：同"以"。

(28)杂：混合、掺杂。

(29)生民：泛指一般民众。《孟子·公孙丑上》："率其子弟，攻其父母，自有生民以来，未有能济者也。"

(30)司命：星宿名。此处借喻为命运的主宰。

【译文】

孙子说，我们所进行的战争乃是以车战为主要作战方式，因此兴兵打仗，一般需要起用装载士卒的轻型战车千辆，运载军械的重型战车千辆，出动穿戴甲胄的兵卒十万，再加上千里运送给养，这是物力。前方和后方消耗的费用，外事交往的开支，购买供弓矢箭戟等器械所需的胶、漆材料的开销，再加上供给和保养战车、盔甲等装备的费用，每天要耗费千金，这是财力。在具有这样巨大财力和物力之后，十万大军才能启程出征。

带领这样需要巨大物力、财力支撑的庞大军队作战，其进攻策略的立足点应是速战速决，绝不能采取旷日持久的战略，因为时间拖长就会使军队疲惫，锐气挫伤，再加上攻城夺地，那就更加会使军力消耗殆尽。十分明显，旷日持久地在前方作战，必然使国家财力不支，物力不足。一旦前方军队疲惫，锐气大减，军力耗尽，后方财力物力枯竭，其他诸侯就会乘我方陷入重重困难之际，发起攻击。在这种严峻的态势下，即使再高明的将领，纵有回天之力，也无法妥善地处置这种灾难性的后果。所以，只听说有笨拙的速胜，而没有看到巧妙的久拖，或者说，速胜即或是笨拙的，也比久拖不决的巧妙不知要高明多少倍。因为庞大的军队在前方持久作战，能给国家带来利益的，是从来没有过的。不了解长期用兵打仗所带来的危害，也不会真正懂得兵贵速胜的好处。

善于用兵打仗的将帅都清楚速战速决的可贵。他们在指挥作战时，从不进行第二次征集士卒，从不多次运送给养和装备，如果需要补充的话，那就在敌方那里就地解决，尤其军队需要补充的粮草更需要取于敌方，这样，我方的给养就可以得到充足补给供应。

军队长期在前方作战必然使国家处于贫困境地，这是显而易见的道理，因为远途运输必定给百姓带来沉重负担，尤其靠近军队驻扎的地域，物价必然高涨。物价飞涨，必使百姓财物枯竭，随之而来的是国家的征赋徭役不断增加，结果军队战斗力耗损，百姓财富枯竭，这自然导致国库空虚。可见，由于拖延不决的长期作战，对于每户人家来说，百姓的财物十份就会耗去七份；对于公家来说，战车损坏，战马疲病，装备、兵器、战具、辎重车辆受到损耗，国家的资财十份就要耗去六份。

所以，凡是明智的将领，在领兵作战中都谋求在敌国那里解决粮秣的补给问题，因为从敌国那里得到一钟（六十四斗）粮食，就抵得上从国内长途运送的二十钟粮食；从敌国那里得到一石（一百二十斤）草料，就等于从国内运送的二十石草料。

只有把士卒的士气激发起来，才能保持部队的旺盛斗志，每个兵卒才会勇敢杀敌。如果想要夺取敌人的财物，那就要不吝财物奖赏士卒。如何奖赏呢？其办法是，凡在车战中首缴敌人战车十辆以上者，给予重奖，并把敌人的旗帜更换为我方旗帜，及时把它编为己方战车队列，派自己的士卒同俘虏夹杂乘坐，混合编组；同时还要对俘获的敌方士卒采取优待供养政策。这样，就可以化敌为我，从而削弱、战胜敌方，而使自己日益强大。

总而言之,兴兵作战必须崇尚兵贵速胜的战略,而不应采取旷日持久的消耗战法。这就是兵法中所提倡的"兵贵胜,不贵久"。

凡深谙用兵的将帅,在战争中都不采用久拖的战法,而是采取速战速决的进攻战略,这是因为他们时时牢记自己肩负的重任:掌握着民众的命运,主宰着国家的安危!

谋攻篇第三

一、题解

谋攻:用计谋攻打敌人,即在战略、策略上战胜敌人。本篇主要论述临战前进攻的计谋、知胜的方法和作战方法等,强调以谋胜敌,并揭示了"知彼知己,百战不殆"的著名军事规律。此外,还提出了"十则围之,五则攻之,倍则分之,敌则能战之,少则能逃之,不若则能避之"的用兵之法,强调根据敌对双方兵力对比的不同而采取不同的战法。本篇中还提出了"上兵伐谋,其次伐交,其次伐兵,其下攻城"的思想,指出最高明的军事家,不是以武力取胜,不是以攻城破国为目的,而是通过政治、外交的途径,"不战而屈人之兵"。在这里"屈人"已超越征服或战胜的普通概念,而意味着与对方取得精神上的共识和认同,从而维护一种相对平衡的生存状态。

二、原文·注释·译文

【原文】

孙子曰:凡用兵之法,全国⑴为上,破国次之;全军为上,破军次之;全旅为上,破旅次之;全卒为上,破卒次之;全伍为上,破伍次之⑵。是故百战百胜,非善之善者也;不战而屈人之兵,善之善者也。

故上兵伐谋,其次伐交,其次伐兵,其下攻城。攻城之法为不得已。修橹轒辒⑶,具器械,三月而后成,距闉⑷,又三月而后已。将不胜其忿而蚁附之,杀士三分之一而城不拔者,此攻之灾也。

故善用兵者,屈人之兵而非战也,拔人之城而非攻也,毁人之国而非久也,必以全争于天下,故兵不顿⑸而利可全,此谋攻之法也。

故用兵之法,十则围之⑹,五则攻之,倍则分之,敌则能战之,少则能逃之,不若则能避之。故小敌之坚,大敌之擒⑺也。

夫将者,国之辅也,辅周则国必强,辅隙则国必弱。

故君之所以患于军者三:不知军之不可以进而谓之进,不知军之不可以退而谓之退,是谓縻军⑻;不知三军之事而同⑼三军之政者,则军士惑矣;不知三军之权而同三军之任,则军士疑矣。三军既惑且疑,则诸侯之难至矣,是谓乱军引胜。

故知胜有五:知可以战与不可以战者胜;识众寡之用者胜;上下同欲者胜;以虞⑽待不虞者胜;将能而君不御者胜。此五者,知胜之道也。

故曰：知彼知己者，百战不殆；不知彼而知己，一胜一负；不知彼，不知己，每战必殆。

【注释】

(1) 全国：全，完整、完全，这里作动词，指完全地占有。全国：指完整地占有别国的领土。

(2) 军、旅、卒、伍：古代军队的编制单位。旧说每军为一万二千五百人，每旅为五百人，每卒为一百人，每伍为五人。

(3) 轒辒(fénwēn 坟温)：攻城用的四轮大车，四周用牛皮遮蔽。

(4) 距闉(yīn 因)：准备用以攻城而堆积的土山。闉，通"堙"，土山。

(5) 顿，通"钝"，疲惫、挫折。

(6) 十则围之：十，这里指的是十倍。围，包围。

(7) 小敌之坚，大敌之擒：力量弱小的军队，如果只知坚守硬拼，势必会沦为强大敌人的俘虏。

(8) 縻(mí)军：指束缚军队的行动。縻，羁縻。

(9) 同：此处是参与、干涉的意思。

(10) 虞：有准备，有戒备。

【译文】

孙子说，一般来讲，用兵打仗应遵循如下的法则：整个地制服敌国才是上等的策略，而部分地击破敌国则是次等的策略；整个地征服一个军(一万二千五百人为一军)才是上等的策略，而部分地击破一个军则是次等的策略；整个地征服一个旅(五百人为一旅)才是上等的策略，而部分地征服一个旅则是次等的策略；整个地击溃一个卒(百人为卒)才是上等的策略，而部分地击溃一个卒则是次等的策略；整个地击败一个伍(五人为伍)是上等的策略，而部分地击败一个伍则是次等的策略。因此，即使作战一百次取胜一百次，也不是最完善的选择。而要以强大的军事实力为后盾，巧用计谋不用交战而征服敌人，才是好中之好的最佳方案。

可见，用兵打仗，上策是以智谋来战胜敌人，即在计谋上胜敌一筹，用计谋使敌人屈服；其次是从外交上压服敌人，即联合自己的盟友，拆散敌国的同盟，使敌人处于孤立无援的困境；再次便是攻打敌人的军队，以武力战胜敌人；而下策是攻夺敌人的城堡。攻城是作战中不得已而为之的最下等策略。修造大盾和四轮车，准备器械，三个月才能完成，构筑攻城用的土山，也需要三个月才能完工。如果指挥攻城的将领没等完成以上的攻城准备，就控制不住他的愤怒而驱使士卒像蚂蚁一样爬梯攻城，其结果是士卒被杀三分之一，而城堡仍攻不下来，这就是攻城之法所带来的灾难。

所以，善于指挥作战的将领，不是采取用武力交战的办法使敌人屈服，夺取敌人的城池，不是用硬拼的办法去占领，吞并敌国，也不是采取久拖不决的消耗战。因此，运用谋略迫使敌人完全地降服，军队不受挫折而取得完全的胜利，以争雄于天下，这就是运用谋略降服敌人的法则。

如果由于各种条件制约必须付诸武力时，使用军队作战兵力使用的法则是：有十倍于敌的兵力就围歼它；有五倍于敌的兵力就进攻它；有两倍于敌的兵力就设法各个击破它；同敌人兵力相等时要设法战胜敌人；如果我方兵力少于敌人时，那就要尽可能地采取迂回撤退的策略，即能打赢就打,打不赢就走的办法;如果我方各方面都不如敌人,那就要尽可能地避免同敌人交战。千万要记住,力量弱小的军队倘若鲁莽地坚持同强大的敌人拼杀,不注意或不善于保存自己的有生力量,就会成为强大敌人的俘虏。

作为军队的统帅,要清醒地意识到自己是国家的支柱、君主的助手。统帅同国君的关系是否密切,配合是否协调,往往决定国家的安危兴亡。如果亲密无间,协调一致,国家就会强盛起来;如果离心离德,关系疏远,国家就会衰弱下去,以致败亡。

作为一国之主的君王,也要注意尊重统领军队的将领的权威,决不能凭主观想象乱加干扰。一般来讲,由于君主不了解军队实际作战情况,而干预作战行动的危害有三种:第一种是国君不了解军队不应进攻而硬性命令进攻,不应退却而硬性命令后退的,这是典型的干扰牵制军队的行动。第二种是国君不了解军队的内部事务(如管理、教育、奖罚等)而乱加干预的,这些必然引起军队上下迷惑不解。第三种是国君不甚懂得军队行动因战斗态势变化而采取的随机应变的用兵权谋而干预军队指挥的,这也必然使军队上下产生各种疑虑。一旦军队上下处于迷惑不解、疑虑重重的境地,其他国家就会乘机制造祸难。以上三种情况就叫作“乱军引胜”,即搞乱了自己的队伍,使敌人有了空隙可钻,从而导致了敌人的胜利。

用兵作战是可以预知胜利的,但是必须以熟知下面五种情况为前提:一是敌我情况了如指掌,知道什么情况下可以打,什么情况下不可以打,具有了这种准确判断力,就能取得胜利;二是既能指挥大部队作战,也能够指挥小部队作战,具有这种应战能力的就能取得胜利;三是全国上下团结一心,军队上下同仇敌忾的,就能取得胜利;四是以有戒备的军队对待防御松弛的军队,具有这样条件的,就能取得胜利;五是将帅具有指挥才能而且国君不干预牵制的就能取得胜利。以上这五个方面就是预测战争胜利的依据。

综上所述,可以得出如下的结论:既了解敌方情况又深知己方情况的,每次作战都不会处于险境,更不会失败;不了解敌方情况,只熟悉己方情况的,打起仗来胜负各半,既可能打胜,也可能打败;既不了解敌方情况,又不熟悉己方情况的,每次作战都会处于险境,一定要吃败仗。

形篇第四

一、题解

“形”,《孙子兵法》在本篇解释说:“若决积水于千仞之谿者,形也。”意思是说,所谓形,就像从八千尺高处决开溪中积水一样奔腾直下。孙子运用这个比喻,形象地说明了什么是“形”。根据孙子这样的解说,理解“形”,就是看得见的形体之意,指客观物质力量。在军事上的主要表现是众寡、强弱,即兵力数量的多少、军队战斗力的强弱和军事素质的优劣。同时,孙子认为这种客观物质力量不是死的、静止的、孤立的,要把物质力量集中,就像决开积水让它从八千尺陡溪上倾泻而下,这种迅猛的运动速度乘积水的重量以加强其冲击的能量。

本篇还论述了战争的胜败是由客观物质条件为基础而决定的,从而要善于利用这些客观物质条件,使自己立于不败之地,达到"自保而全胜"的目的,不打无把握之仗。

二、原文·注释·译文

【原文】

孙子曰:昔之善战者,先为不可胜,以待敌之可胜。不可胜在己,可胜在敌。故善战者,能为不可胜,不能使敌之可胜。故曰:胜可知而不可为。

不可胜者,守也;可胜者,攻也。守则不足,攻则有余⁽¹⁾。善守者,藏于九地之下,善攻者,动于九天⁽²⁾之上,故能自保而全胜也。

见胜不过众人之所知,非善之善者也;战胜而天下曰善,非善之善者。故举秋毫不为多力,见日月不为明目,闻雷霆不为聪耳。古之所谓善战者,胜于易胜者也。故善战者之胜也,无智名,无勇功。故其战胜不忒⁽³⁾,不忒者,其所措必胜,胜已败者也。故善战者,立于不败之地,而不失敌之败也。是故胜兵先胜而后求战,败兵先战而后求胜。善用兵者,修道而保法⁽⁴⁾,故能为胜败之政。

兵法:一曰度⁽⁵⁾,二曰量⁽⁶⁾,三曰数⁽⁷⁾,四曰称⁽⁸⁾,五曰胜。地生度,度生量,量生数,数生称,称生胜。故胜兵若以镒称铢⁽⁹⁾,败兵若以铢称镒。胜者之战民也,若决积水于千仞⁽¹⁰⁾之谿者,形⁽¹¹⁾也。

【注释】

(1)守则不足,攻则有余:采取防守是因为取胜条件还不充分,采取进攻是因为战胜敌人条件已具备。汉简本中,此句为:"守则有余,攻则不足。"

(2)九地、九天:九为数之极。九地,极言深不可知。九天,极言高不可测。

(3)忒(tè 特):差错,失误;不忒:不出差错。

(4)修道而保法:修明政治,严明法度。

(5)度:度量土地面积。

(6)量:计量人力与物资资源。

(7)数:计算兵力的多寡。

(8)称:衡量敌我实力。

(9)以镒(yì)称铢:镒,古代重量单位,合 24 两或 20 两;铢,古代重量单位,24 铢为一两。此处指实力悬殊。

(10)仞:古代长度单位,八尺为一仞;千仞,极言其高。

(11)形:喻指军事实力。《势》篇云:"强弱,形也。"

【译文】

孙子说:从前善于指挥作战的人首先要创造不被敌人战胜的条件,以此等待可以战胜敌人的有利时机。创造条件不被敌人战胜,主动权在我方,敌人可能被战胜,在于敌人使我方有可乘之机。所以,善于指挥作战的人,能够创造使自己不被敌人战胜的条件,但不能使敌人必定被我战胜。可见,胜利是可以预测的,但不具备战胜敌人的条件下,决不能依据自己的愿望去硬战强攻。

我方之所以能不被敌人战胜是由于我方防守严密,不给敌人造成可乘之机;敌人可能被我方战胜,是因为敌人有可以被我方利用的漏洞,使我方具备了攻打它的条件。我方之所以采取守势,是因为力量不足;之所以采取攻势是因为力量有余。因此,善于防守的军队,像隐藏在深不可测的地底下那样使敌人无法窥视其行踪;善于进攻的军队,像行动在高不可攀的天上那样使敌人无法戒备。正因为如此,防守必能保全自己,进攻必能取得全胜。

对胜利的预见不能超过一般人所知道的,并非高明之举;通过艰苦的作战取得胜利,即便是被天下人称道,也难以称得上是优中之优。这好比是能举起一根毫毛算不上是力气大,能看见太阳和月亮算不上眼睛明亮,能听到惊雷的轰鸣算不上耳朵聪灵一样。古人所说的善于指挥作战的人,总是取胜于容易战胜的敌人。故此,善于作战者,他取得的胜利,既显不出智谋之名,也看不出勇武之功,他取得的胜利都是必然的、无疑的。之所以无疑,是因为他所采取的作战措施是胜在必然,他所战胜的是实际上已处于必然要失败地位的敌人。所以,善于指挥作战的人,总是设法使自己立于不败之地,同时又不错过打败敌人的良机。由此看来,胜利之军总是先创造取胜的条件,而后才谋求与敌人交战;而失败之军则是先盲目地开战,而后将胜利寄托于侥幸。善于用兵的人会先从各方面修治不可胜之道,确保法令的执行,这样就掌握了战争的主宰,把制胜的决定权掌握在自己手中。

用兵之法强调作战要注意五种情况:第一叫作"度",即国土面积的大小;第二叫"量",即国家物产的多寡;第三叫"数",即敌我双方可能征召和供养的兵力数量;第四叫"称",即敌我双方力量对比的权衡;第五叫"胜",即判断胜负的可能性。对双方国土面积大小做出判断形成"度",由此而得出物产多寡的"量",根据物产多寡来确定可能动员和供养的兵力数量,根据双方兵力的数量,进行权衡对比,根据双方力量对比判断战争的胜负。所以,胜败两军相交,实力是相当悬殊的。不妨以一铢和一镒作对比(一镒比一铢重约五百倍)。胜军比之败军好比以镒比铢,败军比之胜军好比以铢比镒。胜利之军在指挥士卒作战的时候,就像从八千尺的高处决开溪中的积水一样,其迅猛之势是难以阻挡的,其强大的军事实力是战无不胜的,这就是军事上所谓"形"的生动体现。

势篇第五

一、题解

《形篇》中的"形",实际上就是人们常说的"运动中的物质"。那么,《势篇》中的"势"是什么呢?孙子说:"激水之疾,至于漂石者,势也。"还说:"势如弓弩"。又说:"如转圆石于千仞之山者,势也。"可见《孙子兵法》中所讲的"势",实质上就是"物质的运动",即物质在急剧运动中的活力和能量,这就是孙子所要求造成的"势"。因此,孙子在本篇要求军队组织严密,部署得宜,纪律严明,纵然敌人突然攻击也不至于被动或失败。即所谓"斗乱而不可乱也……形圆而不可败也"。孙子还要求"以奇胜","善出奇",奇正之变,"无穷如天地,不竭如江河"等。

二、原文·注释·译文

【原文】

孙子曰:凡治众如治寡,分数⁽¹⁾是也;斗众如斗寡,形名⁽²⁾是也;三军之众,可使必受敌而无败者,奇正⁽³⁾是也;兵之所加,如以碫⁽⁴⁾投卵者,虚实⁽⁵⁾是也。

凡战者,以正合,以奇胜。故善出奇者,无穷如天地,不竭如江河。终而复始,日月是也;死而复生,四时是也。声不过五,五声⁽⁶⁾之变,不可胜听也;色不过五,五色⁽⁷⁾之变,不可胜观也;味不过五,五味⁽⁸⁾之变,不可胜尝也。战势不过奇正,奇正之变,不可胜穷也。奇正相生,如循环之无端,孰能穷之?

激水之疾,至于漂石者,势也;鸷鸟⁽⁹⁾之疾,至于毁折者,节也。是故善战者,其势险,其节⁽¹⁰⁾短。势如彍弩⁽¹¹⁾,节如发机⁽¹²⁾。

纷纷纭纭⁽¹³⁾,斗乱⁽¹⁴⁾而不可乱也;浑浑沌沌⁽¹⁵⁾,形圆⁽¹⁶⁾而不可败也。乱生于治,怯生于勇,弱生于强。治乱,数也;勇怯,势也;强弱,形也。故善动敌者,形之,敌必从之;予之,敌必取之。以利动之,以卒待之。

故善战者,求之于势,不责于人,故能择人而任势。任势者,其战人也,如转木石。木石之性,安则静,危则动,方则止,圆则行。故善战人之势,如转圆石于千仞之山者,势⁽¹⁷⁾也。

【注释】

(1)分数:指军队的组织编制。

(2)形名:指旌旗和金鼓。这里引申为指挥。

(3)奇正:古代兵法常用术语,指古代军队作战的变法和常法,其含义甚广。一般以常法为正,变法为奇。比如:先出为正、后出为奇,正面为正、侧翼为奇,等等。

(4)碫(duàn):磨刀石,这里泛指石块。

(5)虚实:古代兵法常用术语,指军事实力的强弱、优劣。此处指以实击虚的意思。

(6)五声:中国古代把宫、商、角、徵、羽五个音阶称为五声。

(7)五色:古代以青、黄、赤、白、黑五种基本色素为五色。

(8)五味:指酸、咸、辣、苦、甜五种味道。

(9)鸷(zhì)鸟:凶猛的鸟,如鹰、雕之类。

(10)节:节奏,指在短距离内以俯冲之势杀伤猎物。

(11)彍(guō 郭)弩:张满弩机。

(12)发机:触发弩机。

(13)纷纷纭纭:旌旗混乱的样子。

(14)斗乱:指在混乱状态中作战。

(15)浑浑沌沌:指混乱不清。

(16)形圆:指阵势部署得四面八方都能应付自如。

(17)势:指在"形"(军事实力)的基础上,发挥将帅的主观能动性,从而造成有利的作战态势。

【译文】

孙子说:一般地说,治理人数众多的军队像治理人数少的军队一样,这是军队的组织编制方面的问题。指挥大部队作战像指挥小部队作战一样,这是通信、联络指挥方面的问题。率领三军作战,即使我军遭受敌人突然袭击也不至于失败,这是"奇正"的运用问题(所谓奇,是指灵活运用出敌不意等战法;所谓正,是指正规的正面迎敌等战法)。军队的进攻要像以石击卵那样一下子粉碎敌军,所向无敌,这是"虚实"的问题(虚实指战斗力的强弱、优劣)。

一般地说,作战的方法是,用正兵挡敌,用奇兵取胜。所以善于出奇制胜的将帅,他的战法就像天地变化那样无穷无际,像江河奔流那样不竭不息。周而复始,日月落下去,又再升起,这就像日月运行一样往复无穷;死而复生,这就像春夏秋冬四季更替一样过去了,又再回来。音阶不过五种(古代以宫、商、角、徵、羽为五音),然而五种音阶的配合变化,却能奏出听不胜听的乐曲来;颜色不过五种(古代以青、黄、赤、白、黑为五色),然而五种颜色的配制变化,却能描绘出看不胜看的色彩来;味道不过五种(古代以辣、酸、咸、苦、甘为五味),然而五种味道的搭配变化,却能产生出尝不胜尝的味道来。作战的基本战法不过奇正两种,然而奇正的配合变化,却是无穷无尽的。奇正相辅相生,奇可生正,正可生奇,奇正变化不可穷尽,这就像顺着圆环旋转那样,无头无尾,谁能穷尽它呢?

湍急的流水以飞快的速度奔泻,致使石头漂移,这是由于具有巨大冲击力的水势所造成的;凶猛的鸷鸟,以飞快的速度搏击,以至能捕杀其他鸟兽,这是由于它能控制时机、节奏适度的缘故。因此,善于指挥作战的将帅,他所造成的态势是居高临下、势如破竹的,他所掌握的行动节奏是短促猛烈、猝不及防的。这种态势,就像张满的弓弩;这种节奏,犹如触发弩机。

旗帜纷杂,人马众多,在这种混乱状态中作战,必须保持自己部队的镇静而不乱;战车转动,人马奔驰,在这样混沌不清的情况下打仗,必须把部队部署得严整、灵活,四面八方都能应付自如,无懈可击,使敌人无隙可乘。在一定条件下,紊乱可以由严整、条理中产生,怯懦可以由勇敢产生,软弱可以由强大产生。治或乱,是编制、组织、指挥的好坏问题;勇或怯,是态势优劣、气势盛衰的问题;强或弱,是军事力量大小的问题。所以善于调动敌人的将帅,向敌人示形,做出某种姿态即以假象欺骗敌人,敌人就会信以为真而听从调动;给予敌人以利,敌人就会贪占便宜而夺取它。用小利引诱调动敌人,用重兵设伏以等待敌人,掩击消灭它。

所以善于指挥作战的将帅,他的注意力主要放在造成全局有利的态势上寻机战胜敌人,而不放在对下属人员的依赖和苛求上,因而能够选择胜任的部属,充分利用有利的态势去夺取胜利。善于利用有利态势的将帅,指挥士卒作战,就像滚动木石一样运转自如。木头和石头的共同特性是,把它们安放在地势平坦的地方便静止不动,把它们安放在地势陡斜的地方便转动滚移。方形的木石比较静止稳定,圆形的木石则容易转动滚移。所以善于指挥士卒作战的将帅所造成的有利态势,就好像从八千尺高的山上向下飞滚圆石那样,势不可当,这就是军事上的所谓造"势"的要领。

虚实篇第六

一、题解

虚实:虚,空虚,指兵力少或弱;实,充实,指兵力多或强。虚实相互依存,在一定条件下是可以转化的。敌军有"实"必有"虚",无论怎样配备,都必然有弱点暴露,而且要设法造成敌人的弱点,然后"避实击虚"。这是《孙子兵法》战略思想中一条重要原则。

本篇主要论述在作战中要争取主动,避免被动;要造成敌人弱点,迫使或诱使敌人兵力分散疲惫,我方则集中兵力,以逸待劳,一旦发现敌人的弱点就应乘虚而入,攻其无备,"因敌而制胜"。同时,也努力达到"致人而不致于人"的目的。

二、原文·注释·译文

【原文】

孙子曰:凡先处⁽¹⁾战地而待敌者佚,后处战地而趋战者劳。故善战者,致人而不致于人。能使敌人自至者,利之也;能使敌人不得至者,害之也。故敌佚能劳之,饱能饥之,安能动之。

出其所不趋,趋其所不意。行千里而不劳者,行于无人之地也。攻而必取者,攻其所不守也;守而必固者,守其所不攻也。故善攻者,敌不知其所守;善守者,敌不知其所攻。微乎微乎,至于无形,神乎神乎,至于无声,故能为敌之司命。

进而不可御者,冲其虚也;退而不可追者,速而不可及也。故我欲战,敌虽高垒深沟,不得不与我战者,攻其所必救也;我不欲战,画地而守⁽²⁾之,敌不得与我战者,乖其所之⁽³⁾也。

故形人而我无形⁽⁴⁾,则我专而敌分;我专为一,敌分为十,是以十攻其一也,则我众而敌寡;能以众击寡者,则吾之所与战者约矣。吾所与战之地不可知,不可知,则敌所备者多;敌所备者多,则吾所与战者寡矣。故备前则后寡,备后则前寡,备左则右寡,备右则左寡,无所不备,则无所不寡。寡者,备人者也;众者,使人备己者也。

故知战之地,知战之日,则可千里而会战。不知战地,不知战日,则左不能救右,右不能救左,前不能救后,后不能救前,而况远者数十里,近者数里乎?以吾度之,越人之兵虽多,亦奚⁽⁵⁾益于胜败哉?故曰:胜可为也。敌虽众,可使无斗。

故策⁽⁶⁾之而知得失之计,作⁽⁷⁾之而知动静之理,形之⁽⁸⁾而知死生之地,角⁽⁹⁾之而知有余不足之处。故形兵之极,至于无形;无形,则深间不能窥,智者不能谋。因形而错胜于众⁽¹⁰⁾,众不能知;人皆知我所以胜之形,而莫知吾所以制胜之形。故其战胜不复,而应形于无穷。

夫兵形⁽¹¹⁾象水,水之形,避高而趋下;兵之形,避实而击虚。水因地而制流,兵因敌而制胜。故兵无常势,水无常形,能因敌变化而取胜者,谓之神。故五行无常胜⁽¹²⁾,四时无常位⁽¹³⁾,日有短长,月有死生。

【注释】

（1）处：占据、到达的意思。

（2）画地而守：指在地上随便划一条界线即可防守，比喻防守非常容易。

（3）乖其所之：乖，违背、背离，指改变敌人的去向，把其引向别的方向。

（4）形人而我无形：形人，使敌人现形。我无形，即我方无形迹。

（5）奚（xī）：疑问词，何的意思。

（6）策：策度、筹算。

（7）作：兴起，此处指挑动。

（8）形之：以伪形示敌。

（9）角：角量、较量，此处指进行试探性的进攻。

（10）错胜于众：指将胜利摆在人们面前。错，通"措"，放置的意思。

（11）兵形：用兵的规律。

（12）五行无常胜：意为金、木、水、火、土"五行"相生相克无定数。

（13）四时无常位：指春、夏、秋、冬四季变换更替永无止息。

【译文】

孙子说：凡是先占据战场而待机歼敌的就可以以逸待劳，获得主动，后到达战场的则因快速急进而仓促应战，势必疲劳被动。所以善于指挥作战的人，能摆布敌人争取主动而不被敌人摆布陷于被动。能促使敌人自动就范、进入我军预设战场，是以利诱骗敌人的结果；能使敌人不能前来进攻我军，是用祸患来威胁敌人的结果。所以，如果敌人得到休整，那就要设法使它疲劳；如果敌人给养充足，那就要使它饥饿；如果敌军坚守不动，那就设法调动它。

出兵作战在选择作战方向上，攻击敌人兵力空虚而无法紧急救援的地方，快速攻击敌人意想不到的地方。行军千里而军队不致疲劳，这是因为军队行进在没有敌人或敌人没有设防的地区。要进攻就一定攻得下，这是因为攻打敌人不注意防守或不易守住的地方；要防守就一定守得住，这是因为扼守敌人不敢来攻或不易攻打的地方。可见，善于指挥进攻的将帅，能使敌人不知道应该在什么地方防守；善于组织防守的将帅，能使敌人不知道应当向什么地方进攻。微妙啊，微妙啊！微妙得看不出一点形迹；神奇啊，神奇啊！神奇得听不到一点声息，所以这样的将帅才能成为敌人命运的主宰。

进攻时，敌人不能抵御的，是因为我军冲向了敌人空虚的地方；退却时敌人不能追赶上的，是因为退却速度快而敌人追不上。所以，要想同敌人作战，敌人即使高筑堡垒、深挖战壕，也不得不出来跟我军交战，这是因为攻打了敌人必须要救援的要害地区；我军不想和敌人交战，即使是画地而守，敌人也无法跟我军交战，这是因为我军设法把敌人引到了别的方向。

所以，用示形的办法欺骗敌人，诱使敌人暴露企图，而自己却不露形迹，使敌人不知虚实、捉摸不定，这样便能做到我军兵力集中而敌人的兵力分散；我军兵力集中成为一处，敌军的兵力分成为十处，这样，我军就可以用十倍于敌的兵力进攻敌某一处的兵力，便造成我众而敌寡的有利态势；能够造成这种以众击寡的态势，那么与我军直接交战的敌人就有限了。我军预定的与敌人交战的地方,敌人摸不到,判断不准,既然敌方不知道我军向哪里进攻,敌人要设防的地方就要多;敌军设防的地方多,那么跟我军直接交战的兵力就必然相对减少了。因此,敌人前面设防,后面的兵力就少了;后面设防,前面的兵力就少了;左翼设防,右翼的兵力就少了;右翼设防,左翼的兵力就少了;到处都设防,就处处都力量薄弱。兵力薄弱是因为被动地去处处设防的结果;我军兵力雄厚,是由于迫使对方分兵设防的结果。

所以,如果能预知交战的地点,能预知交战的时间,那么,即使跋涉千里,也可以同敌人会战。如果既不能预知交战的地方,又不能预知交战的日期,那就会左翼不能救右翼,右翼不能救左翼,前面不能救援后面,后面不能救援前面,更何况距离远的几十里,近的也有好几里呢?依我看来,即使越国(越是吴的敌国)军队再多,但不知我军虚实,那对战争的胜败又有什么补益呢?所以说胜利是可以争取的。敌人兵力虽然多,却可以通过让敌人兵力分散的办法,使它无法全力与我军交战。

侦察和判断敌情,应注意以下四点:第一,要认真分析判断敌情,以推知敌人作战计划的得失;第二,挑动敌人,从而了解敌人行动的规律;第三,向敌人示形,诱使敌人暴露形迹,从而了解哪里是死地,哪里是生地;第四,派少量部队跟敌人较量,以了解敌人兵力部署,知道它哪里兵力不足,哪里兵力有余。所以,军队作战方式灵活到极妙的程度,能达到使敌人看不出它的虚实形迹;看不出虚实形迹,那么即使有深藏的间谍,也不能窥视出我军的虚实,即使有很高明的人,也不能谋划出对付我军的办法来。根据敌情变化而采取相应的措施,即使在众人面前取胜,众人也无从了解怎样取胜的;即使人们都了解我所以取胜的一般作战方法,却不知道我怎样运用计谋取得胜利的方式方法。所以,作战方式一定要灵活多变,每次取胜的方法都不重复,而是适应敌情的发展而变化无穷。

用兵作战的原则像水的流动一样。水流的规律,是避开高处而流向低处;用兵的原则,是避开敌人坚实之处而攻击其虚弱的地方。水因为地势的高低而不断改变它的流向,用兵作战要依据敌情而决定其取胜的策略。所以用兵作战没有固定不变的原则,就像水没有固定不变的形态一样,能够根据敌情的变化而取得胜利的,就可以称为用兵如神了。用兵作战的原则,就像自然现象一样,五行(金、木、水、火、土五种物质)相生相克,春、夏、秋、冬四季依次交替,不可能哪一个季节在一年中常在。白天有短有长,月亮有明暗圆缺,永远处于变化之中。

军争篇第七

一、题解

军争,就是指两军在战场上争夺制胜于敌的有利条件,即敌对双方战略展开中互相争取先敌到达或占领战略要地,察明敌人弱点在有利地形上布成有利态势,以便出其不意,发起进攻。

本篇主要论述了军队作战如何趋利避害,采取先敌之利的原则和方法,以便掌握战场上的主动权,并提出了"避其锐气,击其惰归"的著名军事原则。

二、原文·注释·译文

【原文】

孙子曰:凡用兵之法,将受命于君,合军聚众,交和而舍⁽¹⁾,莫难于军争。军争之难者,以迂为直,以患为利⁽²⁾。故迂其途,而诱之以利,后人发,先人至,此知迂直之计者也。

故军争为利,军争为危。举军而争利,则不及;委军⁽³⁾而争利,则辎重捐⁽⁴⁾。是故卷甲而趋⁽⁵⁾,日夜不处,倍道⁽⁶⁾兼行,百里而争利,则擒三将军,劲者先,疲者后,其法十一而至;五十里而争利,则蹶⁽⁷⁾上将军,其法半至;三十里而争利,则三分之二至。是故军无辎重则亡,无粮食则亡,无委积⁽⁸⁾则亡。

故不知诸侯之谋者,不能豫交⁽⁹⁾;不知山林、险阻、沮泽⁽¹⁰⁾之形者,不能行军;不用乡导者,不能得地利。故兵以诈立,以利动,以分合为变者也。故其疾如风,其徐如林,侵掠如火,不动如山,难知如阴,动如雷震。掠乡分众,廓⁽¹¹⁾地分利,悬权而动。先知迂直之计者胜。此军争之法也。

《军政》⁽¹²⁾曰:"言不相闻,故为金鼓;视不相见,故为旌旗。"夫金鼓旌旗者,所以一人之耳目也。人既专一,则勇者不得独进,怯者不得独退,此用众之法也。故夜战多火鼓,昼战多旌旗,所以变人之耳目也。

故三军可夺气,将军可夺心。是故朝气锐,昼气惰,暮气归。故善用兵者,避其锐气,击其惰归,此治气者也。以治待乱,以静待哗,此治心者也。以近待远,以佚待劳,以饱待饥,此治力者也。无邀正正之旗,勿击堂堂之陈⁽¹³⁾,此治变者也。

故用兵之法,高陵勿向,背丘勿逆,佯北勿从,锐卒勿攻,饵兵勿食,归师勿遏,围师必阙⁽¹⁴⁾,穷寇勿迫。此用兵之法也。

【注释】

(1)交和而舍:指两军营垒处于对峙状态。和,通"合",即古代的军门。舍,驻扎。

(2)以迂为直,以患为利:指把迂回曲折的弯路变为近便的道路,把有害的事情变为有利的事情。

(3)委军:指丢弃笨重装备和辎重,轻装前进。

(4)捐:损失。

(5)卷甲而趋:指卷起铠甲急速行进。

(6)倍道:加倍行程的意思。

(7)蹶(juè倔):挫败。

(8)委积:指物资储备。

(9)豫交:与之结交。

(10)沮(jǔ举)泽:沼泽。

(11)廓:开拓。

(12)《军政》:古代兵书,现已失传。

(13)陈(zhèn 阵):同"阵"。

(14)阙(què 缺):通"缺"。汉简本为"围师遗阙"。

【译文】

孙子说:用兵作战的法则多种多样,它包括从将帅接受国君作战命令起,经过动员民众、集中士卒、组编军队,直到与敌人对阵交锋等全过程。战场情况千变万化,把握好稍纵即逝的战机,全凭将领的审时度势,其中最困难的莫过于军争了。所谓军争,就是掌握主动,争取先机之利,使自己处于优势地位。军争之所以难,就在于:要把迂回绕远的路变成直接近便之路,把不利条件变为有利条件,出其不意袭击敌人,同时以小利引诱敌人,使其上钩。这样,就可以收到后于敌军出发而先于敌军到达,并及时抢占有利地势,取得先机之利的效果。如此指挥作战的将领,就是领会了"迂直之计"的妙用了。

军争是为了夺取战场上的先机之利,但是在实施过程中也存在着危险。如果三军携带全部装备和辎重去争有利之地,就会由于运动困难、行军迟缓而不能按时到达;如果三军丢下装备和辎重去争利,虽然行动的速度加快了。但情况一旦有变,就有失去补给而无法作战的危险。所以卷起衣甲急速行进,日夜不停,走加倍的路程,赶到百里以外同敌人争利,三军的将领就可能被擒。其原因是,精壮的士卒还可能跟上队伍行进,而疲弱的士卒就往往落伍掉队,结果只能是有十分之一的兵力到达预定战场。如果赶到五十里以外同敌人争利,先头部队的将领可能损伤受挫,因为这只能有半数的兵力到达预定战场参加作战。即便赶到三十里以外同敌人争利,也只能三分之二的兵力到达参战。可见,军队没有辎重就会失败,军队没有粮秣就不能生存,军队没有相应的物资储备就无法坚持作战而导致失败。

掌握战场主动,争取先机之利,在战争中的表现是多方面的。应明确以下三点:一是如果不了解各诸侯国的战略企图,就不能轻易同他们结交;二是不熟悉山岭、森林、险阻、沼泽等地形的实际情况,就不要盲目草率行军;三是不用向导就得不到地利。所以,打仗要讲究诡秘奇诈,要使敌人迷惑不解,捉摸不定,自己才能站稳脚跟。而且还要根据是否有利于我方采取适当的行动,要适时地分散和集中,从而灵活多变地使用兵力。这样,军队行进,快起来迅猛如疾风,慢起来像森林一样徐徐摆动;军队发起攻击,像烈火那样猛不可当;军队实施防守,像山岳那样巍然屹立;隐蔽起来,像在阴黑天看不见日月星辰那样,使敌人对我军行动茫然无知;动作起来,像雷霆万钧,使敌人惊愕而手足无措。在敌人乡间掠取粮秣,要分兵几路行动,开拓地盘,要分别利害,择要据守,权衡敌我态势,相机而动。总之,先懂得以迂为直计谋的就能争取战场上的主动,就会取得胜利。这就是军争的法则。

《军政》一书上说:"打起仗来用语言指挥听不见,所以使用金鼓联系;用动作指挥看不清,所以使用旌旗指挥,统一号令,统一行动。"军队的行动既然一致起来,那么勇敢的将士就不能单独前进,怯懦的士卒也不能单独后退,这是指挥大部队作战的有效方法。一般来讲,夜间作战指挥多用火光和鼓声,白天作战指挥多用旗帜,之所以变换指挥信号,都是为了适应人们的视听能力而设置的。

在军争中除了掌握战场主动,争夺先机之外,还必须注意掌握住敌我双方的"气"和"心"。

所谓"气",就是士卒的士气,所谓"心",就是将帅的决心。军争中就要做到:第一,打击敌军的士气,使其低落下来;第二,动摇扰乱敌将的决心,使其迷惑疑虑、举棋不定。军队的士气,在初战时往往十分旺盛、锐不可当,即所谓"朝气锐";经过一段时间后,力量大为损耗,往往士气逐渐急惰消沉,即所谓"昼气惰";到作战后期,士气低落甚至衰竭,即所谓"暮气归"。所以善于用兵作战、争得主动的将帅,总是避开敌军的锐气,等到敌人士气低落甚至衰竭时再实施攻击,以自己的镇静对待敌军的鼓噪,这是掌握军心的方法,对于敌人来说就是夺其将领之心。以我军对有利地形和阵地的接近来对付敌军的长途跋涉,以我军充分的休整和充足的物资储备来等待敌军的疲惫和饥饿,这是掌握战斗力的方法。在军争中,不要轻易迎击旗帜整齐、部署周密的敌军,不要进攻实力雄厚、阵容严整的敌军,这是掌握作战态势的方法。

在军争中遇到如下情况要妥善处置:如果敌军占据高地,居高临下,就不要仰攻它;如果敌人背靠高地,就不要正面攻击它;如果敌军佯装败退,就不要跟踪追击它;如果敌军气势锐猛,就避开而不要攻击它;如果敌军用小部队作诱饵,就不要上当;如果敌军撤兵回国,就不要拦阻它;如果合围敌军,就要留个缺口;如果敌军处于穷途末路,就不要追逼它。这些都是用兵作战的重要原则啊!

九变篇第八

一、题解

九变是指多变的意思。古有"九者,数之极"之说。用现代语言表述就是根据具体情况多次采取应变措施,以求克敌制胜。九,泛指多,不是实数。变,指不按正常原则处置,而是根据特殊情况和具体形势而采取灵活应变的机断措施。

本篇主要论述用兵打仗要根据不同情况灵活运用作战原则的问题,强调考虑问题要兼顾利害两个方面,并提出了有备无患的备战思想。

二、原文·注释·译文

【原文】

孙子曰:凡用兵之法,将受命于君,合军聚众,圮地⁽¹⁾无舍⁽²⁾,衢地⁽³⁾交合,绝地⁽⁴⁾无留,围地⁽⁵⁾则谋,死地⁽⁶⁾则战。途⁽⁷⁾有所不由,军有所不击,城有所不攻,地有所不争,君命有所不受。故将通于九变之地⁽⁸⁾利者,知用兵矣;将不通于九变之利者,虽知地形,不能得地之利矣。治兵不知九变之术,虽知五利,不能得人之用矣。

是故智者之虑,必杂于利害。杂于利,而务可信⁽⁹⁾也;杂于害,而患可解也。

是故屈诸侯者以害;役诸侯者以业;趋诸侯者以利。

故用兵之法,无恃其不来,恃吾有以待也;无恃其不攻,恃吾有所不可攻也。

故将有五危:必死,可杀也;必生,可虏也;忿速⁽¹⁰⁾,可侮也;廉洁,可辱也;爱民,可烦也。

凡此五者,将之过也,用兵之灾也。覆军杀将,必以五危,不可不察也。

【注释】

(1)圮(pǐ 痞)地:"山林,险阻,沮泽之地",指难于通行的地区。圮,倒塌、毁坏。

(2)舍,住舍,这里指的是部队宿营。

(3)衢地:指四通八达之地。

(4)绝地:指缺乏生存条件或地形十分险恶的地方。

(5)围地:指四面地形险恶,出入通路狭窄的地区。围,包围。

(6)死地:前无进路、后有追兵,必得死战之地。

(7)塗:通"途",道路。

(8)地:一说疑为衍文。

(9)务可信:指任务可以成功。务,任务。信,通"伸",这里引申为完成、成功。

(10)忿速:指急躁易怒,一触即跳。

【译文】

孙子说:用兵作战应随机应变,灵活处置。主将在受领国君命令后,就要征集兵员、组编军队、出征作战。在征途中可能遇到"圮地""衢地""绝地""围地""死地"等各种地域,因此要针对不同地域和敌军的实际情况采取不同对策。遇到"圮地"(难于通行的地区),不可宿营;行至"衢地"(交通便利,四通八达的地区),要联络诸侯,结交朋友;遇到"绝地"(交通不便,水草皆无,难于生存的地区),决不可停留;行至"围地"(进退两难,易被包围的地区),就要防敌袭击,巧设奇谋;当陷入"死地"(前不得出,后不得退,非死战就难以生存的地区),要坚决果断,拼死搏斗,置之死地而后生。在战场上遇有错综复杂的情况,要灵活处置。有的道路不要通过,有的敌军不要攻击,有的城邑不要攻占,有的土地不要争夺,国君的某些命令也可以不接受(这就是被历代将帅所推崇的"将在外,君命有所不受"的思想)。可见,如果将帅能精通各种地区的灵活处置,就是懂得用兵的法则了;如果不通晓各种地形的灵活利用,虽然了解地形,也不能得到地利为我军所用。指挥作战,不善于随机应变、灵活处置,即或知道"五利"(塗有所不由,军有所不击,城有所不攻,地有所不争,君命有所不受),也不能使军队的战斗力充分发挥出来。

聪明的将领在考虑问题、制定战略的时候,一定要兼顾利与害这两个方面。既要充分考虑到有利的方面,从而坚定取胜的信心和勇气,即或在困难的情况下也要看到有利的因素;同时也要考虑到不利的一面,从而保持清醒的头脑,多发现些困难和可能遭受的挫折,把可能发生的祸患尽早消除。这也就是所谓的"人无远谋,必有近忧"。

所以,要使列国诸侯屈服,就要用他们最害怕、最忌讳的手段去扰害和威胁它;要使诸侯列国疲于应付,就要让它做不得不做的事情,繁忙不止而陷于烦劳;要使诸侯列国被动奔走,就要用小利引诱它。

另外,用兵作战的法则还有:两军对垒,不要指望敌军不会来犯,而要依靠自己做好充分准备,严阵以待;不要指望敌军不会进攻,而要依靠自己的军队具有使敌军无法攻破的足够力量。任何时候、任何情况都要做好充分准备,使进攻之敌无隙可乘。

用兵作战的将帅要禁忌五种造成危险的缺点：一是有勇无谋,只知硬拼,这就可能被敌诱杀；二是贪生怕死,临阵畏怯,这就可能遭敌俘获；三是暴躁易怒,经不起敌军挑逗、凌辱,这就可能被敌欺骗；四是廉洁好名,过于自尊,这就可能因敌羞辱而失去理智；五是过分地爱惜民众,这就可能使我军烦劳陷入被动。以上五点,是将帅易犯的过失,其中也反映了将帅性格上的缺陷,它是指挥作战的灾害啊！有时全军覆灭,将领被杀,就是由这五种危害所引发的,因此,作为军队的将帅不能不警惕,不可不认真加以考虑啊！

行军篇第九

一、题解

本篇主要论述了军队行动在各种地形上的处置,观察判断敌情的方法和对军队的教育管理问题,并提出了"令之以文,齐之以武"的治军名言。

"处军",即军队的布置,主要讲如何根据地形来部署军队的驻扎、行动和战斗,以利于作战取胜。"相敌",即判断敌情,孙子讲了种种观察的方法及其意义,要人们通过现象看本质,通过感性认识进入理性判断。

二、原文·注释·译文

【原文】

孙子曰：凡处军相敌[1]：绝[2]山依谷,视生处高[3],战隆无登[4],此处山之军也。绝水必远水；客绝水而来,勿迎之于水内,令半济而击之,利；欲战者,无附[5]于水而迎客；视生处高,无迎水流,此处水上之军也。绝斥泽[6],惟亟去[7]无留；若交军于斥泽之中,必依水草而背众树,此处斥泽之军也。平陆处易[8]而右背高[9],前死后生[10],此处平陆之军也。凡此四军之利,黄帝之所以胜四帝也。

凡军好高而恶下,贵阳而贱阴,养生而处实[11],军无百疾,是谓必胜。丘陵堤防,必处其阳而右背之。此兵之利,地之助也。上雨,水沫至,欲涉者,待其定也。凡地有绝涧[12]、天井[13]、天牢[14]、天罗[15]、天陷[16]、天隙[17],必亟去之,勿近也。吾远之,敌近之；吾迎之,敌背之。军行有险阻、潢井[18]葭苇[19]、山林蘙荟[20]者,必谨复索之,此伏奸之所处也。

敌近而静者,恃其险也；远而挑战者,欲人之进也；其所居易者,利也。众树动者,来也；众草多障者,疑也；鸟起者,伏也；兽骇者,覆也。尘高而锐者,车来也；卑而广者,徒来也；散而条达者,樵采也；少而往来者,营军也。辞卑而益备者,进也；辞强而进驱者,退也；轻车先出居其侧者,陈也；无约而请和者,谋也；奔走而陈兵车者,期也；半进半退者,诱也。杖而立者,饥也；汲而先饮者,渴也；见利而不进者,劳也。鸟集者,虚也；夜呼者,恐也；军扰者,将不重也；旌旗动者,乱也；吏怒者,倦也；粟马肉食,军无悬缶[21],不返其舍者,穷寇也。谆谆翕翕[22],徐与人言者,失众也；数赏者,窘也；数罚者,困也；先暴而后畏其众者,不精之至也；来委谢者,欲休息也。兵怒而相迎,久而不合,又不相去,必谨察之。

兵非益多也,惟无武进,足以并力、料敌、取人而已。夫惟无虑而易敌者,必擒于人。

卒未亲附而罚之则不服,不服则难用也;卒已亲附而罚不行,则不可用也。故令之以文,齐之以武⁽²³⁾,是谓必取。令素行以教其民,则民服;令不素行以教其民,则民不服。令素行者,与众相得也。

【注释】

(1)处军相敌:处军,处置军队,指带领军队行军、扎营、作战等。相敌,指观察、判断敌情。

(2)绝:横渡、穿越,此处是通过的意思。

(3)视生处高:居高向阳。视生,向阳的意思。生,生动、生机,这里引申为开阔。视生处高,这里主要指要把军队驻营于地势高、视野开阔的地方。

(4)战隆无登:敌人占据高地,不可仰攻。隆,指高地。

(5)附:靠近。

(6)斥泽:指盐碱沼泽地带。

(7)惟亟去:指应该迅速离开。惟,宜。亟,急。

(8)平陆处易:在平原地带驻军,要选择地势平坦、便于车战的地方。

(9)右背高:一说,以背靠高地为上。另一说,指右翼要依靠高处。

(10)前死后生:前低后高。

(11)养生而处实:军队要驻扎在便于生活和地势较高的地方。养生,指物产丰富、便于生活的地方。实,坚实,这里指地势高的地方。

(12)绝涧:指溪谷深峻、水流其间的地形。

(13)天井:指四周高峻、中间低洼的地形。

(14)天牢:指高山环绕、易进难出的地形。

(15)天罗:指荆棘丛生、难于通过的地带。

(16)天陷:指地势低洼、泥泞易陷的地带。

(17)天隙:指两山相向、涧道狭窄的地形。

(18)潢(huáng 黄)井:地势低陷,积水很多的地方。

(19)葭苇:芦苇,泛指水草。这里指水草丛生的地方。

(20)蘙荟:草木茂盛,这里指草木茂密多障碍。

(21)军无悬缶:指军队收拾炊具。缶,泛指饮具。

(22)谆谆翕翕:士卒聚集在一起低声议论。谆谆,叮咛。翕翕(xī 希),聚合。

(23)令之以文,齐之以武:文,指政治、道义。武,指军纪、军法。全句是指用政治、道义来教育士卒,用军纪、军法来约束、整饬部队。

【译文】

孙子说:军队在有敌情背景下和在不同地形条件下行进,要注意"处军、相敌"。所谓"处军",是指在掌握军队行动时遇到各种地形的处置;所谓"相敌",是指观察与判断敌情。"处军"

"相敌"的要领和方法一般是：通过山地，必须沿着低谷行进，驻军扎营时，要居高向阳；如果敌人占领高地，切忌仰攻。这是在山地行军时的处置方法。横渡江河之后，应推进到距河岸较远的地域驻扎；如果敌军渡河前来进攻，不应在河滨迎击它，而要乘敌军半渡之际，给予迎头痛击，这样最为有利；如果想同敌军决战，就要扼守岸边，不要靠近江河迎击它；要把我军配置在居高向阳的有利地带，如果在水上扎营，就要驻在河流上游，切忌逆着水流驻军。这是行军在河流地域的处置方法。通过盐碱、沼泽地带时，应赶快离开，绝不能停留；如果在此同敌军不期而遇进行交战时，我军就必须靠近水草而背倚森林。这是在盐碱沼泽地带行军的处置方法。在平原地带驻军，应选择平坦的地域，最好背靠高处，前低后高。这是在平原地带行军的处置方法。以上四种就是实际应用和正确处置的行军原则，黄帝之所以能够战胜"四帝"（按出土汉简，赤帝、青帝、白帝、黑帝，指当时的四方部族首领），正是灵活"处军"的结果。

军队最好驻扎在高阳之地，不宜驻扎在低洼之处；最好正面向阳，背靠阴湿之地；最好驻扎在物产丰富便于生存之地，这样，士卒就不会受到任何疾病的侵扰，这是取得胜利的重要依据。在丘陵、堤防等地域驻军，应使主力部队背倚高地，把军队安置在向阳的一面。这些都是部队行军如何利用地形并把它作为争取胜利的辅助条件。上游有雨，水沫涌来，洪水将至，如果想要蹚水过河，就应等待水流平稳之后再行进。进军途中遇到有"绝涧""天井""天牢""天罗""天陷""天隙"等地形时，必须迅速离开，绝不能靠近。所谓"绝涧"，是指前后险峻，中间横水，不得超越的溪谷；所谓"天井"，是指四面陡峭，中间汇积溪水，像天然的大井；所谓"天牢"，是指三面绝壁，易进难出，像天然的牢狱；所谓"天罗"，是指草深林密，荆棘丛生，行动极其困难，像天然的罗网；所谓"天隙"，是指坑沟交错，又深又长，难以通过，像天然的地缝。以上这六种地形是行军的险地绝境。因此，我军一定要远离它，而让敌军靠近它，我军设法面向着它，而让敌军背倚着它。进军途中遇有险要的隘路、芦苇丛生的低洼地及草木繁茂的山林地区，必须反复搜索，因为这种区域都是敌奸、伏兵容易隐藏的地方。

敌军离我军很近而又能保持镇静的，是仗着它据有险要地势；敌军离我很远而主动派兵来挑战的，是妄图引诱我军冒进；敌军放弃险要地势而进驻平坦之地，是企图诱惑我军进入险地，有利于同我军决战。进军途中要注意观察，仔细分析，做出判断，千万不要被现象所迷惑。许多树木摇摆，可能是敌军向我军袭来；草丛中设有许多遮障，可能敌军已布下疑阵；鸟雀飞起，围绕不集，可能下面设有伏兵；野兽惊恐猛跑不归，可能有大批伏兵在准备进攻。尘土飞扬而呈尖状，可能敌军战车驰来；飞尘低平而面广，可能敌军步兵在开进；飞尘散乱纵横而断断续续，可能是少数敌兵在砍柴拽树；飞尘稀少而时起时伏，可能是敌军在安营扎寨。在两军交战过程中，如果敌军派来的使者言辞谦恭，其背后可能在加紧战备；如果敌军派来的使者措辞强硬而摆出进攻架势，其背后可能在准备撤退；敌军轻车先出动，部署在侧翼，可能在列阵；敌军没有约定而突来议和的，可能另有阴谋；敌军调动频繁往来奔走，兵车已经展开，可能企图同我军决战；敌军半进半退伪装混乱，可能想引诱我军冒进。敌兵倚着兵器站立，这是敌军缺粮而饥饿的表现；敌兵打来水而自己先喝的，这是敌军缺水而干渴的表现；敌兵见利而不进取，这是敌军疲惫不堪的表现；敌军营寨上空集聚着鸟雀，表明敌营已空虚少人；敌营中夜间有人惊呼的，表明敌军心理恐慌；敌营内纷扰无序，表明敌军将领缺少威严；敌营上空旌旗乱动，表明敌军战阵已经混乱；敌军官吏经常发怒打骂士卒，表明敌军士卒疲惫已经厌战，敌军用粮食喂马、杀牲口吃肉，又把炊具收起，部队不返营房的，表明敌军已成穷寇在准备拼死突围。敌将低声下气慢慢地同部下谈话，表明敌军将领已失去军心；敌军频频悬赏，表明敌军已无计可施；不断惩罚部下，表明敌军已陷入困境；敌将对待士卒先粗暴，然后又惧怕部下的，表明敌将极不精明；敌军派使者前来委婉请罪，表明敌军想要休兵息战。敌军怒气冲冲向我军开进，但不久既不交战也不后撤，遇到这种情况，必须谨慎地察明它的真实意图。

行军作战的兵力不是越多越好，只要不轻敌冒进，并能集中兵力，判明敌情，也就足以战胜敌军队；只有那种既无深谋远虑而又轻敌妄动的人，才往往成为敌军的俘虏。

最后，在行军中必须注意以恰当的奖惩和严明的军纪来提高部队和士卒的战斗力。将领在实施奖惩的时候，如果士卒尚未亲近依附自己，就贸然处罚他们，那士卒一定不服，心存怨恨，这样的士卒在作战中就难以使用；虽然士卒已经亲近依附自己，但将领一味迁就，应罚不罚，这样的士卒在作战中也是难以指挥的。因此，对待士卒既要用政治道义训导他们，又要用军纪军法整治他们，从而统一指挥，统一步调，这样的军队打起仗来必定取得胜利。平时教育部队严格执行命令，遵纪守法，树立良好的纪律观念和法制观念，战时他们就会服从命令、听从指挥；平时法令不认真严格执行，不教育士卒，战时他们就不会自觉地服从命令、听从指挥。当然，这样的军队在作战中就不会取得胜利。无论平时还是战时，命令之所以得到贯彻执行，这都是由于将帅与士卒之间已建立起相互信赖关系的缘故啊。

地形篇第十

一、题解

地形：地面起伏的形状。一般地形包括平原、山地、丘陵、盆地、高原等。此处"地形"指军事地理形势。

本篇主要论述军队在不同地形条件下的行动原则，强调将帅要重视地形的研究和利用。

二、原文·注释·译文

【原文】

孙子曰：地形有通者，有挂者，有支者，有隘者，有险者，有远者。我可以往，彼可以来，曰通；通形[1]者，先居高阳，利粮道，以战则利。可以往，难以返，曰挂；挂形[2]者，敌无备，出而胜之；敌若有备，出而不胜，难以返，不利。我出而不利，彼出而不利，曰支；支形[3]者，敌虽利我，我无出也；引而去之，令敌半出而击之，利。隘形者，我先居之，必盈之以待敌；若敌先居之，盈而勿从，不盈而从之。险形者，我先居之，必居高阳以待敌；若敌先居之，引而去之，勿从也。远形者，势均，难以挑战，战而不利。凡此六者，地之道也，将之至任，不可不察也。

故兵有走者,有弛者,有陷者,有崩者,有乱者,有北者。凡此六者,非天之灾,将之过也。夫势均,以一击十,曰走⁽⁴⁾。卒强吏弱,曰弛。吏强卒弱,曰陷。大吏怒而不服,遇敌怼⁽⁸⁾而自战,将不知其能,曰崩。将弱不严,教道不明,吏卒无常,陈兵纵横,曰乱。将不能料敌,以少合众,以弱击强,兵无选锋⁽⁶⁾,曰北。凡此六者,败之道也,将之至任,不可不察也。

夫地形者,兵之助也。料敌制胜,计险厄远近,上将之道也。知此而用战者必胜,不知此而用战者必败。故战道必胜,主曰无战,必战可也;战道不胜,主曰必战,无战可也。故进不求名,退不避罪,唯人是保,而利合于主,国之宝也。

视卒如婴儿,故可与之赴深谿;视卒如爱子,故可与之俱死。厚而不能使,爱而不能令,乱而不能治,譬若骄子,不可用也。

知吾卒之可以击,而不知敌之不可击,胜之半也;知敌之可击,而不知吾卒之不可以击,胜之半也;知敌之可击,知吾卒之可以击,而不知地形之不可以战,胜之半也。故知兵者,动而不迷,举而不穷。故曰:知彼知己,胜乃不殆;知天知地,胜乃不穷。

【注释】

(1)通形:指地形平坦,四通八达的地形。

(2)挂形:指地形复杂,易进难退的地形。

(3)支形:指敌我双方据险对峙,谁先出战就对谁不利的地形。

(4)走:跑、奔,这里指军队败逃。

(5)怼(duì队):怨恨。

(6)选锋:挑选勇敢善战的士卒组成的精锐部队。

【译文】

孙子说:地形可分为"通""挂""支""隘""险""远"六类。地势平坦,我军可以顺利开往敌占区,敌人也可以顺利来到我军营地,这种地方叫作"通"地;在"通形"地域作战,应掌握主动,先机占领视野开阔的高地,还要沟通本国与战场的联系,保证粮草运输畅通无阻,以防敌人利用平坦的地势断我后方供给,如此用兵作战才对我军有利。部队可以顺利而去却不易撤回的地方,叫作"挂"地;在"挂形"地域作战的原则是:如果敌军没有防备,我军就要立即出击,战胜它们;如果敌军已经设防,我军出击而不能获胜,又难以返回,对我军是不利的。那种我军出击不利,敌人出击也不利,两军相持不下的地方叫作"支"地;在"支形"地域作战,哪一方离开阵地依托,都有被击败的危险,所以即便敌人利诱我军,我军也不能贸然出击;相反,可以带领部队脱离阵地,佯做撤退,诱使敌人向我追击,待敌开始脱离其阵地而又没全部离开时,我军再调头发起攻击,这种战法对我军是有利的。两山之间狭谷地带叫作"隘"地;在"隘形"地域作战的原则:如果我军能先敌到达,就应以足够的兵力布置到隘口,严阵待敌;如果是敌人先机到达,并以重兵据守隘口,那么我军就不要同它交战;如果敌虽先我到达但还没有用重兵据守隘口,则可以迅速攻打它。坎坷纵横、崎岖不平的地域叫作"险"地;在"险形"地域作战的原则是:我军如能先敌占领,务必在地势高而向阳的地方布阵待敌;如果敌人先期占领,就应引兵撤离,不同它交战。敌我相距遥远,行军、运输都不便利的地域叫作"远"地；在"远形"地域作战应注意的是：如果势均力敌，不宜长途迎敌，否则勉强求战，必定对我军不利。这六条，是利用地形作战的原则，也是将帅的重大责任，是不能不认真加以考察研究的。

用兵作战遭到失败的情况有"走""弛""陷""崩""乱""北"等六种。这六种情况，都不是由于天时地利方面的原因所造成的灾难，而是由于将帅的过错造成的。在敌我条件大体相当的情况下，盲目硬拼，攻击十倍于我的敌人，必因寡不敌众而败北，这种败兵叫作"走"兵。士卒强悍而将吏懦弱，约束不力，管理松弛，这种军队叫作"弛"兵。将吏蛮横而士卒懦弱，以至于畏缩不前，临战退避，一投入战斗就像陷没地下，这种军队叫作"陷"兵。偏将对主将怀有怨怒而不服从主将指挥，遇到敌军就不顾大局，愤然出战，主将又不了解他的能力而加以控制，致使部队溃败，这种军队叫作"崩"兵。主将软弱无能，缺乏威严，教育训练方法不当，将吏和士卒不守规矩，排兵布阵时横冲直撞，混乱不堪，这种军队叫作"乱"兵。主将不能准确地判断敌情，以少击多，以弱击强，又不选择精锐战斗队作为前锋，这种军队每战必败，因此叫作"北"兵。总之，具有上述六种情况的军队，是必然要遭到失败的，这是将帅的重大责任，是不可不认真考察的。

可见，正确运用地形，只是用兵作战的辅助条件。能判明敌军的虚实和作战意图，研究地形的险易，计算路途的远近，以夺取胜利，这都是主将应懂得的道理。懂得这些道理并用来指挥作战，就必然会取得胜利；相反，不懂得这些道理，不用这些道理去指挥作战，那就必败无疑了。如果符合作战原则，打则必胜，那么就是君主命令免战，主将也应从实际出发，坚持作战；如果不符合作战原则，打也不能取胜，即使君主命令必须作战，主将拒绝作战也是应该的。所以，作为将帅，一定做到：进军不是为了寻求个人的功名，退军也不要怕担当罪责，只是为了保全民众和士卒，符合君主和国家的根本利益。只有具备这样素质的将帅，才是国家的宝贵财富。

将帅如果能像对待婴儿那样对待士卒，那么士卒就能同将帅共赴艰险；如果能像对待自己爱子那样对待士卒，那么士卒就能同将帅一起殊死战斗。不过，只知道给士卒以优厚待遇而不善于指挥他们，只知道抚爱他们而不严格约束，做到令行禁止，出现混乱而不能严加管理，这就如同溺爱娇惯的子女一样，是不能用来打仗的。

只知自己的军队具备了作战的攻击条件，而不了解敌人尚不可战胜，这样胜利的把握只有一半；只知道敌人可以击败，而不了解我军尚不具备攻击的条件，胜利的把握也只有一半；知道敌军可以击败，又知道我军也具备击败敌人的条件，但不知道地形对我军不利而不应发起攻击，其胜利的可能也只有一半。真正善于用兵作战的将帅，在排兵布阵时总是保持清醒的头脑，指挥作战从不迷惑，作战措施变化无穷，使敌人难以捉摸。所以说，了解敌人，又了解自己，胜利才有把握，如果再了解天时地利，那就可以大获全胜，或者说是胜利不可穷尽了。

九地篇第十一

一、题解

九地在本篇中是指进攻敌国的深浅以及所遇到的九种不同作战地区对军事行动的影响，及其将采取的行动对策和用兵原则。

本篇论述了根据"九地"的不同特点和作用所应采取的不同作战方针，阐述了"兵之情主速""并敌一向，千里杀将"等问题，强调要造成敌人弱点，争取主动，乘虚直入，行动迅速，要并气积力，要运用计谋，善于指挥军队，最后阐述了将帅的素养、工作作风，深入敌国后的保密与机动等。

二、原文·注释·译文

【原文】

孙子曰：用兵之法，有散地[1]，有轻地[2]，有争地[3]，有交地[4]，有衢地，有重地，有圮地，有围地，有死地。诸侯自战其地，为散地。入人之地而不深者，为轻地。我得则利，彼得亦利者，为争地。我可以往，彼可以来者，为交地。诸侯之地三属[5]，先至而得天下之众者，为衢地。入人之地深，背城邑多者，为重地[6]。行山林、险阻、沮泽，凡难行之道者，为圮地。所由入者隘，所从归者迂，彼寡可以击吾之众者，为围地。疾战则存，不疾战则亡者，为死地。是故散地则无战，轻地则无止，争地则无攻，交地则无绝，衢地则合交，重地则掠，圮地则行，围地则谋，死地则战。

所谓古之善用兵者，能使敌人前后不相及，众寡不相恃，贵贱不相救，上下不相收，卒离而不集，兵合而不齐。合于利而动，不合于利而止。敢问："敌众整而将来，待之若何？"曰："先夺其所爱，则听矣。"兵之情主速，乘人之不及，由不虞之道[7]，攻其所不戒也。

凡为客之道：深入则专，主人不克；掠于饶野，三军足食；谨养而勿劳，并气积力；运兵计谋，为不可测。投之无所往，死且不北，死焉不得[8]，士人尽力。兵士甚陷则不惧，无所往则固，深入则拘[9]，不得已则斗。是故其兵不修而戒，不求而得，不约而亲，不令而信，禁祥去疑，至死无所之。吾士无余财，非恶货也；无余命，非恶寿也。令发之日，士卒坐者涕沾襟，偃卧者涕交颐。投之无所往者，诸刿之勇也。

故善用兵者，譬如率然[10]；率然者，常山[11]之蛇也。击其首则尾至，击其尾则首至，击其中则首尾俱至。敢问："兵可使如率然乎？"曰："可。"夫吴人与越人相恶也，当其同舟而济，遇风，其相救也如左右手。是故方马埋轮，未足恃也；齐勇若一，政之道也；刚柔皆得，地之理也。故善用兵者，携手若使一人，不得已也。

将军之事，静以幽，正以治。能愚士卒之耳目，使之无知。易其事，革其谋，使人无识；易其居，迂其途，使人不得虑。帅与之期，如登高而去其梯；帅与之深入诸侯之地，而发其机[12]，焚舟破釜,若驱群羊,驱而往,驱而来,莫知所之。聚三军之众,投之于险,此谓将军之事也。九地之变,屈伸之利,人情之理,不可不察。

凡为客之道,深则专,浅则散。去国越境而师者,绝地也;四达者,衢地也;入深者,重地也;入浅者,轻地也;背固前隘者,围地也;无所往者,死地也。是故散地,吾将一其志;轻地,吾将使之属[13];争地,吾将趋其后;交地,吾将谨其守;衢地,吾将固其结;重地,吾将继其食;圮地,吾将进其塗;围地,吾将塞其阙;死地,吾将示之以不活。故兵之情,围则御,不得已则斗,过则从[14]。

是故不知诸侯之谋者,不能预交;不知山林、险阻、沮泽之形者,不能行军;不用乡导者,不能得地利。四五者,不知一,非霸王之兵也。夫霸王之兵,伐大国,则其众不得聚;威加于敌,则其交不得合。是故不争天下之交,不养天下之权,信己之私,威加于敌,故其城可拔,其国可隳[15]。施无法之赏,悬无政之令,犯[16]三军之众,若使一人。犯之以事,勿告以言;犯之以利,勿告以害。投之亡地然后存,陷之死地然后生。夫众陷于害,然后能为胜败。故为兵之事,在于顺详[17]敌之意,并敌一向,千里杀将,此谓巧能成事者也。

是故政举之日,夷关折符[18],无通其使,厉于廊庙[19]之上,以诛其事。敌人开阖,必亟入之。先其所爱,微与之期[20]。践墨随敌,以决战事。是故始如处女,敌人开户,后如脱兔,敌不及拒。

【注释】

(1)散地:指诸侯在自己的领土上与敌作战,士卒在危急时候很容易逃散。

(2)轻地:指军队在进入敌境不深的地区作战,士卒离本土不远,情况危急时易于轻返。

(3)争地:指谁先占领就对谁有利的必争之要地。

(4)交地:指道路纵横、地势平坦、交通便利的地区。

(5)三属(zhǔ主):多方毗连,指敌我与多方诸侯国相毗邻。属,连接、毗邻。

(6)重地:指入敌境已深,越过很多敌国城邑的地区。

(7)由不虞之道:指出兵要走敌人预料不到的路径。虞,预料。

(8)死焉不得:指士卒死都不怕了,那还有什么不可得呢?

(9)拘:束缚,这里指人心专一而不涣散。

(10)率然:古代传说中的一种蛇。

(11)常山:即恒山,是五岳中的北岳,位于今山西浑源南。西汉时为避讳汉文帝刘恒的"恒"字,改为"常山"。北周武帝时,又改称恒山。汉简本作"恒山"。

(12)发其机:击发弩机,矢箭飞出,一往直前。机,弩机。

(13)使之属(zhǔ主):使自己的部队部署相互连接。属,连接。

(14)过则从:指士卒陷入危险的境地,就会听从指挥。过,指深陷危境。

(15)隳(huī灰):通"毁",毁灭的意思。

(16)犯:指驱使、使用。

(17)详:通"佯"。

(18)夷关折符：即封锁关口，废除通行凭证。

(19)廊庙：即庙堂。

(20)微与之期：不与敌人约期作战。

【译文】

孙子说：根据用兵作战的原则，还可以把作战地域分为如下九种：散地、轻地、争地、交地、衢地、重地、圮地、围地、死地。这九种地区各具特点：诸侯在自己的领地内与敌作战，由于士卒怀恋乡土，道路近便，易于逃散归家，因此叫作"散地"；进入敌境作战但还没有深入敌人腹地，往返容易，这种作战地区叫作"轻地"；我军占领有利，敌军占领也有利，是双方必争之地，叫作"争地"；我军可以去，敌军也可以来的地区，叫作"变地"；作战地域与几个诸侯国交界，谁先到达都可以结交邻近的国家，这种四通八达的地区叫作"衢地"；进入敌国纵深，越过许多城镇而难以返还之地，叫作"重地"；多山林、险阻，或沼泽、水网，道路难行，这种地区叫作"圮地"；军队开进的道路狭窄，而退出的道路又迂回遥远，致使敌军以少量兵力便可击我军众多兵力，这种地区叫作"围地"；经过迅猛奋战则能获胜生存，不拼死战斗就会全军覆灭，这种地区叫作"死地"。由于上述九种地区的地理特点不同，因而采取的作战方略和战术原则也就各异：在"散地"不宜作战；在"轻地"不可停留；对于"争地"要力争先敌占领，如果已被敌军占领，则不宜强攻；在"交地"，部队要协调一致，严密戒备，防止被敌分割而行进受阻；在"衢地"，应注意外交活动，结交邻国，巩固同盟；深入"重地"，要夺取敌人的粮草物资，保障自己部队的供给；在"圮地"，应迅速通过；陷入"围地"，应运用计谋，以防被敌包围；进入"死地"，要迅速果断，组织部队勇猛奋战，死里求生。

古代所谓善于用兵打仗的将领，能使敌军的先头部队和后续部队无法相互策应，大小部队无法相互依靠，官兵之间互不相接，上下隔断，无法收拢，士卒离散而无法聚集，部队集合起来也乱不成阵。我军应在有利的时机行动，在不利条件下停止，以等待和创造有利条件。请问："假使敌军众多而且阵势整齐地向我方进攻，我们应如何对待它呢？"回答说："先夺取敌人要害之处，那样敌人必然会听从我方的摆布了。"兵贵神速，要乘敌军措手不及之机发起进攻，走敌军意料不到的道路，攻击敌军不加防备的地方。

深入敌境作战，要考虑部队在不同地区的心理变化，确定不同的作战原则。进入敌境的纵深地区作战，军心一致，敌军就无法抵挡；在富饶地区作战要掠取粮草，我军就能够获得足够的给养；注意部队的休养，避免他们过于劳累，提高士气，积蓄力量；还要调兵布阵，巧设计谋，使敌人无法知晓我军的战略意图。把军队部署在无路可走的境地，士卒就会宁死而不败退。既然士卒连死都不怕了，那还有什么目的不可达到？哪里还有不竭尽全力呢？士卒深陷最危险的境地，就会无所畏惧；无路可走了，就会军心稳定；深入敌境了，就会严格约束自己；迫不得已了，就会拼死战斗。因此，在上述情况下，军队不待整治就会加强戒备，不待鼓动就会自动出力，不待约束就会亲密无间，不待三令五申就会严守纪律。要禁止迷信活动，消除谣言，即便死战也不退避。我军的士卒没有多余的财物，并不是由于他们厌恶钱财；士卒中没有贪生怕死的，并不是他们不想长寿。这样，发布作战命令的时候，坐着的士卒就会激动得泪湿衣襟，躺着的士卒就会泪流满面。如果把这样的士卒置于不拼死战斗便无路可走的绝境,个个都会像吴国勇士专诸和鲁国武士曹刿那样勇敢无比。

善于用兵作战的人,他指挥的军队,协调一致,势如"率然"。所谓"率然",是指常山的一种蛇。这种蛇非常灵巧:打蛇头,蛇尾就会来救应;打蛇尾,蛇头就会来救应;打它的腰部,头和尾就会一齐来救应。试问:"能使军队像率然那样灵活机动、协调一致吗?"回答是:"当然可以。"举例说:吴国人和越国人本来相互仇视,但是,当他们同船渡河并遇到风险时,他们就会像一个人的左右手那样相互援救。因此,若想控制军队,即或拴住马匹、掩埋车轮,也是靠不住的;若想军队齐心协力,奋勇作战,就要靠将帅领导得法,指挥有道;强兵弱卒都能齐心尽力,发挥作用,要靠将帅恰当地利用地形。所以,善于用兵作战的将帅,统率全军像指挥一个人那样得心应手,这是由于战场态势危急,致使三军不得不这样一致奋战啊!

统帅军队的将帅处事,必须冷静而幽深,公正而有条不紊。能阻塞士卒耳目,使他们无法了解军事计划。改变战法,更换计谋,使人们无法识破;驻地经常变换,行军路线迂回,使人们无法推断出行动的意图。将帅向部队下达了作战命令,要像登高后撤掉梯子一样,使军队只能一往无前,能进不能退。将帅与军队深入诸侯的土地,要使军队像射出的箭一样迅猛异常,飞快行进。烧毁渡船,砸烂饭锅,以示决一死战。像驱赶羊群那样,赶过去、赶过来,使士卒不知道究竟要往哪里去。聚集全军士卒,置于危险的境地,使他们不能不拼死奋战,这就是将帅的责任。总之,依据不同的地区采取相应的作战方针,依据战场不同态势,决定采取伸缩、进退的有力措施,依据在各种处境中军队的情况,也就是战场上的心理变化,进行相应的诱导、运用,以争取胜利。这些,都是将帅不可不认真加以考察和研究的。

进入敌国作战的策略是:进入敌境纵深地域,三军就上下齐心;进入敌境而离边境不远,士卒就容易涣散。离开国土越境出征的军队,就进入了"绝地";四通八达的地区是"衢地";敌国纵深地区是"重地";进入敌境但离本国不远的地区是"轻地";背后有敌坚固的阵地而前进道路又狭窄的地区是"围地";无处可出的地区是"死地"。因此,在"散地",要统一军队的意志;在"轻地",要使部队行军连贯前后相属,加强防守;遇到"争地",要急速进到敌侧后,后发而先至;到"交地",要使部队谨慎防守;到"衢地",要结交邻国诸侯;在"重地",要补充军粮;过"圮地",要迅速行进,尽快通过;在"围地",要阻塞缺口;在"死地",将领要向下属表示拼死奋战的决心。战场上士卒心理变化情况是这样的:被敌包围则奋起抵抗,迫不得已就拼死战斗,陷于险境就会听从指挥。

因此,如果不了解各诸侯国的计谋,就不能与它结交;如果不熟悉山林、险阻、沼泽地形的特点,就不能行军;如果不用了解战区地形的人当向导,就不能得地利。对于以上的九种情况,将帅如有一种不了解,那么这支军队就不是称霸诸侯的军队。足以称霸诸侯的军队,攻打强大的国家,也能使敌国军民来不及动员和集中;它的威慑力量能使敌国无法同别国结盟。因此,有这样的军队就不用争着同别国结交,不必把别的国家培养为自己的势力,只要相信和施展自己的力量,把威力加于敌国,就可以攻取敌人城邑,灭掉敌国。施行超出惯例的奖赏,颁布打破常规的号令,调动全军如同指挥一个人那样。指令士卒作战,但不要告诉他们作战意图;让他们去夺取胜利,但不要告诉他们有什么危险。把军队置于危险之地,然后才能得以保存,把士卒陷于"死地",然后才可以得生。使士卒陷入险境,然后胜败全在人为,这样才能争取胜利避免失败。所以,用兵作战这种事情,就在于佯装顺从敌意。一旦有机可乘,便集中兵力,攻敌一点,虽然长驱千里,也能擒杀敌将,这就是人们所说的"巧妙能成大事"的道理呀。

战争开始之日,要封闭关口,废除通行凭证,不许敌国使节往来,在庙堂上反复商讨确定战争决策。发现敌人有可乘之隙,必须立即乘虚而入。首先要攻取敌人视如珍宝的要害腹地,而不要把我军行动日期泄露给敌军。要打破常规,敌变我变,根据敌情决定作战方案。因此,开始时等待时机要像未出嫁的女子那样沉静,诱使敌军放松戒备,然后以脱网而逃的兔子那样的速度发起攻击,使敌猝不及防,无法抗拒我军的迅猛攻势。

火攻篇第十二

一、题解

本篇主要论述火攻的种类、条件和实施方法等,同时警告明君良将"亡国不可以复存,死者不可以复生",从而提出了"主不可以怒而兴师,将不可以愠而致战"的慎战思想。

二、原文·注释·译文

【原文】

孙子曰:凡火攻有五:一曰火人,二曰火积,三曰火辎,四曰火库,五曰火队[1]。行火必有因,烟火必素具。发火有时,起火有日。时者,天之燥也;日者,月在箕、壁、翼、轸也。凡此四宿者,风起之日也。

凡火攻,必因五火之变而应之。火发于内,则早应之于外。火发而兵静者,待而勿攻,极其火力,可从而从之,不可从而止。火可发于外,无待于内,以时发之。火发上风,无攻下风。昼风久,夜风止。凡军必知有五火之变,以数守之。

故以火佐攻者明,以水佐攻者强。水可以绝,不可以夺。

夫战胜攻取,而不修其功者凶,命曰费留[2]。故曰:明主虑之,良将修之。非利不动,非得不用,非危不战。主不可以怒而兴师,将不可以愠而致战。合于利而动,不合于利而止。怒可以复喜,愠可以复悦,亡国不可以复存,死者不可以复生。故明君慎之,良将警之,此安国全军之道也。

【注释】

(1)队(suì 岁):通"隧",道路的意思,此处指运输设施。
(2)费留:留,通"流"。费留,白费的意思。曹操注:"若水之留,不复还也。"

【译文】

孙子说:总结起来说火攻可分为五种:一是焚烧敌军的士卒;二是焚烧敌军的粮秣;三是焚

烧敌军的辎重；四是焚烧敌军的仓库；五是焚烧敌军运输粮草等物资的设施。在进行火攻时，要具备一定条件，必须随时准备好发火器材。进行火攻还要掌握有利的时间，选准有利的天时。所谓有利的时间是指天气干燥；所谓有利的天时，是指月亮从"箕""壁""翼""轸"这四星宿的位置经过。凡是月亮运行到这四个星宿的位置时，往往是起风的日子。

运用火攻的作战方式，必须根据这五种火攻而引起的敌情变化，派遣兵力加以策应。如果准备从敌营内部放火，就要及时组织兵力从外面配合进行策应。如果火烧起而敌军仍然保持安静不乱的，就应等待观察，不可立即进攻，等到火势最猛时，再根据情况可以进攻就进攻，不能进攻就停止。如果可以从敌营外面点火，那就不要等待内应，只要时机和条件具备随时可以放火。如果火从上风的地方烧起，就不要在迎下风的地方顶火进攻。白天刮风时间长，到夜晚风就可能停止。大体上说，军队打仗必须了解这五种火攻方法，并根据各种条件，加以实施。

以火攻辅助士卒的进攻，火势炽烈，效果明显；用水攻来辅助兵力，其攻势强猛。水攻虽可分割、阻断敌军的粮道和救援，但不能像火攻那样烧毁敌兵及储备的物资器械。

克敌制胜，夺取了敌人的城池土地，而不能巩固胜利，是不吉利的，这就叫"费留"。所以说：明智的君主要慎重考虑这个问题，好的将帅也要妥善处理它。如果不是有利于国家，就不要采取军事行动，没有获胜把握，就不要动用军队，不到危急时刻，就不要轻易开战。国君不能因一时恼怒而兴兵打仗，将帅不能因一时怨恨而贸然与敌交战。总之，符合国家利益的就行动，不符合国家利益的就停止。恼怒之后可以重新转为欢喜，怨恨之后也可以重新转为快乐，但国家灭亡了就不能再存在，士卒战死了就不能再生来。所以，明智的君主对战争一定要慎而又慎，好的将帅对战争也要十分警惕，不可轻举妄动，这是关系到安定国家并保全军队的根本道理啊！

用间篇第十三

一、题解

本篇主要论述使用间谍的重要性，并提出了五种间谍的名称、保密的纪律、间谍的任务、使用间谍的方法和使用反间等重要问题。同时，指出了先知敌情"不可取于鬼神"，"必取于人"的朴素唯物主义观点。

二、原文·注释·译文

【原文】

孙子曰：凡兴师十万，出征千里，百姓之费，公家之奉⁽¹⁾，日费千金；内外骚动，怠于道路，不得操事者，七十万家。相守数年，以争一日之胜，而爱爵禄百金，不知敌之情者，不仁之至也，非人之将也，非主之佐也，非胜之主也。故明君贤将，所以动而胜人，成功出于众者，先知也。先知者，不可取于鬼神，不可象于事，不可验于度⁽²⁾，必取于人，知敌之情者也。

故用间有五:有因间,有内间,有反间,有死间,有生间。五间俱起,莫知其道,是谓神纪⁽³⁾,人君之宝也。因间者,因其乡人而用之。内间者,因其官人而用之。反间者,因其敌间而用之。死间者,为诳⁽⁴⁾事于外,令吾间知之,而传于敌间也。生间者,反报也。

故三军之事,莫亲于间,赏莫厚于间,事莫密于间。非圣智不能用间,非仁义不能使间,非微妙不能得间之实。微哉!微哉!无所不用间也。间事未发,而先闻者,间与所告者皆死。

凡军之所欲击,城之所欲攻,人之所欲杀,必先知其守将、左右、谒者、门者、舍人之姓名,令吾间必索知之。

必索敌人之间来间我者,因而利之,导而舍之,故反间可得而用也。因是而知之,故乡间、内间可得而使也;因是而知之,故死间为诳事,可使告敌;因是而知之,故生间可使如期。五间之事,主必知之,知之必在于反间,故反间不可不厚也。

昔殷之兴也,伊挚在夏;周之兴也,吕牙在殷。故惟明君贤将,能以上智为间者,必成大功。此兵之要,三军之所恃而动也。

【注释】

(1)奉:同"俸",指费用。

(2)验于度:指以日月星辰运行的位置来占卜吉凶祸福。验,应验;度,度数,指星宿的位置。

(3)神纪:神妙莫测之道。纪,道。

(4)诳(kuáng狂):迷惑、欺骗。

【译文】

孙子说:举兵十万,千里出征,这样大的军事行动,使百姓财物大量耗损,国家也要每天花费千金的开支,结果国家失去安宁,为之动荡不安,土地荒芜,兵荒马乱。为了运送给养和武器及其他物资,民众整日奔忙于运输线上,不能从事农业生产劳动的农家,竟达七十万户。这样,战争相持数年,为了争得最后一天的胜利,虽然宁肯花费巨大的财力和物力,却不肯授予一定的爵位甚至吝惜财物给做间谍的人,就是犯了惜小费、吃大亏而不深知敌情的错误。可见,不懂用间侦敌作用的将领,是最不明智的,因而他就很难成为君主的好助手,他就不能成为夺取胜利的主宰。英明的君主和贤良的将帅之所以能够在带兵作战中取得胜利,那是因为他们战前了解并掌握了敌情。如何做到掌握敌情呢?既不能用占卜算卦求助于鬼神,也不能用过去相似的事进行推测,更不能用拘泥固定的变数、星象的运转来制定作战方案,而必须依靠间谍去探知敌军的真实情况,即从熟悉敌情的人那里获取有关敌军的军事情报。

间谍可分为五种:因间、内间、反间、死间和生间。这五种间谍同时并用,就会先知敌情采取行动,致使敌人茫然失措、莫名其妙,这就是神妙莫测之道,是君主和将帅手中侦敌取敌的至宝。所谓因间,是指由敌国中熟悉乡情的人充当我方的间谍;所谓内间,是指了解敌国内幕的官吏充当我方的间谍;所谓反间,是指把敌方间谍诱变为给我方效力的间谍;所谓死间,是指把假情报密告给敌人而事发后被处决的间谍,即为了欺蒙敌人,我方有意散布虚假情况并通过我方间谍传给敌人,使敌人上当,事发之后我方间谍往往会被处死;所谓生间,是指派往敌国而又能活着回来报告敌情的间谍。

十分明显，在三军诸多要事中，没有比间谍更加重要和对其更加亲信的了，没有比对间谍奖赏更为丰厚的了，没有比使用间谍更为秘密的了，这是用间料敌的三条原则。所以，不是超群才智的人，不能任用间谍，不是具有为仁义而战之心的人，不能充当间谍这一重任，不是巧妙的用间者和敏锐的使间者，不能得到行间的实效。微妙啊！微妙啊！真是没有一处不可以用间啊！倘若用间的任务刚刚开始或尚未完成，就先被泄露出去，遇到这种情况，对泄密的间谍及从他那里获得情报的人要一律处死。

那么，如何用间侦敌呢？凡是我方准备攻伐的敌军，凡是我方准备攻占的城邑，凡是我方拟定杀死敌方的官吏，一定要先了解敌方守城的将领和他的左右亲信、传事通报的人、看门的人以及幕僚之类的人的姓名，并命我方间谍搜索敌方的全部情况。

同时，必须查明并稳住敌方派来侦察我方的间谍，尽量收买他、诱导他，尔后向他交代任务，放他回归敌方，这样，反间便可以为我所用。从反间那里得悉敌情，乡间、内间也可以供我所用；从反间那里了解敌情，这也为使用死间把假情报透露给敌人提供了机会；从反间那里获得敌情，生间也能够按照预定期限回来报告敌情。因此，君主不仅要熟知五种间谍所做的工作，而且还要懂得反间在用间中的重要地位，更要注意发挥反间在作战中的特殊作用，并一定给予他们优厚的待遇与奖赏。

从前，殷朝的兴起，伊挚（伊尹）本来在夏桀称臣，他深知夏朝的情况，后归商朝（殷），商汤用他做了宰相，消灭了夏桀；周朝的兴起，吕牙（吕尚、姜子牙）本来在殷朝供职，他深知殷朝的情况，后归周朝，周武王委任他为三军统帅，消灭了商朝。因此，明君贤将，如果能够任用像伊挚、吕牙那样大智大勇的人做间谍，那必然会建立奇功，成就大业。这是兴兵作战的关键所在，三军上下都要依赖它做出决策，部署兵力，采取行动啊！

主要参考文献

[1] 吴如嵩.孙子兵法新说[M].北京:解放军出版社,2008.

[2] 中国人民解放军军事科学院战争理论研究部《孙子》注释小组.孙子兵法新注[M].北京:中华书局,2005.

[3] 黄朴民.孙子兵法[M].北京:国家图书馆出版社,2017.

[4]《中国军事史》编写组.中国历代军事战略(上、下册)[M].北京:解放军出版社,2002.

[5] 黄朴民.白话孙子兵法[M].长沙:岳麓书社,2001.

[6] 于汝波.孙子兵法研究史[M].北京:军事科学出版社,2001.

[7] 司马琪.十家论孙[M].上海:上海人民出版社,2008.

[8] 黄朴民.中国军事通史:第二卷 春秋军事史[M].北京:军事科学出版社,1998.

[9] 孙洪义.孙子兵法哲理探要[M].北京:军事科学出版社,2010.

[10] 李零.唯一的规则:《孙子》的斗争哲学[M].北京:生活·读书·新知三联书店,2010.

[11] 李效东.比较军事思想:部分国家军事思想比较研究[M].北京:军事科学出版社,1999.

[12] 吴如嵩.孙子兵法新论[M].北京:解放军出版社,1989.

[13] 钮先钟.孙子三论:从古兵法到新战略[M].桂林:广西师范大学出版社,2003.

[14] 于海波.《孙子兵法》思想体系新探[J].军事历史研究,1993(4):121-134.

[15] 任力.孙子"全胜"思想探析[J].海军工程大学学报(综合版),2011,8(4):1-3.

[16] 李佳森.《孙子兵法》中的战略哲学思想研究[J].滨州学院学报,2017,33(3):31-36.

[17] 盛奇秀.虚实兵略研究[J].山东大学学报(哲学社会科学版),1994(4):51-55.

[18] 张文光.曾国藩军事思想述评[J].海南大学学报(社会科学版),1995(3):59-66.

[19] 姚振文,李静.《孙子兵法》的利害观及运用艺术[J].领导科学,2012(11):29-31.

[20] 李兴斌.论韩信的用兵艺术[J].山东社会科学,1988(3):60-65.

[21] 葛荣晋.《孙子兵法》的战术思想体系[J].管子学刊,1998(1):45-54.

[22] 葛荣晋.《孙子兵法》的军队建设论[J].唐都学刊,1998,14(3):65-69.

[23] 王爱民.《孙子兵法》"修道而保法"的辩证观[J].滨州学院学报,2007,23(5):183-186.

[24] 朱加荣.《孙子兵法》治军思想的人本取向[J].军事历史研究,2005(3):159-165.

[25] 王玉仁,姜登科,谢国恩,等.孙子兵法与现代战争[M].长沙:国防科技大学出版社,2002.

后 记

20世纪90年代末,西安交通大学军事教研室开设了"孙子兵法及其应用"这门选修课,至今已历时20余年。这是我校持续开课时间较久的一门选修课,该课程受到了广大学生的喜爱,累计有上万名学子选修学习过,在广大学生中形成了较好的口碑。《孙子兵法》是一部智慧之书、哲理之书,古希腊语中"哲学"是热爱智慧的意思,我们教师在传播兵学智慧的同时,通过与同学们的双向互动交流,我们也有着巨大的收获,并对课程进行了一定的改进。本次出版的教材是"孙子兵法"MOOC讲稿和学生论文精选,下面主要对"孙子兵法"MOOC课程的内容体系、课程特点与目标分别予以简要总结。

一、授课内容体系

"孙子兵法"MOOC课程是在2018年录制完成并陆续在各大平台上线。根据我们的经验,在此次的在线课程中,我们系统讲解了《孙子兵法》的思想精髓。首先介绍了《孙子兵法》的概况,包括作者简介、《孙子兵法》的成书背景等。而后对《孙子兵法》中的十三篇进行细致、详尽的解读。书中的十三篇既彼此独立,又前后照应,浑然一体,构建了中国乃至世界历史上第一个精美恢宏的兵学体系。随后从军事学的观点分析了《孙子兵法》蕴含的战争观、战略思想、战术思想、治军理论,最后介绍了《孙子兵法》在经济领域和人生中的应用。

二、本课程特点及目标

本次在线课程的录制,我们对原有的授课体系进行了重新调整,明确历史背景,尊重原文分析,重视比较研究,旨在通过这门课程达到以下几个目的:弘扬传统文化、学习古代兵法、启发人生智慧、培养战略思维、拓展国防教育。

有学生曾经问我:"学了《孙子兵法》,我会不会成功?我会不会赚到钱?我到底能学到什么?"我想,我们没有必要去拿着《孙子兵法》的理论,去向生活中的事情生搬硬套,这样会适得其反,会变成纸上谈兵的赵括。毛泽东善用兵法,也读过《孙子兵法》,指挥中国革命取得伟大胜利,但他却说:"上了战场,兵法就全忘了。"这告诉我们,我们只需要努力学习这本书中的知识,将其理论刻在我们的大脑之中,当你遇到问题的时候,或许会自然而然将其应用起来。种学绩文,学以致用,这才算真正学到了人生兵法!正如明代学者唐万龄所说:"读书而不能成为名将者有矣,未有名将而不读书者也。"

青年人,尤其是大学生,一定要多读书,多读经典书籍。这既应该是我们个人的需求,也是我们这个时代的需求。毫无疑问,《孙子兵法》是我国优秀传统文化的重要组成部分。习近平总书记指出:"文化是一个国家、一个民族的灵魂。在当代中国,文化自信是具有科学性的时代命题,是中华民族生生不息、走向复兴的精神源泉,是中国特色社会主义破浪前行、繁荣发展的精神武器,是中华民族屹立世界、面向未来的精神脊梁。"我们每一个人都有责任、有义务去弘扬中国优秀的传统文化,并且给它赋予时代新的含义。

　　随着我们国家文化事业的不断繁荣,对于《孙子兵法》的解读成百上千,有许多享誉国内外的专家,都对《孙子兵法》有着卓越的见解,也出版了很多专著。在学习阅读的过程中,我们经常获益匪浅、感慨颇多。因此,我们在讲解的过程中,难免会引用到很多学者专家的见解,在此对他们一并表示衷心的感谢。

　　最后,我们想送给大家十个字,当然都是《孙子兵法》中的字,这就是"智、信、仁、勇、严、知、全、先、善、幽"。其中前五个字大家很熟悉,我们反复提到了多次,是希望大家不断提高综合素质;后面五个字,希望大家以"知"为基础,以"全"为境界,以"先"为手段,以"善"为目标,以"幽"为追求。

　　非常高兴您的相伴,希望大家一起随着《孙子兵法》这部经典,穿越漫长的历史隧道,从各个方面去追寻这部经典带给我们的知识。祝愿大家在学习中,有所得、有所学、有所启迪,将《孙子兵法》的思想运用到日常学习、生活中,谢谢大家!

问鸿滨

2021 年 8 月 1 日